楚國文化研究叢刊　　　　　　　　劉玉堂◇主編

楚國思想與學術研究

徐文武○著

昌明文化

楚國文化研究叢刊　A0201003

楚國思想與學術研究

著　　作	徐文武
版權策劃	李　鋒

發 行 人	陳滿銘
總 經 理	梁錦興
總 編 輯	陳滿銘
副總編輯	張晏瑞
編 輯 所	萬卷樓圖書股份有限公司
排　　版	雙子設計公司
封面設計	雙子設計公司
印　　刷	百通科技股份有限公司

出　　版　昌明文化有限公司

桃園市龜山區中原街 32 號

電話 (02)23216565

發　　行　萬卷樓圖書股份有限公司

臺北市羅斯福路二段 41 號 6 樓之 3

電話 (02)23216565　傳真 (02)23218698

電郵 SERVICE@WANJUAN.COM.TW

大陸經銷

廈門外圖臺灣書店有限公司

電郵 JKB188@188.COM

ISBN 978-986-94604-2-2

2019 年 2 月初版三刷

2017 年 8 月初版二刷

2017 年 3 月初版

定價：新臺幣 400 元

如何購買本書：

1. 劃撥購書，請透過以下郵政劃撥帳號：

帳號：15624015

戶名：萬卷樓圖書股份有限公司

2. 轉帳購書，請透過以下帳戶

合作金庫銀行　古亭分行

戶名：萬卷樓圖書股份有限公司

帳號：0877717092596

3. 網路購書，請透過萬卷樓網站

網址 WWW.WANJUAN.COM.TW

大量購書，請直接聯繫我們，將有專人為您

服務。客服：(02)23216565　分機 610

如有缺頁、破損或裝訂錯誤，請寄回更換

國家圖書館出版品預行編目資料

楚國思想與學術研究 / 徐文武著.-- 初版.

-- 桃園市 ： 昌明文化出版 ;臺北市 ： 萬

卷樓發行, 2017.03　面 ；　公分.--(楚國

文化研究叢刊 ；A0201003)

ISBN 978-986-94604-2-2(平裝)

1.文化史　2.楚國

631.808　　　　　　　　　　106003974

本著作物經廈門墨客知識產權代理有限公司代理，由湖北教育出版社有限責任公司授權萬卷樓圖書股份有限公司出版、發行中文繁體字版版權。

目 次

楚國思想與學術研究

總　序①

　　春秋戰國時期領異標新、驚采絕豔的楚文化，為中華文化的形成與發展完美地奉獻出了自己的珍藏。楚學的使命就是對這一稀世珍藏進行廣泛而深入的挖掘、整理和研究。這是一項異常艱辛而又充滿愉悅的工作，需要眾多的志士仁人協力同心共同完成。

　　楚文化是古老的，它的誕生在三千年以前；但楚學是年輕的，人們有幸對它進行系統的科學研究至今還不過百年光景。

　　楚文化的遺存埋藏在地下達三千年之久，直到20世紀20年代至40年代才被盜墓者「驚起」。當時，在安徽壽縣和湖南長沙出土了大量戰國時期的楚國銅器和漆器，其工藝之精絕，風格之獨特，令史學家和古董商歎為觀止。但這還只是「小荷才露尖尖角」，人們一時還很難捕捉它們的意態風神。從20世紀50年代起，楚文化的遺存在湖南、湖北、河南、安徽等地一批又一批地被考古學家喚醒，引起學

---

① 簡體版由湖北教育出版社於二〇一二年出版。今繁體版於臺灣重新編輯印刷，因考量兩岸學術寫作習慣不同，故在編輯體例上作出些微調整，以符合繁體區的閱讀方式與學術格式。茲向讀者說明如下：

　1.若遇特殊名詞，則改為繁體區習慣用語。如：「釐米」，改為「公釐」。「米」，改為「公尺」。其他以此類推。

　2.本套書各冊之〈總序〉、〈序〉與〈後記〉，皆照錄簡體版之原文。

　3.原書的簡體字，如「杰」、「云」……等，皆改為相應之繁體字。

　4.字體簡繁轉換，造成用字不同，皆以該單位原有繁體之名稱為準。如：「岳麓書社」，改為「嶽麓書社」。

術界和文藝界一陣又一陣的狂歡。「驚起卻回首」，人們重新審視哲學史上的老莊和文學史上的屈宋，徹然大悟，原來它們也都是楚文化的精華。

楚文化因楚國和楚人而得名，是周代的一種區域文化，集中了東周文化的大半精華。它同東鄰的吳越文化和西鄰的巴蜀文化一起，曾是盛開在長江流域古區域文明的奇葩。與並世共存的先進文化相比，楚文化可以說是後來居上。當楚文化跡象初露之時，它只是糅合了中原文化的末流和楚蠻文化的餘緒，特色不顯，影響不大，幾乎無足稱道。到了西周晚期，它才脫穎而出，令北方有識之士刮目相看。及至春秋中期，它竟突飛猛進，已能與中原文化競趨爭先了。楚文化不僅有爐火純青的青銅冶鑄、巧奪天工的漆木髹飾和精美絕倫的絲織刺繡，而且還有義理精深的老莊哲學、鑠古切今的屈宋辭賦和出神入化的美術樂舞。透過這耀眼的紛華，我們還能領悟到楚人進步的思想精髓和價值追求：「篳路藍縷」的進取精神、「撫夷屬夏」的開放氣度、「鳴將驚人」的創新意識、「和眾安民」的和合理念以及「深固難徙」的愛國情結。它們無疑是楚人留給世人的最寶貴的文化遺產。

為了對楚文化研究成果進行階段性總結和集中展示，20世紀90年代中期，湖北教育出版社推出了由張正明先生主編的大型學術叢書「楚學文庫」（18部），在學術界產生了強烈而持續的影響，「楚學」至此卓然而立，蔚為大觀。

自「楚學文庫」出版至今十數年間，隨著湖北棗陽九連墩大墓、河南新蔡葛陵楚墓、湖北隨州葉家山西周墓群的發掘，尤其是湖北荊門郭店楚簡、上海博物館珍藏的戰國楚竹書和清華大學藏戰國竹簡等出土文獻的陸續問世，以及新的研究方法和新的技術手段的推廣與運用，楚學研究出現了「驚濤拍岸」的高潮，眾多的楚學研究成果如浪花般噴珠濺玉，美不勝收。面對楚學研究的空前盛況，湖北教育出版社以弘揚學術、嘉惠士林的遠見卓識，約請我主持編纂大型學術叢書

「世紀楚學」（12部），這對於全面、系統、深入地探討楚文化的內涵與精蘊，及時展示楚學研究的最新成果，繼承和弘揚楚文化乃至中華文化的優秀傳統，促進社會主義文化強國和中華民族共有精神家園建設，既具有重要的理論意義，又具有重大的實踐價值。

「世紀楚學」選題嚴謹，內容宏富，研究範圍包括楚簡冊、政治、法律、禮儀、思想、學術、文學、地理、農業、水利、交通、飲食、服飾和名物等，大都是楚學研究中十分重要且「楚學文庫」未曾涉及或涉而不深的議題。因此，「世紀楚學」既是對「楚學文庫」的賡續、豐富和完善，又是對「楚學文庫」的延伸、拓展和推進。

之所以將叢書定名為「世紀楚學」，所思者有三：一是現代意義的楚學研究始於20世紀20年代，迄今已近百年；二是本叢書是21世紀推出的第一套大型楚學叢書，帶有鮮明的新世紀的印記；三是「世紀」也可泛指「時代」，意在誡勉本叢書切勿有負時代之厚望。

作為國家出版基金資助專案和湖北省社會公益出版專項資金資助專案，「世紀楚學」致力於從新視角、新構架、新材料、新觀點四個方面，實現楚學研究的新突破、新跨越、新發展，奮力開創楚學研究的新局面！

我忝任主編，限於學識和俗務，時有力不從心之感，幸有張碩、靳強先生襄助，諸事方才就緒，令我心存感念！

任何有益於本叢書的批評和建議，我們都竭誠歡迎！

劉玉堂

2012年2月於東湖之濱

總序

前　言

　　國學大師王國維說：「古來新學問起，大都由於新發現。」①20世紀末期，隨著大量新發現簡帛的公佈，以出土文獻為研究對象的「簡帛學」已發展成為一門國際化的「顯學」。特別是多批戰國楚簡的發現和公佈，更是掀起了一次次簡帛學研究的熱潮，極大地推動了中國思想史、學術史的研究。20世紀90年代以來，有3批重要的戰國楚簡，因其所承載的內容的獨特性，成為學術界持久關注的熱點，吸引了大批研究者投身其中，形成了文字學、考古學、哲學、文學以及文化學等眾多學科交叉研究的特點。這3批戰國楚簡是：郭店楚簡、上海博物館藏楚竹書和清華大學藏戰國竹簡。

　　郭店楚簡於1993年出土於湖北荊門郭店1號楚墓，計731枚（含遺簡1枚、殘片27枚），總字數達13000多字。郭店楚簡全部內容都是先秦著述，涉及儒、道兩家學說。這批被稱為可以「改寫先秦學術思想史和楚國思想文化史」的重要楚簡②，於1998年通過《郭店楚墓竹簡》一書公佈於眾後，立即引起舉世矚目。

　　1994年，上海博物館從香港文物市場購回一批被盜流失的戰國楚簡（簡稱「上博楚簡」），共有1200多枚，字數在35000左右，內容涉

---

① 王國維：〈最近二三十年中國新發見之學問〉，《王國維考古學文輯》，鳳凰出版社2008年版，第87頁。
② 郭齊勇：〈郭店儒家簡的意義與價值〉，載《湖北大學學報》，1999年第2期。

及儒家、道家、兵家、雜家等80多種先秦古籍。目前經過整理與釋讀的「上博楚簡」共出版《上海博物館藏戰國楚竹書》8冊。「上博楚簡」雖是「劫餘截歸之物，出土的時、地已無法知道」，但「當時傳聞約來自湖北[①]」。

2008年，清華大學入藏一批戰國楚簡（簡稱「清華簡」），一共有2500多枚，已整理出60餘篇文獻。從文字來看，「清華簡」是戰國楚文字的書寫風格。經科學測定的資料表明，「清華簡」的年代應在戰國中晚期之際，這一結論與古文字學觀察的結果一致。「清華簡」的內容多為經、史一類的典籍，被學術界視為是自「孔壁書」與「汲塚書」之後的第三次重大發現。

面對不斷呈現在我們面前的來自上古的文獻，學術界在興奮之餘，更多的是潛心的研究和冷靜的思索。這些「找尋回來的記憶」給予我們的不僅僅是能量和動力，也是重寫思想史的契機。上述戰國楚簡在不斷地改寫著中國思想史的同時，對楚史、楚文化的研究也產生了巨大的推動作用，對於楚國思想與學術研究而言，尤其具有重要的意義。戰國楚簡的重新面世，至少可以使我們對楚國思想和學術確立如下三點認識：

其一，楚國為先秦時期南方思想與學術中心。

先秦時期，中國存在著齊和楚一北一南兩個思想與學術中心。第一次提出這一觀點的是南朝文藝理論家劉勰。他在《文心雕龍　時序》中說：「唯齊、楚兩國，頗有文學：齊開莊衢之第，楚廣蘭臺之宮；孟軻賓館，荀卿宰邑；故稷下扇其清風，蘭陵鬱其茂俗；鄒子以談天飛譽，騶奭以雕龍馳響；屈平聯藻於日月，宋玉交彩於風雲。」劉勰雖然沒有提出「思想與學術中心」的概念，但由「唯齊、楚兩

---

① 　馬承源：〈前言：戰國楚竹書的發現保護與整理〉，載《上海博物館藏戰國楚竹書（一）》，上海古籍出版社2001年版，第2頁。

國，頗有文學」一語，可見他是以齊、楚兩國為先秦「文學」中心的。這裡要說明的是，從劉勰列舉的齊國稷下學宮代表人物及其思想來看，他所說的「文學」一詞，並不是我們今天所說的「文學創作」，而是包括思想與學術在內的廣義的「文學」概念。劉勰在談到楚國的「文學」時，列舉了戰國晚期以荀卿為代表的「蘭陵學派」，還列舉了以屈原和宋玉為代表的辭賦創作。

是否真如劉勰所云，楚國在戰國時代存在著可以與齊國的稷下學宮相比肩的思想與學術中心，實事求是地說，在先秦時期的傳世文獻中並沒有明確的記載，可以找到的相關佐證也是極為有限的。戰國楚簡的出土彌補了這一缺憾。在郭店楚簡中，儒、道兩家著作同出一墓，在「上博楚簡」中，可以同時見到儒、道、墨、法、兵、陰陽諸子百家學說並存的局面。這說明楚國在戰國時代不僅是諸子思想的匯集之地，也是「百家爭鳴」中思想與學術的交流中心。

其二，楚國思想與學術的主流，其根柢是商、周王朝正統的「王官之學」。

在早期的楚文化研究中，存在著過於強調楚文化獨特性的傾向。為了凸顯楚文化的獨特性，學者們往往過於強調楚文化與中原文化的差異性，而對楚文化對中原文化的接受和繼承關注不多。僅從傳世文獻的記載來看，學者們更多地關注楚文化與中原文化的差異性是言之有據的，如楚國君王往往強調其自身的「蠻夷」特性，刻意與中原文化劃清界限。西周時期楚君熊渠就曾公然宣稱：「我蠻夷也，不與中國之號諡。」① 春秋早期的楚武王也說過「我蠻夷也」之類的話。在考古發現的實物中，也確實能見到楚國器物與中原器物在造型、技法以及風格上的不同之處，確實能顯示出楚文化有別於中原的文化特性。然而，從戰國楚簡所反映的情況來看，楚國思想與學術的主流並

① 《史記 楚世家》。

非「蠻夷」之學，而是與中原思想文化一脈相承的。

經過整理與釋讀的「清華簡」目前已出版《清華大學藏戰國竹簡（壹）》，其中包括〈尹至〉、〈尹誥〉、〈程寤〉、〈保訓〉、〈耆夜〉、〈金縢〉、〈皇門〉、〈祭公〉和〈楚居〉9篇文獻。除〈楚居〉為記載楚國歷史地理的文獻外，其餘8篇則屬於與夏、商、周三代有關的《尚書》或類似《尚書》的文獻。〈尹至〉和〈尹誥〉這兩篇是有關伊尹和商湯的重要文獻，涉及到商湯滅夏的眾多史實；〈程寤〉和〈保訓〉這兩篇文獻都反映的是商末周初時周文王的有關史實；〈耆夜〉簡文記載了周武王八年征伐耆國（即黎國）後舉行「飲至」典禮所作的歌詩；〈金縢〉是《尚書》中的重要一篇，記載了武王滅商後周公為武王祈禱時所作的禱告之語；〈皇門〉篇見於傳世的《逸周書》中，記載了周公訓誡群臣獻言薦賢的內容；〈祭公〉篇亦見於傳世的《逸周書》中，內容為祭公謀父臨終前訓誡周穆王之言。這些竹簡的內容只是全部「清華簡」中的極少一部分，但僅由這些篇章的內容，就可見夏、商、周三代的歷史、禮制以及治國思想對楚人有著極大的影響。將這些出土文獻與傳世文獻結合起來進行考察則不難發現，楚人的思想根柢是商、周王朝正統的「王官之學」。

其三，儒家思想在楚國主流思想中占據核心地位。

20世紀80年代，張正明將楚文化的構成歸納為「六大要素」，也稱為「六大支柱」：「其一，是青銅冶煉工藝；其二，是絲織工藝和刺繡工藝；其三，是髹漆工藝；其四，是老子和莊子的哲學；其五，是屈原的詩歌和莊子的散文；其六，是美術和樂舞」[①]。以當時所能見到的文獻與考古資料而言，「六大要素」說較為全面地概括了楚文化的構成特點，被學術界廣為接受。郭店楚簡、「上博楚簡」、「清華簡」的出土使得「六大要素」說受到了直接挑戰。在「六大要素」

---

① 張正明：《楚文化史》，上海人民出版社1987年版，第3頁。

中，以老子、莊子為代表的道家哲學作為楚人在思想領域的最高成就，歸入楚文化的核心構成要素。然而在出土的楚簡文獻中，儒家文獻占據絕對的優勢，道家文獻並不多。郭店楚簡中的主要文獻是儒家和道家著作，共有13種古籍，其中屬於儒家的有《緇衣》、《五行》、《魯穆公問子思》、《窮達以時》、《性自命出》、《成之聞之》、《尊德義》、《六德》、《唐虞之道》、《忠信之道》和《語叢》（4篇）共計11種，而屬於道家的文獻只有《老子》（甲、乙、丙三組）、《太一生水》2種。「上博楚簡」雖尚未完全整理公佈完畢，而以《上海博物館藏戰國楚竹書》第一冊至第八冊所公佈的內容看，雖然有多種文獻所屬學派存在爭議，但可以確定屬於儒家的文獻至少在20種以上，而可以確定屬於道家文獻的則只有〈恆先〉、〈凡物流形〉等篇。現已公佈的「清華簡」，多以《尚書》或類似《尚書》的文獻為主，也屬於儒家的著作。僅從出土文獻的數量上，就可以看出儒家文獻與道家文獻存在著巨大的反差，這應該反映出了儒家和道家在楚國主流思想構成中所占比例的實際狀況，從一個側面說明在楚國主流思想中，儒家思想占據著主導地位，而道家思想居於其次。既然儒家思想在楚國主流思想中占據如此重要地位，那麼，儒家思想理應歸入楚文化的核心要素之中。因此，以目前所能見到的出土文獻實際情況而論，應該把楚文化「六大要素」中「老子和莊子的哲學」，改為「儒家和道家的哲學」，以還歷史本來面目。在思想文化層面，中原思想文化憑藉其強大的影響力對楚文化所進行的滲透，確實超出了我們的想像。

早在郭店楚簡出土時，饒宗頤就曾說過：「荊楚文化是一門大學問，郭店楚簡的出土不僅證實了它的真實存在，而且能還古代思想一個信實的本質。」[①] 儘管今天我們不僅有郭店楚簡，而且還有「上

---

① 轉引自陳新洲、周甲祿、張先國：〈郭店楚簡「震坍」中國思想史〉，載《記者觀察》，2000年5期。

前言

博楚簡」、「清華簡」作支撐，以後還會有更多的楚簡被發現和公佈出來，但是如何「還古代思想一個信實的本質」仍非一個可以輕易企及的目標，畢竟那些思想家離我們已經遠去了2000多年。應該說，我們今天所做的工作，只是試圖一步步去還原、去接近那個「信實的本質」，不斷去更新我們已有的一些看法和陳見。我們可能永遠也沒有真正能夠觸摸到古代思想「信實的本質」的那一天，但我們不會放棄我們的努力。

第一章 楚國思想與學術的發展進程

第一節 周、楚思想文化交流

從西周到春秋時期，是楚國思想與學術的積累時期。這一時期，楚國先是對周人俯首稱臣，在羽翼豐滿之後，又走上了與周王朝分庭抗禮的道路。但總體上來說，雙方仍保持著較為頻繁的往來。楚國與周朝進行思想文化交流的主要途徑，一方面是通過楚國與周朝之間的朝貢、朝聘、盟會等活動來開展，另一方面，由於周王朝內部紛爭導致的貴族出奔，諸侯國之間的爭霸戰爭也成為思想文化交流的重要途徑。

一、商末周初周、楚思想文化交流

商末周初，楚人與周人保持著良好的關係，周、楚之間在思想文化領域有著密切的交流。在西周建立之前，楚族首領鬻熊已率部歸附周人。《史記　周本記》說文王「禮下賢者，日中不暇食以待士……太顛、閎天、散宜生、鬻子、辛甲大夫之徒皆往歸之」，與眾賢士一同歸附周文王的「鬻子」即鬻熊。對此《史記　楚世家》中也有明確的記載：「周文王時，季連之苗裔曰鬻熊，鬻熊子事文王。」

鬻熊子歸附周人後，受到周文王的器重，被委以重任，受聘為周文王的老師。《史記　楚世家》記楚武王熊通說：「吾先鬻熊，文王之師也。」鬻熊為「文王之師」之說出自春秋初期楚國君王之口，

11

當為信史。漢代班固不僅肯定鬻熊曾為文王之師，還相信鬻熊擔任過多位周初君王的老師。班固在《漢書　藝文志》「鬻子」條下自注云：「名熊，為周師，自文王以下問焉。」「自文王以下」是指周文王之後的周武王、周成王，他們都向鬻熊諮詢國事，由此可見，鬻熊為「周師」的時間很久。班固之說，證據源於《鬻子》一書。在今存《鬻子》殘篇及《列子》、《慎子》、《新書》等書引《鬻子》文中，有鬻熊與文王、武王、成王三王的對話，《新書　修政語下》還記載：「周成王年二十歲，即位享國，親以其身見於粥子之家而問焉。」這些文獻記載足以證明鬻熊確曾為周王之師。

關於鬻熊為「文王之師」，今人頗有懷疑，以為鬻熊在商末周初只是楚族的首領，其知識系統和理論水準並不一定高於周人，難以承擔訓導周初先王的重任。基於此一考慮，有學者提出新見，或以為鬻熊為「文王之師」的「師」，並非「師傅」或「老師」之意，而是甲骨文和金文中的「師氏」，在周代為「王的隨從」，「還有征戰、教育國子等職責」[1]；或以為是「火師」，是職掌「監燎」即在祭天儀式上負責燎火的職官[2]。而從今本《鬻子》殘篇或他書引錄《鬻子》佚文來看，鬻熊主要採用的是「以史明理」的言說方式對周王進行訓導。《新書　修政語下》所記鬻熊對周文王、周成王的言論中，每以「請以上世之政詔於君王」起言引出上世政書言論，《鬻子　貴道五帝三王周政乙第五》則以「昔者五帝之治天下」起言，論黃帝、顓頊、帝嚳等上古之帝治國之道，《鬻子》還有篇題為「禹政」、「湯政」，記夏禹、商湯的治國之道。鬻子與周王之間的對話以治國、任賢、親民等內容為主，而不見征戰、教育國子、祭祀守燎的內容，足以說明鬻熊為「文王之師」的「師」非為「師氏」，亦非為「火

---

① 沈長雲：〈「鬻熊為文王之師」解〉，載《江漢論壇》1983年第6期。
② 張正明：〈《「鬻熊為文王之師」解》辨誤〉，載《江漢論壇》，1983年第9期。

師」，而是「師傅」或「老師」。

今人對鬻熊為「文王之師」的懷疑，主要是因文獻中對於商朝時楚人的歷史與文化記載極少，因而無法正確評估商末楚人所能達到的文明程度所致。新出土的「清華簡」〈楚居〉中有關商代楚人的一則記載，似可讓我們對商朝楚人有一些新的認識。〈楚居〉敘述了歷代楚君的世系及居處建都之地，其中記載了楚人先祖季連娶妻的故事。〈楚居〉記載說：季連在一個叫方山的地方見到「盤庚之子」，「季連聞其有聘，從，及之盤，爰生郢伯、遠仲。」楚祖季連娶盤庚之女為妻後，楚人自此繁衍下來。從季連娶「盤庚之子」一事大大增加了我們對商朝時楚人的新認識。其一，商朝中期，以季連為首的楚民族在中原具有強大的勢力，若非如此，商王盤庚不可能允許其女在已有婚約的情況下解除前約，而嫁與季連。季連歷經曲折迎娶盤庚之女，表面上是一個美好的愛情故事，其實是商王為結好楚人而採取「和親」政策的結果。〈楚居〉中楚人津津樂道於這個愛情故事，也是在顯示彼時楚人勢力的強大。其二，楚人與商朝發生姻親關係，使得楚人與商朝保持著更為密切的關係，接受商朝官學的影響也會更大，這會使楚人的思想文化層次得到快速提升。受商朝官學的影響，楚人積累了豐富的政治經驗和治國思想，這就為商代末年鬻熊任「文王之師」打下了深厚的基礎。

西周初年，周、楚思想文化交流中另一重要的事件是「周公奔楚」。周成王時，西周政治與思想文化的奠基者周公因被譖逃奔到楚國避亂，史稱「周公奔楚」。據《史記 魯周公世家》記載：「及成王用事，人或譖周公，周公奔楚。成王發府見周公禱書，乃泣，反周公。」周公姓姬名旦，為周文王之子，周武王之弟，因采邑在周（今陝西岐山北），稱為周公。商周交替之際，周公輔助周武王伐紂滅商；周成王年幼繼位後，周公攝政。在攝政期間，周公制定了一系列制度，廣封諸侯，制禮作樂，依據周朝的特點對商制進行損益，完善

了各種典章制度，這些典章制度對後世產生了極其深遠的影響。周公提出了許多重要的政治思想，集中體現在《尚書》的〈大誥〉、〈康誥〉、〈酒誥〉、〈多士〉、〈無逸〉、〈多方〉諸篇中，這些思想是後來儒家主張「德治」的主要理論依據。周公因被譖而「奔楚」，不久被召回。周公在楚國滯留的時間雖然不是太長，但周公來到楚國的同時，也會將他的思想帶給楚人，從而對楚國官學的形成起到重要的促進作用。

一直有學者猜測說，「周公奔楚」應該會將一部分重要的周王室檔案文獻帶到楚國。長期以來，這只是一種猜測。而「清華簡」的面世，使這一猜測又多了一份證據。由清華大學出土文獻研究與保護中心整理出版的《清華大學藏戰國竹簡（一）》一書中，有多篇文獻屬於商末周初周王室的重要歷史文獻和檔案資料。其中直接與周公有關的文獻就有兩篇，一篇是〈金縢〉，一篇是〈皇門〉。〈金縢〉篇內容見於《尚書》，在楚簡上題名為《周武王有疾周公所自以代武王之志》，「清華簡」整理者仍定題為〈金縢〉。〈金縢〉記載了周初一件史事：周武王滅商後不久即臥病不起，周公為武王祈禱，其所禱告之語被置入「金縢之匱」。〈皇門〉所記內容為周公訓誡群臣的言論，他要求群臣以夏、商時期的「大門宗子邇臣」為榜樣，選賢舉能，以恤邦國。研究表明，楚簡〈皇門〉雖為戰國時期寫本，但原文寫成於周初周公攝政時期[①]。首批公佈的「清華簡」中還有與周文王有關的兩篇，一篇是〈程寤〉，內容是周文王與太子姬發「並拜吉夢，受商命於皇上帝」；另一篇是〈保訓〉，為周文王給其子姬發的臨終遺言。此外還有與周武王和周公都有關的一篇〈耆夜〉，為周武王時的樂詩，簡文記載周武王八年

---

① 　李學勤：〈清華簡九篇綜述〉，載《文物》，2010年第5期；孫飛燕：〈清華簡《皇門》管窺〉，載《清華大學學報》（哲學社會科學版），2011年第2期。

征伐者（即黎）國得勝回到周都，在文王宗廟舉行「飲至」典禮，參加者有武王、周公、畢公、召公、辛甲、作冊逸、師尚父等人。典禮上飲酒賦詩，作詩者有武王和周公。這些文獻從字體來看，無疑是戰國時期的抄本。但觀其文本用詞古奧，應是西周時所作。從這些文獻所記史實發生的時間上推斷都在「周公奔楚」之前。還有一點，這些文獻的性質都應屬於周王室宮廷中的重要檔案，非重臣難以接觸。綜合諸方面因素考慮，我們推測這批文獻很有可能是「周公奔楚」時攜帶到楚國的。

二、「王子朝奔楚」與官學下移

春秋末期，隨著周王室的衰微，出現了禮崩樂壞，「王官失守」的局面，導致了周朝「王官之學」下移到各諸侯國，從而推動了「王官之學」民間化、私人化和學術化的進程。官學下移是一個長期的過程，從春秋後期一直持續到戰國早期。起初，這種由於社會的巨大變革帶來的思想與文化上的變化並沒有引起人們的重視，直到孔子和從東方小國郯國而來的學者郯子見面後，人們才意識到這種變革已經不可避免地發生了。郯子來到素有「禮儀之邦」之稱的魯國學習禮儀，他博學多聞，對歷史的熟悉，對禮儀的精通程度，讓魯國學者為之驚歎和折服，以至於孔子也不得不去面見郯子，還向他學習。這件事讓孔子有極深的感觸，他後來對人說：「吾聞之：『天子失官，學在四夷』，猶信。」[①] 在春秋末期官學下移的過程中，「王子朝奔楚」無疑是一件標誌性的事件，同時也是中國思想史與學術史上的一件大事。西元前520年，周景王死，王子朝起兵爭奪王位，「王子朝因舊官、百工之喪職秩者與靈、景之族以作亂[②]」。西元前516年，由於晉國出兵干預，王子朝兵敗，遂率領一批舊貴族出逃到楚國。《左傳　昭

---

① 《左傳　昭公十七年》。
② 《左傳　昭公二十二年》。

公二十六年》載：「王子朝及召氏之族、毛伯得、尹氏固、南宮囂奉周之典籍以奔楚。」與王子朝一同到達楚國的，除了有召氏、毛氏、尹氏、南宮氏等周朝宗室族人外，還有大批「周之典籍」。「典籍」一詞，在先秦時期既指歷代圖書，也指法典之類的文書。《孟子　告子下》云：「諸侯之地方百里；不百里，不足以守宗廟之典籍。」趙岐注：「典籍，謂先祖常籍、法度之文也。」王子朝帶到楚國的「典籍」也應屬於「先祖常籍、法度之文」之類。

　　王子朝出逃時，為何慌亂之中還要攜帶數量極大的典籍，這也是讓後人費解的事情。從《左傳》所說「奉周之典籍以奔楚」一語來看，一個「奉」字似乎是說王子朝把周朝典籍攜帶至楚，是為了向接納他的楚國捧上一份珍貴的見面禮。而從王子朝「告諸侯書」中引「先王之命」的內容來看①，也不排除他充分認識到這批周王室典籍的重要性，設想著如果有朝一日還朝主政的話，這批典籍可以向世人表明他繼承王位的合法性，還可以作為治理朝政的重要資料。不管是出於何種目的，其實都已經不再重要。重要的是他「奉周之典籍以奔楚」的這一行為，客觀上對推動南北文化交流和楚文化的發展產生了十分重要的影響。范文瀾在《中國通史》中評述此一事件時說：「這是東周文化最大的一次遷移，周人和周典籍大量移入楚國，從此楚國代替東周王國，成為文化中心，與宋、魯同為文化中心。」②自「王子朝奔楚」後，「周之典籍，盡在楚矣③」，這使得此後楚國成為一個新的思想與學術中心成為可能。

　　對「王子朝奔楚」這一事件，以往研究者更多關注的是隨王子朝入楚的「周之典籍」在思想文化史上的意義，而忽略了隨王子朝入楚的大量周室人才給楚國思想與學術帶來的影響。隨王子朝一同

---

① 《左傳　昭公二十六年》。
② 范文瀾：《中國通史》第一冊，人民出版社1978年版，第116頁。
③ 〔清〕洪亮吉：《春秋左傳詁》卷一八引惠棟語。

入楚的人員，大都是周王室熟諳「王官之學」的精英人才，他們的到來，為楚國的思想文化繁榮提供了有力的人才保障。

隨王子朝奔楚的是哪些人，《春秋經》與《左傳》所記略有不同。《春秋經》：「冬十月，天王入於成周。尹氏、召伯、毛伯以王子朝奔楚。」《左傳》：「召伯盈逐王子朝。王子朝及召氏之族、毛伯得、尹氏固、南宮嚚奉周之典籍以奔楚。」經、傳不同之處在於：《春秋經》以為與王子朝一同奔楚的是召伯，而非其族人。而《左傳》則以為是召氏族人而無召伯。關於這一點，童書業說：「案：此文經傳違異。經以為召伯與王子朝奔楚，傳以為召伯逐王子朝而逆王，與王子朝奔楚者，僅為召氏之族。疑經、傳各有所據，傳所據者似更可信，以其言之甚詳，似所據者為晉、楚之史，晉、楚近周也。」[1] 依童書業之見，應從《左傳》，與王子朝一同奔楚的是召氏族人，但沒有召伯本人。經、傳另一個不同之處在於：經言「尹氏」，傳言「尹氏固」，關於這一點不同之處，杜預《春秋經傳集解》稱：「尹、召二族皆奔，故稱氏。重見尹固名者，為後還見殺。」杜預以為，依《左傳》所言，尹氏、召氏都是全部族人一起逃奔楚國的。尹固中途返回，被周人所殺，仍被列入出奔人員之列。由上可見，與王子朝一同奔楚的，應是尹氏一族（尹固未至楚）、召氏一族（不含召伯盈）、毛伯、南宮嚚。

召氏、毛氏、尹氏、南宮氏都是宗周的世卿巨室，其先祖或是王族嫡系的後裔，或是周初東進英豪的貴冑，從西周初年一直世襲職掌的官守，是周朝權力、知識與文化的占有者。召氏為周文王之子姬奭的後裔，毛氏為文王之子姬明的後裔，都是周朝的世家大族。尹氏以官名得氏，在商、西周時期是輔弼天子的大官。在《詩經》中「師尹」連稱。《詩經 節南山》：「赫赫師尹，民具爾瞻。」《毛傳》

---

① 童書業：《春秋左傳研究》，上海人民出版社1980年版，第284頁。

曰：「師，太師，周之三公也；尹，尹氏，為太師。」西周中期，尹氏仍為重要的執政大臣。《詩經　節南山》：「尹氏大師，維周之氏，秉國之鈞，四方是維。」可見，尹氏掌握著國家的權柄，是周朝的中流砥柱。南宮氏是否為周族同宗不可考，但早在克商以前，周文王的重臣中就有南宮适，此後在西周、春秋時期，南宮氏一直在朝廷掌守要職。召氏、毛氏、尹氏、南宮氏四大家族眾多人才來到楚國，無疑會給楚國思想與學術方面帶來巨大的變化。

確有史料表明，春秋晚期在楚國出現了來自周朝的史官，並隨軍為楚王提供諮詢。《左傳　哀公六年》記，楚昭王救陳時，病在軍中，正好遇天上「有雲如眾赤鳥，夾日以飛三日」，楚昭王於是就此天象問諸周大史，周大史曰：「其當王身乎，若禜之，可移於令尹、司馬。」關於《左傳》的這一段文字，聶石樵曾評論說：「這說明昭王時周已遣太史入楚，教習周朝的令典。可能楚人受封之日，周即派太史去楚，然書缺有間，不可詳考。」[1]以聶石樵的設想，接受楚昭王諮詢的「周大史」是由周朝派遣而來「教習」楚人的，但這種說法沒有任何文獻上的證據。從時間上來看，「王子朝奔楚」發生在楚昭王元年，這位隨軍的周大史更有可能是隨王子朝一同出奔至楚的周朝史官。

第二節　諸子時代的思想與學術發展概況

春秋戰國時期，在王綱解紐的時代大背景下，伴隨著王官之學的擴散與下移，楚國開始出現私學；隨著楚國國力的強盛，吸引了大批北方士人南下，北學南漸致使諸子思想匯聚楚國，使得楚國成為了這

---

① 　聶石樵:《屈原論稿》，人民文學出版社1992年版，第24頁。

一時期中國南方的思想與學術中心。

一、春秋晚期至戰國早期陳楚地區學術中心的形成

春秋後期，楚國為確保在江淮地區的霸主地位，在解除了來自晉國的主要威脅後，開始轉入對吳國的軍事行動，晉楚爭霸自此轉變為吳楚爭霸。為了與吳國爭奪在淮河流域的控制權，多位楚國君王長期駐留安徽乾谿（今安徽亳州東南），大大增加了楚國對這一地區的實際控制能力。

楚靈王十一年（前530），在楚國包圍了吳國的屬國徐國（今安徽泗縣一帶）後，楚靈王「次於乾谿，以為之援」。自此以後，楚靈王離開楚國首都郢都，長期駐留乾谿，並在此大興土木，建造行宮。「清華簡」〈楚居〉記載：「至靈王自為郢徙居秦谿之上，以為處於章華之臺。」簡文中的「秦谿」即「乾谿」。「清華簡」〈楚居〉又記：「景平王即位，猶居秦谿之上；至昭王自秦谿之上徙居美郢，美郢徙居鄂郢，鄂郢徙襲為郢。」可見，楚平王即位後一直留居秦谿（乾谿），至楚昭王時才回楚都為郢。靈、平、昭時期，乾谿之地實際上成為了楚國在楚都之外的一個新的政治與軍事中心。

在乾谿以西100多公里的地方，就是楚國屬國陳國的首都陳城（今安徽淮陽）。陳國為媯姓國，周武王滅商後所封，但自春秋初以後便成為了楚國的附屬國。春秋初期，楚文王任用彭仲爽為令尹，迫使陳國朝楚。齊桓公稱霸時，陳為其盟國，桓公死後，陳即與楚修好。城濮之戰後，陳國一度搖擺於晉、楚之間。自春秋中期開始，陳國表面上是一個國家，但實際上一直受楚國的轄制，先後3次被楚國廢置為縣。西元前598年，楚莊王以陳國國內動亂為由滅陳置縣，其後聽從申叔時的勸告恢復陳國。楚靈王時，楚國勢力東進後更是加強了對陳國的實質性控制。西元前534年，楚靈王以陳國因爭位發生大亂為由而滅陳為縣，委派穿封戌為陳公。楚靈王還對陳城進行了大規模的修繕，在陳地收取賦稅。《左傳 昭公十二年》載楚靈王語曰：「今我大城

陳、蔡、不羹，賦皆千乘」，說明此時楚國已對陳地實施了實質性的管理。5年後，楚平王繼位，楚國再次恢復陳國，但此後陳國一直受制於楚，直至楚惠王時最終被楚滅國置縣。關於陳與楚的關係，崔述在《讀風偶識》中作了一個較為明瞭的概括：「是以春秋之世，陳最不振。幸而齊桓一霸，得以少安。齊桓既亡，遂折而服役於楚。未久，遂為楚莊所滅。幸而復封，而楚靈覆滅之。又幸而再封，而楚惠卒滅之。」①

　　因陳國被滅後歸楚，後世遂將陳國所轄地區及其周邊地區稱為「陳楚」。漢揚雄《方言》即以「陳楚」連稱。陳楚地區位於黃淮平原中部，處於華夏文化、東夷文化與楚文化交匯的邊緣地帶，貫通南北，融匯東西。《史記　貨殖列傳》說：「陳在楚、夏之交，通魚鹽之貨，其民多賈。」陳楚之地不僅在經濟上具有重要地位，而且也是各種思想文化匯集、交融之地。春秋晚期至戰國前期，這一地區不僅是道家思想的發源地，也是儒、墨思想重要的傳播地。

　　早期道家學者，大多出於陳楚地區。據《史記　老子·韓非列傳》記載，道家學派的創始人老子是「楚苦縣厲鄉曲仁里人」，可見司馬遷以苦縣為楚縣。而文獻中又有苦縣為陳縣說，如《集解》引《漢書　地理志》說：「苦縣屬陳國。」其實，不管苦縣是陳縣還是楚縣，在老子在世時，其地都在楚國的實際控制區內。苦縣在今河南鹿邑縣，此地東距今安徽亳州極近，只相距30多公里。春秋晚期，楚王行宮所在的乾谿即在安徽亳州附近。《左傳　昭公十二年》杜預注：「乾谿在譙國城父縣南，楚東境」，其地在今安徽亳縣東南②。老子故里苦縣離楚王行宮所在地乾谿如此之近，當在楚人的實際控制區域內。因此，說老子是楚人，是沒有問題的。

---

① 〔清〕崔述：《崔東壁遺書》，上海古籍出版社，1988年6月，第567頁。
② 〔清〕顧祖禹：《讀史方輿紀要》（卷二一），亳州「乾谿」條。

老子曾官至周朝徵藏史，負責徵集、保管周王朝及諸侯國的典籍。《莊子‧天道》記載，孔子欲西藏書於周室，子路告曰：「由聞周之徵藏史有老聃者，免而歸居，夫子欲藏書，則試往因焉。」子路的話中，提供了一些關於老子的非常重要的資訊。其一，老子所任官職為周朝「徵藏史」；其二，老子因故被「免」去官職。老子官職被免的原因，學者們相信與「王子朝奔楚」事件有關，可備一說；其三，老子免職後的去向是「歸居」，即回到了苦縣故里（今河南鹿邑）；其四，老子與孔子是同時代的人。

　　老子回歸故里後，開始了收徒授業的私學教育生涯，培養了一批有成就的道家門徒，老子的這批門徒成為了早期老子學派的中堅。由此，陳楚地區一時成為道家學派最為活躍的地區。從《莊子》一書記載的情況來看，老子的受業弟子來自秦、陳、楚等國，但以陳、楚兩國居多，庚桑楚是陳人，關尹子、文子則是楚籍弟子。

　　與老子弟子庚桑楚有關的記載，見於《莊子》和《列子》等書。《莊子‧庚桑楚》云：「老聃之役有庚桑楚者，偏得老聃之道。」《莊子疏》注謂：「役，門人之稱，古人事師供其驅使，不憚艱危，故稱役也。」所謂庚桑楚為「老聃之役者」即是說其是老子的「學徒弟子」（釋文引司馬彪說）。在老子諸弟子中，庚桑楚是學而有成的弟子之一，所謂「偏得老聃之道」，就是學老聃之道有大成者。成玄英說：「門人之中，庚桑楚最勝，故稱『偏得』也。」[①]「偏」通「遍」，「偏得老聃之道」即「遍得老聃之道」，由此可見，庚桑楚全面接受了老子的學術思想，是老子的得意門生。關於庚桑楚的國籍，說法不一。司馬彪注《列子》說庚桑楚是「楚人」。而據《列子‧仲尼》，庚桑楚應為「陳人」。《列子‧仲尼》記：陳大夫聘於魯時，稱亢倉子為「吾國」之聖人。「亢倉子」即「庚桑子」，依陳

---

① 〔唐〕成玄英：《莊子疏》。

大夫之說，庚桑楚應為陳國人。

關尹其人見於《列子》、《莊子》和《呂氏春秋》，但這些先秦文獻對於其生平事蹟卻沒有隻字提及，只是從《列子　力命》中「老聃語關尹曰」一語，可以略知關尹與老聃是同時代的人。關尹的生平事蹟，始見於漢代文獻，但也很簡略。《漢書　藝文志》著錄有「《關尹子》九篇」，班固注謂：「名喜，為關吏，老子過關，喜去吏而從之。」從班固注中，可知「關尹」並非姓氏，而是關吏的官職名。楚有「左關尹」一職，見於包山楚簡第138簡[①]。關於關尹的事蹟，《史記　老莊申韓列傳》記載說關尹與老子相遇，並讓老子為其著書，得到老子所著的「五千言」。按照司馬遷的說法，關尹應該是「承傳老聃學說的第一代弟子[②]」；童書業甚至認為：「關尹似乎是老子學派的建立者。」[③]關尹是老子學說的重要傳人，在《莊子　天下》篇中，即將關尹與老子並提，並說：「關尹、老聃乎，古之博大真人哉。」

文子，係老子嫡傳弟子，楚平王的佐臣。《漢書　藝文志　諸子略》著錄《文子》9篇，入道家類。班固自注說：「老子弟子，與孔子並時，而稱周平王問，似依託者也。」自班固「依託」說始，後世多有人認為《文子》是偽書。1973年，在湖南長沙馬王堆漢墓出土《黃帝帛書》後，學者們將《黃帝帛書　經法》與《文子》進行對比考證後發現，《文子》與〈經法〉約有20餘處相同，從而證明《文子》一書並非「偽書」，而是「先秦古籍之一[④]」。今本《文子》雖經文子後學之手加工整理過，但河北定縣出土的漢代竹簡本《文子》足以能使我們窺見《文子》思想之真跡。竹簡本《文

---

① 滕壬生：《楚系簡帛文字編》，湖北教育出版社1995年版，第847頁。

② 許地山著，胡蓉編：《許地山論道》，九州出版社2006年版，第39頁。

③ 童書業：《先秦七子思想研究》，齊魯書社1982年版，第111頁。

④ 唐蘭：〈馬王堆出土《老子》乙本卷前古佚書的研究〉，載《考古學報》，1975年第1期。

子》與傳世本《文子》有較大不同。傳世本《文子》中僅《道德篇》有「平王問」的對話體一例，其他皆為文子和老子的問答，其基本形式是師生對答；竹簡本《文子》無「老子曰」，而是平王和文子之間的問答，是君臣對答。今本和竹簡本中問話者都只稱「平王」，而沒有冠上國名，這就提出了一個「平王」是何人的問題。學者們有兩種說法，一種說法認為《文子》中的「平王」是指周平王，另一種說法則認為《文子》中的「平王」是指楚平王。班固《漢書　藝文志》說，《文子》「稱周平王問，似依託者也」。他還十分肯定地指出文子是「與孔子並時」的人。周平王卒於西元前720年，孔子生年為西元前551年，前後相差將近170年。文子既與孔子「並時」，就不可能與周平王有君臣對答。與孔子「並時」的君王中只能是楚平王，所以馬端臨《文獻通考　經籍考》引《周氏涉筆》認為：「其稱平王者，往往是楚平王，序者以為周平王時人，非也。」楚平王於西元前528年至西元前516年在位，與孔子同時的文子同楚平王對答，在時間上是完全吻合的。正如清人孫星衍所說：「文子師老子，亦或游乎楚，平王同時，無足怪者。」[①]老子和以關尹、文子、庚桑楚為代表的老子門人，完成了以《老子》為代表的包括《關尹子》、《文子》、《庚桑楚》等一系列道家學術著述，標誌著老子道家學派的形成。老子學派也是我國歷史上最早的學術思想流派。老子學派中，關尹子、文子、庚桑楚等人都以老子的道家思想為指歸，他們在傳承老子思想的同時，也不斷發展老子的思想，豐富老子的道家學說。因此，在老子學派形成之初，老子學派的內部就存在著學術觀點的差異性，正是這些思想內部的差異性，導致了後來老子學派的分野。

　　陳楚地區是早期道家思想的發源地，道家思想在這一地區有著

---

① 〔清〕孫星衍：〈文子序〉，《問字堂集》，中華書局1985年版，第87頁。

廣泛的影響，早期的道家隱士也主要集中在這一地區以及與之相鄰的蔡國、楚國邊境。孔子在陳、蔡、楚等地遊歷時，遇到的老萊子、接輿、桀溺、長沮、荷蓧丈人等都是隱居於此的道家隱士。

春秋末楚國隱士老萊子，居於蒙山，自耕而食，著書「言道家之用[①]」，《漢書　藝文志》著錄有《老萊子》十六篇，班固注云：「楚人，與孔子同時。」孔子游楚時，曾與隱居的老萊子相遇。《莊子　外物》記：「老萊子之弟子出薪，遇仲尼，反以告。」「老萊子曰：『是丘也，召而來。』仲尼至。」老萊子與孔子討論「君子」之道，要孔子像「聖人」那樣「躊躇以興事，以每成功」。老萊子的戒除驕矜、淡泊名利、忘卻好惡、順乎自然等思想主張，與道家思想是一脈相承的。《史記　仲尼弟子列傳》記：「孔子之所嚴事：於周則老子；於衛蘧伯玉；於齊晏平仲；於楚老萊子；於鄭子產，於魯孟公綽。」可見，孔子是以老萊子為老師的。孔子經陳、蔡等國至楚，其在楚活動的範圍限於楚國北境，則老萊子與孔子相見應在近陳、蔡之地的楚國北境。

接輿也是楚國的道家隱士，生活在楚昭王、惠王時期，沒有著述傳世，其思想主張在《莊子》的〈逍遙遊〉、〈人間世〉、〈應帝王〉諸篇中有零星記載。孔子適楚時，也曾與接輿相遇。《論語　微子》記：孔子適楚，「楚狂接輿歌而過孔子」，「孔子下，欲與之言。趨而避之，不得與之言」。

陳楚地區不僅是道家學派的發源地，也是儒家思想的重要傳播地。春秋晚期，孔子周遊列國，在陳楚地區傳播儒學多年，為儒家思想南播打下了堅實的基礎。孔子卒後，七十子散游諸侯國，孔子的弟子子張來到陳楚地區傳播儒家學說。子張以孔子的忠信思想為主旨，融合道家和墨家學說，形成「子張氏之儒」，是「儒分為

---

① 《史記　老子韓非列傳》。

八」後重要的儒家學派。關於孔子及其弟子在楚國傳播儒學的具體情形，我們將在本書《儒學南漸》一章中進行深入的探討，在此不再贅述。

戰國早期，與儒家同為「顯學」的墨家向南發展，並將楚國作為其思想傳播和踐行的基地。墨家學說的創始人墨子數度到楚國郢都，宣傳其學說主張。墨子之後，墨家「鉅子」孟勝率眾弟子為楚國封君陽城君守城，以身踐行墨家之義，壯烈戰死陽城。陽城是戰國時楚國封地，楚國詩人宋玉在〈登徒子好色賦〉中讚美「東家之子」的美貌「惑陽城，迷下蔡」，其地當距下蔡（今安徽鳳台）不遠。在譚其驤《中國歷史地圖集》第一冊所繪戰國時期楚國地圖中，「陽城」標注在陳城（今河南淮陽）以西、潁水之南。陽城之地在春秋時期屬陳國，戰國時陳國被楚滅國後成為楚國陽城君的封地。從墨家弟子183人戰死陽城這一悲壯事件可見，陳楚地區在戰國早期也是墨家思想的重要傳播地。

綜上所述，從春秋晚期至戰國早期，淮河以北的汝水、潁水流域，以陳城為中心東西走向的帶狀地區，因地處南北、東西交通的要津，同時又是楚國北與中原爭霸、東與吳越爭霸的兵家必爭之地，因而成為了重要的政治與軍事要衝。以拯救時弊為己任的諸子百家紛紛匯集於此，傳播各家學說主張，使得這一地區一時成為思想與學術中心。諸子百家主要學派儒、墨、道三家在同一時期匯集於一地，這一現象在先秦文化地理的版圖上實不多見。

二、戰國中期多元並存的思想文化格局

戰國中期，經楚宣王、楚威王二世勵精圖治，楚國國力達到鼎盛，社會經濟空前繁榮，成為雄踞大江南北的「天下之強國[①]」。這一時期，楚國都城「戚郢」（即今湖北荊州城北紀南城遺址所在

---

① 《戰國策　楚策一》。

地）①，不僅是中國南方的政治、經濟中心，也成為了一個新的思想與學術中心，形成了以儒家思想為主體，兼有道家、墨家、法家、陰陽家思想的多元並存的思想文化格局；學術走向呈現兩個明顯的趨勢，一是各家學派內部出現分化，二是諸家學派思想趨向整合。這一時期楚國的學者大致由三部分組成，其一是齊湣王時齊國稷下學宮衰敗後，由齊國南游至楚的稷下學士，其二是在楚國蘭臺之宮服務於楚王的蘭臺作家，此外，還有其他研習諸子學派的楚籍士人。

1. 稷下學士

稷下學宮是齊國設立的著書論辯、傳道授業機構，大約創建於齊桓公田午時期，至齊王建時衰微，歷時140餘年，繁盛時達「數百千人②」。來自各地的學者如孟子、荀子、宋鈃、尹文、慎到、環淵、鄒衍、田駢、彭蒙、淳於髡、接子、魯仲連、田巴、貌說等，他們在稷下學宮著書講學，切磋駁難，形成了百家爭鳴的局面。郭沫若評價說：「這稷下之學的設置，在中國文化史上實在是有劃時代的意

---

① 據黃錫全先生考證，多見於楚簡與銅器中的「戚郢」即「紀郢」，在位於湖北荊州的楚故都紀南城（黃錫全：〈戚郢辨析〉，《古文字論叢》，藝文印書館1999年版，第288頁）。「戚郢」見於鄂君啟節、望山楚簡、包山楚簡等戰國楚簡。包山楚簡205、206等簡有「東周之客許歸（一作「致」）胙于戚郢之歲」的記載。據相關簡文分析，其事當在包山楚墓墓主邵𨏉去世的前一年，約當懷王前期。（石泉主編：《楚國歷史文化辭典》，武漢大學出版社1996年版，第97頁）「東周之客」為周天子的使臣，其到楚國的目的是代表周天子向楚王分賜祭肉，其所至之「戚郢」當為楚王所居之地。由此可見，「戚郢」應是戰國中期楚王所居郢都。「清華簡」〈楚居〉敘楚悼王以前諸王所居之諸「郢」，唯獨不見「戚郢」，實乃因為在楚悼王之前，「戚郢」仍非楚國都城。「戚郢」作為楚國都城，應在楚悼王之後。關於紀南城的年代，曾有學者認為根據紀南城內發現的遺物、遺跡以及城外楚墓的年代，推測「今江陵紀南城只是一個戰國中期晚段至戰國中晚期之際的楚城，存在了不過四五十年，大體相當宣王後期至頃襄王元年前後」。郭德維對此提出不同意見。他根據中國社會科學院考古研究所對紀南城內的一些遺物進行碳14年代測定的結果推定，「紀南城興建大概在西元前455年前後」（郭德維：〈楚郢都辨疑〉，載《江漢考古》1997年第4期）而從〈楚居〉中楚悼王之前沒有「戚郢」的情況來看，紀南城作為楚國都城的時間應延至楚悼王在位之時或死後，約在西元前380年前後。至西元前278年，秦大將白起拔郢，楚頃襄王東遷陳城，紀南城作為楚國都城的時間共計100年左右。

② 《史記 田敬仲完世家》。

義。」①稷下學宮在齊湣王時一度嚴重衰敗，其根本原因在於齊湣王急功近利，專斷橫行，而又不聽勸諫，齊威、宣時代所形成的尊士納諫風氣蕩然無存，使得一批稷下學者憤而出走。《鹽鐵論 論儒》記：齊湣王時，「矜功不休，百姓不堪。諸儒諫不從，各分散，慎到、捷子亡去，田駢如薛，而孫卿適楚。」在分散到各國去的稷下學者中，荀子（孫卿）、慎到、環淵等人來到了楚國，為楚國帶來了新的思想與學術氣象。

　　荀子，名卿，戰國時期趙國人。漢代因避漢宣帝劉詢諱，以「荀」、「孫」二字古音相通，稱「荀卿」為「孫卿」。荀子先後三次來到楚國。第一次來到楚國，是在秦白起拔郢、楚國東遷之前。荀子此次由齊至楚，在楚國生活多年。後兩次至楚是在楚國東遷之後。荀子至楚，先為楚令尹春申君門客，後任楚蘭陵令，並終老楚國。

　　荀子在齊威王時即遊學稷下，享有盛名。《風俗通義 窮通》記載：「齊宣王、威王之時，聚天下賢士於稷下……孫卿有秀才，年十五始來遊學。」齊湣王時，荀子因不滿楚國時政而離開稷下，具體是哪一年，現已無從查考。齊湣王在位17年，即西元前300年到西元前284年，荀子離齊至楚的時間，應在此期間。荀子在齊湣王時離開齊國，時間最遲應是齊湣王去世的前一年即西元前285年。荀子在楚國生活若干年後又離開楚國的時間，有可能在西元前278年秦大將白起拔郢時。因為楚國郢都失守，舉國東遷，荀子受時局所迫，肯定會離開楚國。另一方面，從齊國的情況看，齊湣王去世後，其子田法章於西元前283年在莒城即位，是為齊襄王。直到齊襄王五年（前279），田單破燕軍，收復齊地，齊襄王才得以回都城臨淄。齊襄王回臨淄後，開始網羅離散而去的稷下先生，復興稷下學宮。從時間上看，齊襄王復興稷下學宮與白起拔郢大致同時。據此，定荀子於西元前278年離楚返

①　郭沫若：《十批判書》，科學出版社1956年版，第153頁。

齊，有兩個比較充分的理由，其一是楚國方面，因白起拔郢，荀子受戰爭影響選擇離開；其二是齊國方面，齊襄王復興稷下學宮，邀請分散各國的稷下學者重返稷下。荀子如在西元前285年離齊至楚，在西元前278年離楚返齊，此次在楚生活的時間至少是7年。荀子此次入楚，其所從事的學術活動史載不詳。

齊湣王時由齊至楚的另一位「重量級」的稷下學者是慎到。慎到，趙國人，齊宣王時入齊稷下學宮，是齊稷下學宮極盛時期的著名學者，被「賜列第為上大夫[①]」。齊湣王時，因不滿於齊王「矜功不休，百姓不堪」而離開齊國[②]。據《戰國策·楚二》記載，慎到在楚懷王後期，曾為太子橫之傅。《戰國策·楚二》「楚襄王為太子之時」章載：「楚襄王為太子之時，質於齊。懷王薨，太子辭於齊王而歸。齊王隘之：『予我東地五百里，乃歸子。子不予我，不得歸。』太子曰：『臣有傅，請追而問傅。』傅慎子曰：『獻之地，所以為身也。愛地不送死父，不義。臣故曰，獻之便。』」「楚襄王為太子之時」章所載事係為楚懷王客死於秦之年，即西元前296年，是年為齊湣王五年。可見在此之前，慎到已離齊至楚，為楚太子橫之傅。

慎到曾「著書言治亂之事」。《史記·孟子荀卿列傳》載「慎到十二論」，《漢書·藝文志》則記《慎子》四十二篇。在《上海博物館藏戰國楚竹書》（六）之中，有一篇與慎子思想有關的文章，整理者題名《慎子曰恭儉》。該篇原簡第3簡背面即有題名〈慎子曰恭儉〉，取自篇首五字。從篇首「慎子曰」可知，該篇為慎子後學所記慎子言論。李學勤認為該篇應是稷下學者慎到離齊至楚後，由其弟子記錄成文。「到齊宣王時已在稷下，楚襄王為太子而質於齊，聘他為傅，一段時間到楚國，後來再回到齊，是完全可能的。楚簡中〈慎子

---

① 《史記·田敬仲完世家》。
② 《鹽鐵論·論儒》。

曰恭儉〉一篇的出現，更增加了這種可能性。①」

在齊國稷下學宮中，有一位來自楚國的學者環淵，也當在齊湣王時回到了楚國。《史記》中先後三次提到了環淵，都與齊國的稷下學宮有關。《史記　田敬仲完世家》記稷下學宮發展極盛時期的情況說：「宣王喜文學遊說之士，自如騶衍、淳于髡、田駢、接子、慎到、環淵之徒七十六人，皆賜列第為上大夫，不治而議論。」又《史記　孟子荀卿列傳》中記稷下先生們的作為時說：「自騶衍與齊之稷下先生，如淳于髡、慎到、環淵、接子、田駢、騶奭之徒，各著書言治亂之事，以干世主，豈可勝道哉！」《史記》第三次提到環淵時，論及了他的學術思想及主要成果。《史記　孟子荀卿列傳》記：「慎到，趙人；田駢、接子，齊人；環淵，楚人。皆學黃老道德之術，因發明序其指意。故慎到著《十二論》，環淵著《上下篇》，而田駢、接子皆有所論焉。」綜合《史記》所論，可知環淵是由楚入齊的稷下學人，其思想學說為「黃老道德之學」，並著有《上下篇》以闡述其學術主張。

環淵又名蜎淵。《漢書　藝文志》著錄有「《蜎子》十三篇」。班固自注說：「名淵，楚人，老子弟子。」郭沫若認為，著「《蜎子》十三篇」而又「名淵」的「楚人」就是「環淵」②。「蜎」、「環」二字，古可通用，如《戰國策　楚策一》中楚懷王時大夫「范環」，在《史記　甘茂傳》中則作「范蜎」。據《文選》李善注引《七略》：「蜎子，名淵，楚人也」，並無班固注中所謂蜎淵是「老子弟子」一說。依前所論，蜎淵即環淵，是戰國中期楚人，與老子不可能有直接的師承關係，當然不排除與老子有間接的師承關係的可能性。

---

①　李學勤：〈談楚簡《慎子》〉，載《中國文化》2007年第2期。
②　郭沫若：〈老聃、關尹、環淵〉，載《郭沫若全集　歷史編》，人民出版社1982年版，第542頁。

第一章　楚國思想與學術的發展進程

郭沫若以為，《戰國策》與《史記》中所記楚懷王時謀臣范環（范蜎）就是環淵（蜎淵）[①]。如果此說成立的話，那麼環淵離齊後的去向，就是回到了楚國，成為楚懷王的佐臣。

荀子、慎子、環淵等稷下學者的南下，不僅將齊魯思想文化帶到了楚國，而且還帶來了稷下學宮的創新精神和治學經驗，對楚國思想與學術的繁榮具有重要影響。

2. 蘭臺作家

齊國稷下學宮作為戰國時期積聚人才的一種成功模式，為其他各國所效仿。戰國中期，楚國建有「蘭臺之宮」，廣納文學之士。「蘭臺之宮」見於楚國詩人宋玉〈風賦〉「序」記載：「楚襄王游於蘭臺之宮，宋玉、景差侍。」宋玉、景差是楚國的大夫，都以善寫辭賦著稱，是楚襄王時蘭臺之宮的座上客，後世學者據此推測，楚國的蘭臺之宮可能與稷下學宮一樣，是「招致賢人而尊寵之」的場所[②]。南朝劉勰《文心雕龍　時序》即將「蘭臺之宮」與齊國的「稷下之宮」相提並論，他說：

春秋以後，角戰英雄，《六經》泥蟠，百家飆駭。方是時也，韓魏力政，燕趙任權，五蠹六蝨，嚴於秦令，唯齊楚兩國，頗有文學。齊開莊衢之第，楚廣蘭臺之宮，孟軻賓館，荀卿宰邑，故稷下扇其清風，蘭陵鬱其茂俗，鄒子以談天飛譽，騶奭以雕龍馳響，屈平聯藻於日月，宋玉交彩於風雲。

「齊開莊衢之第」是指齊國設置的集詢議、教育、學術等功能於一體的稷下學宮。「楚廣蘭臺之宮」則是說彼時楚國亦有「蘭臺學

---

① 郭沫若：〈《老聃　關尹　環淵》追記〉，載《郭沫若全集　歷史編》，人民出版社1982年版，第546頁。

② 《中論　亡國篇》。

宮」，足與齊之稷下學宮並列。蘭臺在楚國故郢都紀南城，至唐代仍存，唐相張九齡被貶荊州時登臨蘭臺故址，並作〈登古陽雲臺〉詩云：「楚國茲故都，蘭臺有餘址。」

　　楚國的蘭臺之宮最早設置於何時，其職能和性質是什麼，先秦文獻並沒有明確的記載。漢朝在文化上實行的是「漢承楚制」的政策，通過對漢代蘭臺的瞭解，或可讓我們得以窺見楚國蘭臺之一斑。西漢將收藏典籍圖書之處稱為「蘭臺」，《漢書　王莽傳》顏師古注云：「蘭臺，掌圖籍之所。」西漢時還設「中丞」一職，「在殿中蘭臺，掌圖籍秘書[①]」。對漢代「蘭臺」職能比較完整的表述見於南宋鄭樵《通志》：「漢之蘭臺，及後漢東觀，皆藏書之室，亦著述之所，多當時文學之士，使讎校於其中。」[②]由此可見，漢代的「蘭臺」有三項最基本的職能，一是皇家「藏書之室」，二是學士「著述之所」，三是學者「讎校」之處。「讎校」指古籍的校勘整理。蘭臺的這一職能也見於漢王充《論衡　對作》記載：「漢立蘭臺之官，校審其書，以考其言。」又〈別通〉篇亦謂：「蘭臺令史，職校書定字。」可見，漢代的蘭臺不只是皇家藏書之所，也是學者從事學術研究，著書立說，整理古籍的機構。東漢時班固曾為「蘭臺令史」，受詔撰史，故而後世又稱史官為「蘭臺」。至唐中宗時，還曾一度改「秘書省」為「蘭臺」。

　　楚王好築宮觀，修築的高臺宮觀極多，有數十處之多，若數名氣之大者，楚靈王築有章華臺，楚成王時建有渚宮，為何漢代要保留「蘭臺」之名作為「藏書」、「著述」的機構之名呢？這顯然與西漢建國後實行的「漢承楚制」的文化政策有關。西漢建國後，直接將楚國「蘭臺」的性質與功用複製過來，建蘭臺之所，設蘭臺之官，於是

---

① 《漢書　百官公卿表上》。
② 〔南宋〕鄭樵：《通志　職官略　秘書校書郎》。

有了漢代的「蘭臺」。當然，這只是一個反向的推測，楚國的蘭臺，是否如漢代的蘭臺具有明確的藏書、研究、著述的職能，還是一個有待深入探討的問題。

關於楚國蘭臺之宮的性質，趙逵夫說：「從《文心雕龍》所說來看，應同齊之稷下一樣，是聚集文人學士講學論藝、讀書作賦的地方。」[①] 兩相比較，楚蘭臺之宮與齊稷下之宮還是有所不同的，前者重文學之士，以論藝作賦為主業，後者重「遊說之士」，以「不治而議論」、「著書言治亂之事」為職事。

楚懷、襄兩朝，楚國蘭臺作家主要有屈原、宋玉、唐勒、景差等人。楚蘭臺作家雖然多以詩賦存世，不見思想與學術巨著流傳，但他們的詩賦作品中包蘊著豐富的思想，也是研究楚國思想與學術的重要資料。

屈原，名平，戰國中期楚國政治家與詩人。屈原廣泛吸收先秦諸子百家的思想加以融會貫通，形成了具有自身特色的思想體系。〈天問〉集中反映了他的哲學思想，包含他對宇宙起源的思考，對天人關係的思考以及對自然、社會的認識方法等。屈原具有成熟的辯證法觀念，如在〈天問〉中提出「陰陽三合，何本何化」的問題。在屈原的作品中，可以清晰地看到，屈原對天命觀的態度經歷了從相信，到懷疑，再到否定的變化，這說明在屈原的一生中，其思想是在不斷深化和提升的。屈原的政治思想在其作品中也有較為全面的反映。司馬遷在《史記　屈原賈生列傳》中說：「上稱帝嚳，下道齊桓，中述湯武，以刺世事。明道德之廣崇，治亂之條貫，靡不畢見。」屈原的政治思想，可用「美政」二字來概括。「美政」二字出自屈原作品〈離騷〉：「既莫足與為美政兮，吾將從彭咸之所居。」屈原的作品中並沒有對「美政」二字的內涵進行系統而全面的說明，但通過

---

① 　趙逵夫：《屈原與他的時代》，人民文學出版社2002年版，第125頁。

對屈原作品的分析，我們大致可以知道屈原「美政」思想的基本內容是「行美德、施善政^①」，包含的內容有「重仁襲義」、「舉賢授能」、修明法度，以「民德」、「民生」為重等政治理念。

《史記　屈原賈生列傳》說：「屈原既死之後，楚有宋玉、唐勒、景差之徒者，皆好辭而以賦見稱。」繼屈原之後，宋玉、唐勒、景差等蘭臺作家，成為繼承屈原的文學傳統開啟賦體文學創作新風尚的作家。蘭臺作家雖然所屬思想學派不同，但他們的作品有著共同的特點，即「以術論治」，以談論劍術、弋術、釣術、御術等來比喻治國之道。宋玉〈釣賦〉、唐勒〈御賦〉、莊辛〈說劍〉等，都體現了這一特點。

宋玉是蘭臺作家的代表人物，為屈原之後楚國著名辭賦家。《漢書　藝文志》著錄有宋玉賦16篇，今多亡佚。宋玉〈釣賦〉篇題最早見於南朝劉勰《文心雕龍　詮賦》：「於是荀況《禮》、《智》，宋玉《風》、《釣》，爰錫名號，與詩畫境。」全文載於宋代問世的《古文苑》。〈釣賦〉是「以術論治」的代表作，以「釣術」喻治國之道，指出堯舜禹湯的治國方法是「以賢聖為竿，道德為綸，仁義為鉤，祿利為餌，四海為池，萬民為魚」，力諫楚襄王「建堯舜之洪竿，據禹湯之修綸」，行「大王之釣」，廣釣萬民，從而擁有「漫漫群生」。以「賢聖、道德、仁義」為治，是儒家的治國思想；以「祿利」為治，則是法家的治國方略。由此可見，宋玉在思想上受儒、法兩家的影響。

與宋玉同時的蘭臺作家唐勒，也是「好辭而以賦見稱」的辭賦家。《漢書　藝文志》載有唐勒賦四篇，但均亡佚。1972年在山東臨沂銀雀山一號漢墓出土的漢簡中有〈御賦〉，其首簡背面上端題有「唐革（勒）」二字，研究者通常以為該篇作品為唐勒佚作。〈御

---

① 〔漢〕王逸：《楚辭章句　離騷》。

賦〉與〈釣賦〉一樣，是一篇「以術論治」的作品，只不過其所論之術不是「釣術」，而是「御術」。〈御賦〉所推崇的御術是「去銜轡，撤笪策，馬〔莫使而〕自駕，車莫〔動而自舉〕」，「不叱」、「不啻」、「不撓」的「義御」，宣揚的是道家無為而治的治國思想。

《莊子 雜篇》載有〈說劍〉一篇，北宋孫礦說該篇作品「事與辭俱非莊派，只是戰國時策士游談，正與《說弋》及《諫楚襄王》相似①」，但今人錢穆考證其為莊辛的作品。莊辛是戰國時楚封君，曾勸誡傲慢自大的襄成君，促使其改正不能以禮待人的毛病，又曾面責楚王，斥責其「專淫逸侈靡，不顧國政」。〈說劍〉和〈御賦〉、〈釣賦〉同屬「以術論治」的作品。〈說劍〉篇將劍分三種，其一為「匡諸侯，天下服」的「天子之劍」，其二是可使「四封之內，無不賓服」的「諸侯之劍」，其三是「無所用於國事」的「庶人之劍」。用「天子之劍」的方法是「制以五行，論以刑德;開以陰陽，持以春夏，行以秋冬」;用「諸侯之劍」的方法則是「上法圓天以順三光，下法方地以順四時，中知民意以安四鄉」。以陰陽五行、效天法地作為治國方略，是典型的戰國時期黃老道家的思想。

蘭臺作家並無一致的思想傾向，其作品的思想內容也比較駁雜，有儒家、道家、法家、陰陽家等各家思想摻雜其間。他們的共同特點是以辭賦創作諷喻君王，以術論治，曲折地表達自己的政治思想與主張。

3. 其他儒、道、術數諸子

戰國中期，楚國思想的主流是儒家思想，道家居其次，術數之學呈上升之勢。郭店楚簡、「上博楚簡」都屬於戰國中期文獻，其中絕大多數是儒家著作，也有少量道家著作，總體上反映了這一時期楚國

---

① 〔清〕宣穎：《南華經解》引孫礦語。

思想與學術「以儒為主，以道為輔」的結構特點。這一時期，各家學派都出現了一批有影響的學者，如儒家有陳良，道家有莊子，陰陽家有唐昧等。

　　儒學南漸伊始，主要傳播地在陳楚地區，全戰國中期，已南播到江漢地區，並結出累累果實，陳良便是這一時期楚儒家的代表人物。陳良，戰國時楚人，與孟子同時。陳良北上學習儒學，研究周公、孔子的學說，在北方儒學界享有盛名。孟子高度評價陳良在儒學上的成就，並說：「陳良，楚產也，悅周公、仲尼之道，北學於中國。北方之學者未能或之先也。彼所謂豪傑之士也。」[1]北方是儒學的原產地和儒家精英大本營，陳良的儒學素養竟然連北方的學者也趕不上。

　　陳良去世後，跟隨其數十年的弟子陳相、陳辛兄弟北上滕國，跟隨農家學者許行，因而受到孟子的批駁。據孫開泰、李超英《孔子孟子傳》，孟子與農家許行之徒陳相辯論事在滕文公二年，即西元前321年；又據孟子說陳相「師死而遂倍之」，則可知陳良去世的時間下限為楚懷王八年（前321）。陳相、陳辛兄弟「事之數十年」，則陳良在楚國從事儒學傳授當在楚宣、威、懷時期。

　　戰國中期，道家在楚國同樣受到重視。楚威王許以卿相之位迎聘莊子，楚頃襄曾召見詹何進宮討論治國之道，表明楚國統治者廣泛接納諸子學說，對道家學者並不排斥。

　　莊子，戰國中期道家思想的集大成者，與道家學說的創始人老子並稱為「老莊」。《史記　老莊申韓列傳》說：「莊子者，蒙人也，名周。周嘗為蒙漆園吏，與梁惠王、齊宣王同時。」由於司馬遷沒有指明莊周所在的「蒙」在當時所屬的國籍，以致後來形成了莊子為宋人說、梁人說、楚人說、齊人說、魯人說等5種不同的說法。據《莊子　秋水》載：「莊子釣於濮水」，楚威王派使臣聘之為相，可

_____

① 《孟子　滕文公上》。

知「濮水」為莊子隱居之地。《經典釋文》：「濮水，音卜，陳地水也。」濮水原屬陳國，至楚惠王十一年（前478）陳國為楚所滅，遂歸屬於楚國，莊子在世時仍屬楚國。莊子出生地雖不可知，但莊子隱居在楚國境內，說「莊子為楚人」則無不可。

莊子的名聲以及其楚國貴族後裔的身分，使得他獲得了楚王的重視。據《史記　老子韓非列傳》記載，楚威王曾以卿相之位相許，迎聘莊子，而莊子以「無為有國者所羈」為由，拒絕了楚威王的聘任。而《韓非　喻老》篇又記：「楚威王欲伐越，莊子諫曰：『臣患智之如目也』。」莊子諫楚威王一事，說明莊子曾出仕為楚威王佐臣。莊子是否先拒聘，後又受聘，不得而知。

戰國時代，由於兵革迭起，城邑不保，加上饑饉疾疫之苦，諸侯君臣處於憂患之中，急需術數之學來預測吉凶禍福，因此術數家在這一時期受到各國重視。這一時期的楚威王即對術數有著濃厚的興趣。《呂氏春秋　去宥》載：「威王好制，有中謝佐制者」，高誘注：「制，術數也」。可見楚威王不僅好術數之學，在朝廷中還有專人輔佐。楚懷王時，唐昧更是聞名於一時的術數家。《史記　天官書》云：「近世十二諸侯七國相王，言從衡者繼踵，而皋、唐、甘、石因時務論其書傳，故其占驗淩雜米鹽。」「唐」即指楚國星相家唐昧。《史記　天官書》列舉「昔之傳天數者」時也有「楚唐昧」。按《史記　天官書》所言，唐昧等人「論其書傳」，當有天文曆算和占星候氣之類的著作傳世，可惜失傳。據趙逵夫考證，唐昧「至遲自懷王十六年至懷王二十四年任司馬，懷王二十四年至二十八年為令尹[①]」。楚懷王二十八年（前301），秦、齊、韓、魏攻楚，唐昧被殺。

---

① 　趙逵夫：《屈原與他的時代》，人民文學出版社2002年版，第279頁。

三、戰國晚期諸子思想的整合與總結

西元前278年，秦將白起拔郢，楚國被迫東遷於陳城。此後，楚國又兩度遷都。西元前253年，遷都鉅陽；西元前241年，又遷都壽春，直至西元前223年被秦國所亡。楚國東遷是楚國由強轉弱、由盛轉衰的標誌性歷史事件。楚考烈王時期，楚國以春申君為令尹，國力一度得到恢復，出現了「楚復強」的態勢①。在此期間，春申君招致四方士人，蓄養門客三千，使楚國在東遷之時流失的人才優勢在一定程度上得以恢復。在楚國東遷時離開楚國的荀子，又重新回到楚國，並留居楚國蘭陵對諸子百家思想進行了批判與總結，成為先秦學術思想的集大成者。楚國黃老道家在這一時期加速了對儒、墨、法等各家學說的融匯，出現了黃老道家的代表性著作《鶡冠子》。這些思想與學術成就的取得與戰國晚期出現的大一統思潮有著密切關係。

1. 春申君「門下諸客」

戰國末期，列國競爭更趨激烈。國家的競爭實力除了政治與軍事上的較量外，還表現在對士人的爭奪和取用上。正如王充在《論衡·效力篇》中所說：「賢才之臣，入楚楚重，出齊齊輕，為趙趙完，畔魏魏傷。」正是在這一情勢之下，各國都廣攬人才，爭相養士。在戰國晚期各國風行的「養士」風潮中，楚令尹春申君從各國招賢納士充實門庭，形成了以春申君「門下諸客」為主體的客卿群體。《史記·春申君列傳》說：「春申君既相楚，是時齊有孟嘗君，趙有平原君，魏有信陵君，方爭下士，招致賓客，以相傾奪，輔國持權。」春申君建「客籍」制度，將門客造冊登記，以加強對門客的管理。《戰國策·楚策五》記：門客汗明初見春申君，將他比作聖堯，而自喻為賢舜，因而得到賞識，春申君於是「召門吏為汗先生著客籍，五日一見」。春申君所養之士，據言達「三千餘人」之眾。對於春申君的

---

① 《史記·春申君列傳》。

「養士」，史家給予了很高的評價。在《史記　太史公自序》中，司馬遷說：「以身徇君，遂脫彊秦，使馳說之士南鄉走楚者，黃歇之義。作《春申君列傳》第十八。」他將「使馳說之士南鄉走楚」作為將春申君納入《史記》「列傳」的重要依據。賈誼〈過秦論〉更是盛讚春申君與齊之孟嘗、趙之平原、魏之信陵「此四君者，皆明知而忠信，寬厚而愛人，尊賢重士，約從離衡」。如果客觀評價春申君的「養士」，則不能不看到，其所養之士所發揮的歷史作用是相當有限的，而且有將門客作為裝點門面的招牌之嫌。正如春申君的門客所說：「夫賢者之所在，其君未嘗不尊，國未嘗不榮也。」[①]春申君讓其門客向趙國使臣「炫富」，能很好地說明這一點。趙國使臣至楚，「趙使欲誇楚，為瑇瑁簪，刀劍室以珠玉飾之」，而春申君則毫不示弱，「其上客皆躡珠履以見趙使」，令「趙使大慚」[②]。聚集在春申君門下的士人中，見於文獻記載的有朱英、李園、汗明、唐且、虞卿、周文等人，但這些人多為遊說之士，少有著述之士。春申君的門客中，在思想上與學術上可說道者，只有虞卿、周文等人。

虞卿，戰國晚期趙國人。《戰國策　楚策五》、《戰國縱橫家書》均有「虞卿謂春申君」章，記虞卿向春申君建議及早確定封地，且封地宜遠離楚都。在虞卿與春申君的對話中，虞卿積極為春申君謀劃，且自稱為「臣」，而稱春申君為「主君」，由此可見，虞卿曾是春申君門客。虞卿說「今燕之罪大，而趙怨深」，乃指西元前251年，燕因出兵伐趙而與趙國結怨遂致戰禍不斷。是年，趙將廉頗大破燕軍，此後兩年趙國兩度出兵圍攻燕都。「虞卿謂春申君」章所記之事應發生在此間或稍後。

據《史記　平原君虞卿列傳》載，秦相范雎為報舊仇欲殺魏齊，

---

① 《戰國策　楚策四》。
② 《史記　春申君列傳》。

虞卿為救魏齊，捐棄相印，「與魏齊間行，卒去趙，困於梁」。此事發生在范雎任秦相之後。范雎任秦相為楚頃襄王三十三年（前266），則是年之後，虞卿已不在趙國相位。春申君相楚是在楚考列王元年（前262）。虞卿「去趙，困於梁」，於窮愁之中來到楚國，成為春申君的門客，在時間上正可吻合。

虞卿「困於梁」時作《虞氏春秋》。《漢志》記有《虞氏春秋》十五篇，《虞氏微傳》二篇。《史記　平原君虞卿列傳》：「魏齊已死，不得意，乃著書，上採《春秋》，下觀近世，曰《節義》、《稱號》、《揣摩》、《政謀》，凡八篇。以刺譏國家得失，世傳之曰《虞氏春秋》。」《史記　太史公自序》亦云：「虞卿非窮愁，亦不能著書以自見於後世云。」則《虞氏春秋》作於去趙之後，成為春申君門客之前。

周文，即周章，陳地人。《史記　陳涉世家》云：「周文，陳之賢人也，嘗為項燕軍視日，事春申君。」所謂「視日」，《集解》引如淳曰：「視日時吉凶舉動之占也」，可見周文應屬術數家之列。

春申君雖然重視人才，門客數量也相當可觀，但由於所用人才品質不佳，缺少學有所成的士人，因而其門客在思想與學術上無所建樹。

2. 荀子與蘭陵學派

楚考列王八年（前255），「齊人或讒荀卿，荀卿乃適楚[①]」。是年，楚國「北伐滅魯」，魯國蘭陵地歸入楚國，春申君於是「以荀卿為蘭陵令」。荀子任蘭陵令後，遭到春申君門客的嫉妒，曾有門客對春申君說：「湯以七十里、文王以百里；孫卿，賢者也，今與之百里地，楚其危乎！」春申君因此辭謝荀子，荀子只得離楚適趙。後又有門客舉薦荀子，荀子再度被請回楚國復職蘭陵令。西元前238年，春申

---

① 《史記　孟子荀卿列傳》。

君被門客李園所殺,荀子官職被廢,客居蘭陵,在此收授學徒,著書立說,由此使蘭陵成為這一時期重要的思想與學術中心。

劉勰《文心雕龍 時序》說:「孟軻賓館,荀卿宰邑;故稷下扇其清風,蘭陵鬱其茂俗。」所謂「荀卿宰邑」是指荀卿任職蘭陵縣令,所謂「鬱其茂俗」是指荀門弟子匯聚蘭陵,切磋學術,形成了良好的氛圍。此亦如劉向〈荀子敘〉所云:「蘭陵多善為學,蓋以孫卿也。」荀卿的弟子享有盛名者有法家主要人物李斯、韓非,還有漢時傳授經書的大學者浮丘伯等。

荀子晚年客居楚國從事著述。「荀卿嫉濁世之政,亡國亂君相屬,不遂大道而營於巫祝,信機祥,鄙儒小拘,如莊周等又滑稽亂俗,於是推儒、墨、道德之行事興壞,序列著數萬言而卒。[1]」對時政、世風與學術現狀的強烈不滿,促使荀子對各種學術與思想流派進行反思和整合。荀子晚年對學術思想最突出的貢獻在於他對先秦諸子百家思想進行了全面而系統的整合。荀子以孔子的正宗傳人自居,一方面對儒家思想進行吸收和繼承,並創造性地發展了孔子的禮學,另一方面對孟子、子思、子張等人進行了詰難和否定。荀子擴大了儒家思想的包容度,吸納道家、法家、墨家諸家思想進入儒家思想體系,從而實現了對儒家思想體系的重建。荀子站在儒家的立場上對道家進行批判的同時,也將道家的「天道觀」、「自然無為」以及虛靜學說進行改造後納入儒學思想體系。從某種意義上來說,道家思想是荀子學術思想的一個重要理論來源。對待墨家學說,荀子一方面以「儒術」否認「墨術」,同時也攝取、吸納墨家的思想精華,墨家的尚賢、兼愛學說在荀子思想體系中都得到了張揚。荀子受法家思想的影響,將法家的「法」與儒家的「禮」結合起來,提出了「禮法雙行」、「隆禮重法」等政治主張,但同時他也否定了法家單純以法律

---

① 《史記 孟子荀卿列傳》。

政令治理國家的傾向。總之，荀子以儒家為圭臬對諸家思想進行整合，使他最終成為先秦諸子的集大成者。

《史記　孟子荀卿列傳》在「荀卿傳」後另錄有趙、魏、楚諸國有影響的學者之名，其中提及「楚有屍子」。關於屍子其人其書，後世記載存在著多重矛盾性。張西堂根據劉向序《荀子》謂「屍子著書，非先王之法，不循孔氏之術」和章懷太子謂「屍子作書二十篇，十九篇陳仁義道德之紀，一篇言九州險阻，水泉所起」的不同記載，推出《屍子》「顯而易見的是有兩樣的學說，兩樣的作者①」。徐文武曾撰〈屍子辨〉一文，指出：「先秦時期曾經有兩種書名為《屍子》的古籍。其一為魯《屍子》，魯人屍佼所著，作於戰國中期，受法家思想的影響，具有『非儒』的思想傾向。其二是楚《屍子》，楚國屍姓學者所著，作於戰國晚期，受黃老道家思想影響，具有『兼儒』的思想傾向。」②並認為今存輯本《屍子》為楚《屍子》。以今存輯本《屍子》來看，屍子在治學方法上與荀子一樣，以儒家思想為本，整合了墨、道、法諸家思想。楚《屍子》與荀子是否存在學術上的聯繫，抑或就是屬於蘭陵學派，還需要進一步研究。

3. 道家與術數家

戰國晚期，從道家分化出來的黃老學派成為楚國私學的主體。黃老學派的最大特點是以道家學說為本，「採儒墨之善，撮名法之要③」，這與荀子學派以儒家思想為本，「綜合百家，吞吐道法」在治學方法上有著共同性，都是以一家為本，相容百家之說，體現了這一時期思想與學術「整合」與「總結」的特點。戰國晚期，隨著楚國陰陽術數之學漸趨熾熱，楚國的黃老道家與陰陽術數之學的結合也更趨緊密。

① 張西堂：〈屍子考證〉，載羅根澤編著《古史辨》，上海古籍出版社1982年版，第648頁。
② 徐文武：〈屍子辨〉，載《孔子研究》，2005年第4期。
③ 《史記　太史公自序》。

鶡冠子是這一時期楚國黃老學派的代表人物。《漢書·藝文志》著錄有《鶡冠子》一書，班固自注云：「楚人，居深山，以鶡為冠。」《風俗通義》佚文亦記：「鶡冠氏，楚賢人，以鶡冠，因氏焉。鶡冠子著書。」《漢書·藝文志》著錄《鶡冠子》僅一篇，《隋書·經籍志》著錄則作三卷。唐韓愈《讀鶡冠子》云十六篇，今存宋陸佃注本《鶡冠子》為三卷十九篇。《鶡冠子》為黃老道家的代表作，宋陸佃評價《鶡冠子》時說：「其道駁，著書初本黃老，而末流迪於刑名」。從《鶡冠子·學問》以道德、陰陽、法令、天官、神徵、伎藝、人情、械器、處兵合為「九道」來看，正體現了該書以道家為本，兼合儒、法，雜及陰陽數術、兵家等學問的特點。

關於鶡冠子生活的年代，清代學者王闓運認為「當在齊威、魏惠之世，稍在孟子之前①」。然據《鶡冠子》書中稱，鶡冠子為趙將龐煖之師，書中記有鶡冠子與趙武靈王、趙悼襄王、龐煥、龐煖等人的問答，由此可以推知鶡冠子的生活年代在戰國晚期，不可能早到孟子之前。李學勤根據《鶡冠子》一書中鶡冠子與龐煖的師生關係以及歷史上趙國名將龐煖的生活時代考證得出結論，鶡冠子生活的年代大約在西元前300年至前240年②。這一時期相當於楚襄王與楚考烈王之世。

詹何也是戰國晚期楚國著名道家學者，又稱「瞻子」或「詹子」。《莊子·讓王》記載有詹何與公子牟的對話，由此可見，詹何的生活年代應與中山公子牟大致同時。中山公子牟即魏公子牟，《呂氏春秋·審為》高誘注說：「魏公子也，作書四篇。魏伐得中山公以邑子牟，因曰中山公子牟也。」據錢穆《先秦諸子系年考辨》考證，詹何與子牟問答「應在趙惠文王、楚頃襄王世」。趙惠文王在位時間

① 〔清〕王闓運：〈題鶡冠子〉，載馬積高主編：《緗綺樓詩文集》，嶽麓書社2008年版，第89頁。
② 李學勤：〈《鶡冠子》與兩種帛書〉，載陳鼓應主編：《道家文化研究》（第1輯），上海古籍出版社1992年版。

為西元前298年至前266年，其時楚已東遷陳郢，屬戰國晚期。

在與中山公子牟的對話中，詹何針對中山公子牟「身在江海之上，心居乎魏闕之下」的生活狀態，提出了「重生輕利」的原則，可見其思想具有道家思想傾向。據傳詹何具有「前識」功能，即具有預測能力，屬於道家的道術家一派。《韓非子》中記載有一個「詹何度牛」的故事：詹何曾與弟子端坐屋內，猜測屋外一頭牛的特徵，其弟子猜測說此牛是「黑牛也而白在其題（額頭）」，而詹何則說「然，是黑牛也，而白在其角」，經過察看，屋外的牛果真是黑色的牛，而以白色的布裹其角。韓非子認為，詹何的道術不過是「無緣而妄意度」，即毫無根據的胡亂猜測，是「道之華也，而愚之首也①」。

詹何曾應召入宮與楚王論治國之道。《呂氏春秋　執一》記載，詹何與楚王論道，但不明是哪一位楚王。而《淮南子　原道訓》、《列子　說符》則記載，與詹何論道的人是「楚莊王」。然詹何是戰國晚期人，不可能與春秋中期的楚莊王坐而論道。對此，錢穆在《先秦諸子系年考辨》中曾撰〈楚頃襄王又稱莊王考〉專文考證，指出與詹何論道的實即楚頃襄王，其說可從。楚頃襄王向詹何問為國之道，詹何回答說：「何明於治身，而不明於治國」，詹何並非不知道如何治國，他其實強調的是「治身」與「治國」的道理是一樣的，明白了「治身」的道理，也就明白了「治國」的道理。詹何「以善釣聞於國②」，時有「詹公之釣，千歲之鯉不能避」之說③，頃襄王曾召見詹何進宮問垂釣之道，詹何回答說，垂釣時只有做到「用心專，動手均」，才能達到「以弱制強，以輕致重」的目的，表面上是在論垂釣之道，但實質上仍是在論治國之道。詹何最後對楚王說：「大王治國誠能若此，則天下可運於一握，將亦奚事哉？」則是明確表達了他的

<hr />

① 《韓非子　解老》。
② 《列子　湯問》張湛注。
③ 《淮南子　說山訓》。

治國思想。

　　長盧子也是戰國晚期值得一提的楚國道家學者。《史記　孟子荀卿列傳》記：「楚有屍子、長盧，阿之籲子焉。自如孟子至於籲子，世多有其書，故不論其傳云。」這裡明確記載長盧為楚人，有著作流傳於世。《漢書　藝文志》著錄有「《長盧子》九篇」，歸入「道家者流」，班固自注亦稱長盧子為「楚人」。

　　《列子　天瑞篇》記載有長盧子論「杞人憂天」的言論。據任大椿《列子釋文考異》考證，「廬」、「盧」二字可通用，「長廬子」即「長盧子」。此外，《鄧析子·無厚篇》也提到長盧子：「長盧之不士，呂子之蒙恥。」因《列子》、《鄧析子》二書成書情況異常複雜，很難以二書提到的長盧子來斷定其生活的年代。《太平御覽》三十七引《呂氏春秋》：「長盧子曰：山嶽河海，水金石火木，此積形成乎地者也。」比對《列子　天瑞》記長盧子所言：「山嶽也，河海也，金石也，火木也，此積形之成乎地者也。」《呂氏春秋》比《列子　天瑞》只少了四個「也」字。從《呂氏春秋》引長盧子言，可證《長盧子》成書應早於《呂氏春秋》。錢穆即據此稱「長盧子在呂不韋前」，並斷定「長盧當出戰國晚世」[①]。

　　據《鄧析子　無厚篇》「長盧之不士（仕）」的記載，可知長盧子為道家隱士，不曾出仕為官。長盧子的思想可由《列子　天瑞》所記其一段言論窺見一斑。杞國人「憂天地崩墜」，由此引發關於天地是否會崩墜問題的討論，其中一種觀點認為，天是由「氣」構成的，不會墜落傷人，地是無時無處不在的，不會崩塌。長盧子對此發表意見說：「虹蜺也，雲霧也，風雨也，四時也，此積氣之成乎天者也。山嶽也，河海也，金石也，火木也，此積形之成乎地者也。知積氣也，知積塊也，奚謂不壞？夫天地，空中之一細物，有中之最巨

---

①　錢穆：《先秦諸子系年考辨》，上海書局1992年版，第463頁。

者。難終難窮，此固然矣；難測難識，此固然矣。憂其壞者，誠為大遠；言其不壞者，亦為未是。天地不得不壞，則會歸於壞。遇其壞時，奚為不憂哉？」這段文字，較為全面地反映了長盧子的宇宙觀，大致可歸納如下：其一，天地是「積氣」、「積塊」的結果，是由物質組成。其二，天地是「空中之一細物」，即是宇宙的一個小的組成部分。其三，天地是由物質構成，終會消亡。英國科學家李約瑟評論說：「長盧子代表冷靜推理的科學心靈，他瞭解世界既由物質合成，自然就有分解的一天。」① 戰國晚期，陰陽術數家在楚國盛行一時，出現了南公、甘公等陰陽術數家。

南公，為戰國晚期楚國陰陽家。《史記　項羽本紀》：「楚南公曰：『楚雖三戶，亡秦必楚也』。」《正義》引虞喜《志林》稱南公「識廢興之數，知亡秦者必於楚」。《漢書　藝文志》著錄《南公》三十一篇，列入陰陽家。

甘公，國籍有齊、楚、魯三說。《史記　天官書》有「齊甘公」之說，《漢書　藝文志》稱：「六國時，楚有甘公，魏有石申夫。」又以甘公為楚國人。南朝劉宋時期徐廣《史記音義》又謂：「或曰甘公名德也，本是魯人。」此處則以甘公為魯國人。「甘公為魯人」說較晚，且徐廣注《史記》時有「或曰」二字，來源不明，不足為據。至於甘公或為齊人，或為楚人，其一說出自《史記》，其一說出自《漢書》，皆為《正義》所載，孰是孰非，難以定奪。為調和二說之矛盾，《史記索隱》謂：「《天官書》云『齊甘公』，《藝文志》云『楚有甘公』，齊、楚不同。」認為《史記》、《漢書》所說的甘公並非同一人，而是兩個同名的甘公。而近人汪榮寶《〈法言〉義疏》則稱：「《潛夫論　志氏姓》州、蒲、甘、戲、露、怡皆姜姓也，則甘與齊為同姓。蓋本為齊人，後家於楚歟？」汪氏懷疑甘公實只一

---

① （英）李約瑟著，陳立夫等譯：《中國古代科學思想史》，江西人民出版社1999年版，第48頁。

人，是生於齊，而游居於楚，這種可能性似乎更大一些。

甘公是戰國末期人，秦末漢初仍在世。楚漢戰爭時，張耳為陳余所敗，向甘公詢問是投楚還是投漢，甘公說：「漢王之入關，五星聚東井。東井者，秦分也。先至必王。楚雖強，後必屬漢。」[①] 此「甘公」以星象為占，指明張耳投奔漢王，與天文家身分相符，應是《史記　天官書》、《漢書　藝文志》所記之「甘公」。

甘公有著述傳世。《漢志》著錄《甘德長柳占夢》二十卷，歸入「數術」家。又《史記正義》引《七錄》云「楚人，戰國時作《天文星占》八卷」，二書均已佚。

第三節　楚國思想與學術繁榮的原因

春秋戰國是我國歷史上思想開放、學術繁榮的時代，不同學派競相宣傳自己的政治和思想主張，形成了「百家爭鳴」的局面。這一時期，楚國成為南方重要的思想與學術中心，其原因是多方面的。

第一，楚文化所具有的開放性與相容性的文化特性，使其表現出「兼收並蓄」的包容精神，能夠容納和整合不同思想內容、不同風格流派的學術，這是楚國思想與學術繁榮的一個重要原因。

楚人開放性與包容性文化特性形成的原因，學者們有不同的說法。羅運環認為，楚文化的這一文化特性的形成「與荊楚的地理位置和居民的複雜性是相關聯的[②]」。除此之外，楚文化的文化特性的形成，還與楚民族的歷史命運有著密切聯繫。張正明說：「楚文化的主源可推到祝融，楚文化的幹流是華夏文化，楚文化的支流是蠻夷文

---

① 《史記　張耳陳余列傳》。

② 羅運環：〈論荊楚文化的基本精神及其特點〉，載《武漢大學學報》，2003年第2期。

化，三者交匯合流，就成為楚文化了。」①楚民族發源於中原，楚文化的主流是中原文化。楚人從中原南下後，與南方各地土著民族相融合，形成「亦夷亦夏」的具有自身特色和風格的文化。

春秋中期以前，楚國地狹兵弱，在中原強國夾縫中求生存，楚人往往以蠻夷自居，表現出自尊與孤傲的民族性格。如西周晚期楚君熊渠就曾說過：「我蠻夷也，不與中國之號謚。」②顯示了楚人與中原分庭抗禮的決心。春秋中期以後，隨著國力的強大，楚國進入了爭霸中原的「春秋五霸」的行列，極大地增強了楚人的民族自信心，這使得楚人能夠敞開胸襟，接納包容各種文化。《左傳　襄公十三年》記楚令尹子囊言曰：「赫赫楚國，而君臨之，撫有蠻夷，奄征南海，以屬諸夏」，這表明，自此楚文化的走向發生了根本性的變化，從以蠻夷自居，一變而為融合夷夏。楚人這種融會南北的開放精神，使其文化具有廣博的包容性，也正因為這種開放性和包容性，使得楚文化煥發出了無比旺盛的生命力。

在開放與包容的文化心態的引導下，楚人對學習中原思想與文化保持著極大的熱情。從春秋中期楚國貴族教育的內容來看，已能做到與周王室保持同步。《國語　楚語上》記載，楚莊王時大夫申叔時開列了一份供太子學習的科目，其主要內容是：「教之《春秋》，而為之聳善而抑折惡焉，以戒勸其心；教之《世》，而為之昭明德而廢幽昏焉，以休懼其動；教之《詩》，而為之道廣顯德，以耀明其志；教之《禮》，使知上下之則；教之《樂》，以疏其穢而鎮其浮；教之《令》，使訪物官；教之《語》，使明其德而知先王之務，用明德於民也；教之《故志》，使知廢興者而戒懼焉；教之《訓典》，使知族類，行比義焉。」在這份為楚太子開列的必讀

① 張正明：《楚文化史》，上海人民出版社1987年版，第26頁。
② 《史記　楚世家》。

書目中，既有周朝典籍，也有楚國故志，顯然是希望太子既能接受華夏先進的思想文化，也能熟悉楚國的歷史文化。張正明說：「楚文化之所以能迅速成長，主要就是因為楚王國長期奉行了一條混一夷夏的路線。」[①] 從楚國貴族的教學內容中，可以看出這條「混一夷夏的路線」是非常明晰的。

由此可見，楚人「撫有蠻夷，以屬諸夏」的方略，「兼收並蓄」的文化精神，是楚國思想與學術繁榮的重要原因。

第二，在春秋戰國時期尊士、養士之風盛行的大背景下，楚國統治者尊重士人，為士人封爵加官，提供發揮才能的機會，使得這一時期楚國成為諸子百家學者匯聚的地方，促進了楚國思想與學術的繁榮。

楚國自周初立國伊始，就認識到人才對於治理國家的意義，強調治理國家一定要任用賢能之士。《鬻子》一書中多次論及聖王與賢人的關係：「故聖王在上，則使盈境內，興賢良，以禁邪惡。故賢人必用，而不肖人不作，則已得其命矣。」又說「聖人（《意林》引《鬻子》作「聖王」）在上，賢士百里而有一人，則猶無有也。王道衰微，賢士千里而有一人，則猶比肩也」。《鬻子》認為，賢士能否發揮作用，並不取決於賢士自身，而取決於「聖王」。如果是聖王當朝，賢士再多也不會覺得多；相反，如果是庸君當朝，賢士再少也覺得多。《鬻子》還提出了識別賢士的標準。《新書　修政語下》記鬻熊言曰：「行者善，則謂之賢人；行者惡，則謂之不肖。」又說「賢不肖之人，別其行也」，強調以「行」，也就是以一個人的所作所為來作為衡量人才的標準，實際上是以實踐作為鑒別人才的標準。

春秋戰國時期，為了在列國爭霸中取得優勢，楚國重視任用因各種原因從他國來到楚國的人才，並制定了選拔、任用、爵祿、

---

① 　張正明：《楚文化史》，上海人民出版社1987年版版，第64頁。

封邑等相關制度。《國語‧楚語下》記楚大夫王孫圉言曰:「楚之所寶者,曰觀射父。」觀射父因通曉宗教禮儀而被楚人視為「國寶」。觀射父的先祖為鄀人。楚武王伐鄀,俘獲觀丁父後任命其為「軍率」,此後觀氏家族在楚世代為官,如楚平王時觀丁父之後觀從就曾任卜尹之職。據羅運環統計,春秋時期由他國到楚國為官的客卿可考者有20人[1],他們中有他國王公貴戚,王子王孫,也有卿大夫及其子弟。戰國晚期,楚令尹春申君養士達三千餘人之眾。為了加強門客的管理,春申君還建「客籍」制度,即將門客造冊登記。春申君初次見到門客汗明即大為賞識,「召門吏為汗先生著客籍,五日一見[2]」。

楚國統治者對士人的尊重,與各諸侯國紛紛招賢納士以改革時政的大背景有關。在諸侯紛爭的嚴峻形勢下,各國迫切需要大量人才。各諸侯國充分認識到人才對國家生存和發展的重要性,紛紛打破「親親」、「尊尊」的宗法制藩籬,面向社會招賢納士,一時尊士、養士之風盛行,士階層迅速崛起。春秋戰國時期,各國對待士人所採取的措施主要有:其一,提高俸祿,改善士人生活境遇;其二,設置學宮供學士「不治而議論」;其三是加官封爵,提高士人政治待遇。在這場人才爭奪戰中,楚國自然不甘落後。楚國招攬人才的措施大致有:其一,重禮相聘。如楚昭王聘孔子,「以安車象飾因宰予以遺孔子焉[3]」;再如楚威王聘莊子,「使使厚幣迎之,許以為相[4]」。其二,賜以爵祿。《列子‧說符》載,施氏之子中有「好兵者之楚,以法干楚王;王悅之,以為軍正。祿富其家,爵榮其親」。學習兵法的施氏之子,在楚國既獲得了官職,同時也得到了厚祿。孔子應楚昭王之聘

---

① 羅運環:〈論楚國的客卿制度〉,載《武漢大學學報》1990年第3期。
② 《戰國策‧楚策五》。
③ 《孔叢子‧記義第三》。
④ 《史記‧莊子列傳》。

至楚，楚昭王「將以書社地七百里封孔子^①」。《史記索隱》：「古者二十五家為里，里則各立社，則書社者，書其社之人名於籍。」以25家為1里，700里則合計有17500家。孔子的學生冉有曾說孔子「雖累千社，夫子不利也」，意思是說孔子講究正名，雖有千社之封也不會為利所動，以此形容孔子的人格高尚。楚昭王欲封孔子書社七百，也是非常之可觀的田祿了。其三，設置學宮，供士人遊學。如楚襄王時就設有蘭臺之宮，供養文學之士。

第三，春秋戰國時期諸侯國之間頻繁的聘問、會盟，為楚國與他國之間的思想與學術交流提供了機會，促進了思想文化的傳播與交流。

春秋戰國時期，伴隨著諸侯爭戰，出於政治、軍事等各種目的的聘問、會盟活動也十分頻繁。僅《春秋》所記，在242年間，朝聘會盟就達450餘次。楚國是南方的政治、經濟與文化中心，各諸侯國與楚國頻繁的聘問與會盟，使在他國任官的諸子名士有機會來到楚國，客觀上促進了各家學派與楚國的思想文化交流。如法家代表人物商鞅、名家代表人物惠施都曾以他國使者的身分訪問楚國，並受到楚王的極大禮遇，這對思想與學術的交流，也是具有積極意義的。

在傳世文獻中，沒有法家代表人物商鞅至楚的記載，而在出土文獻資料中，卻能找到商鞅至楚的記載。天星觀一號楚墓竹簡有「秦客公孫紻（鞅）問王於戚郢之歲」；另外，江陵秦家嘴楚墓出土竹簡亦有「秦客公孫鞅聘於楚之歲」。楚簡所說的「秦客公孫鞅」即商鞅。天星觀楚簡記商鞅「問王」，秦家嘴簡記商鞅「聘於楚」，所謂「聘」、「問」，是古代的一種禮制，指天子與諸侯或諸侯與諸侯間的遣使訪問。《禮記　曲禮下》：「諸侯使大夫問於諸侯曰聘。」商鞅在秦國共計有24年，後2年封於商，始稱「商鞅」，而商鞅在秦

---

① 《史記　孔子世家》。

楚國思想與學術研究

國的前22年，史籍均稱其為「公孫鞅」或「衛鞅」。李學勤考證，上述兩處楚簡均是以事紀年，所記時間為秦孝公二十二年、楚宣王三十年，即西元前340年[①]。從楚簡記載可知，西元前340年，商鞅以秦大夫的身分訪問楚國，並與楚宣王相見。兩座楚墓出土的楚簡中，均以商鞅訪問楚國這一事件作為紀年的依據，可見楚人將此事視為重大的事件。

名家代表人物惠施多次來到楚國，並受到楚王禮遇。惠施任魏國宰相時，魏王派惠施訪問楚國，通過觀察楚國對惠施的接待規格，測試楚國對魏國的友好程度。楚工得知此事後，特以「郊迎」之禮迎接惠施。「郊迎」指主人出都城門到郊外迎接來賓，以示隆重與尊敬。後來，惠施被逐於魏，前來投奔楚國，楚王欣然接納了他，只是因為朝中大臣的反對，楚王才不得不「奉惠子而納之宋[②]」。墨家學者田鳩來到楚國，也受到楚國的極大禮遇。田鳩欲見秦惠王，三年而不得見，轉而到楚國見楚王，楚王十分高興，並以符節相贈。當田鳩再到秦國時，秦惠王因田鳩持有楚國的「將軍之節」而接見了他。此事讓田鳩感歎道：「不識道之可以從楚也。」[③]尤為重要的是，楚國君王禮賢下士並不僅僅停留在形式上，而是積極學習諸子思想，並試圖運用他們的學說解決現實問題。有一位楚王聽說史疾研究列子的「正名」學說時，特地向他請教如何用「正名」學說解決楚國的盜賊問題[④]。

楚國自爭霸中原後，不僅參與各方會盟，還經常主持大型會盟活動，如「辰陵之盟」、「蜀之盟」、「宋之盟」、「虢之盟」等皆由

① 李學勤：〈試說天星觀、秦家嘴楚簡的紀年〉，載卜憲群、楊振紅主編《簡帛研究2004》，廣西師範大學出版社2006年版，第2頁。
② 《戰國策　楚策二》。
③ 《淮南子　道應訓》。
④ 《戰國策　韓二》。

楚國主持。會盟活動為楚國提供了與北方諸國進行思想文化交流的機會。《左傳　昭公四年》載，楚靈王在申地會盟諸侯，椒舉對楚靈王說：「諸侯無歸，禮以為歸。」強調在會盟諸侯時一定要「慎禮」，即對禮儀要特別慎重，並建議楚靈王借此機會向宋國的向戌、鄭國的子產等人學習禮儀。楚靈王派人向向戌、子產問禮，於是向戌「獻公合諸侯之禮六」，子產「獻伯、子、男會公之禮六」。楚靈王在會盟中遵照上述禮儀行事，為避免出錯，還派椒舉侍從在身後，以便糾正錯誤。椒舉曰：「禮，吾所未見者有六焉，又何以規？」杜預注：「左師、子產所獻六禮，楚皆未嘗行。」由此可見，北方的禮儀正是通過此類的會盟活動傳播到了楚國，豐富了楚國的禮治思想與文化。

在春秋戰國時期外交的大舞臺上，「賦詩言志」盛行於聘問、會盟、宴享等多種場合。所謂「賦詩」，是指諸侯、卿大夫在燕享、會盟等正式儀式上引用《詩經》中的詩句表達志向，協調事理，是春秋戰國時期一道獨特的文化風景。楚人充分利用這一機會學習《詩》學，並加以很好的運用。如西元前546年，楚大夫蒍罷赴晉國參加盟會，在宴會結束時，蒍罷賦《大雅　既醉》，取其首章「既醉以酒，既飽以德。君子萬年，介爾景福」，以賦詩的方式讚美晉平公，得到了晉國大臣的高度稱讚。

總而言之，楚國的思想與學術的繁榮，與其通過聘問、會盟等活動與中原各國開展的外交活動有著密切的關係。

第四，他國貴族卿士「奔楚」為楚國帶來了人才和典籍，客觀上對楚國思想與學術的繁榮起到了促進作用。

周朝時，或因爭奪權力，或因內部紛爭，導致周王室或各諸侯國內部發生分裂，貴族或官員遠走他國的「出奔」現象突出。出奔者所選擇的出奔之國，也多是諸侯中的強國。《史記　周本紀》云：「平王之時，周室衰微，諸侯強並弱，齊、楚、秦、晉始大，政由方伯。」諸侯列強中，秦國因地處僻遠的西部，出奔至秦者不多，晉、

齊、楚等成為出奔者首選的目的地。各國接受出奔者的人數統計結果顯示，晉國最多，共接受43人次；魯國居其次，共接受42人次；齊國居第3位，接受40人次；楚國居第四，共接受28人次①。居前四位的國家中，魯國是「積弱之國」，因「猶秉周禮」而受到出奔者的青睞，其他晉、齊、楚三國皆為強國。楚國雖僻居南國，但仍成為出奔者在選擇出奔國時主要的考慮對象，這主要與楚國國力強大，能為出奔者提供有力的政治庇護和發展空間，能為出奔者提供生活方面充足的保障有較大的關係。

對於他國奔楚的貴族，楚國或加官或封爵。齊桓公死後，齊國陷入內亂，眾公子以武力爭位。齊太子在宋國幫助下擊敗眾公子，以公子雍為首的「齊桓公七子皆奔楚」，而楚國「盡以為上大夫」②。諸如此類出奔到楚國後而獲得官職的還有，鄭國子革奔楚後為楚右尹，齊國申鮮虞奔楚後為楚右尹，晉國伯州犁奔楚後為楚太宰等等，不一而足。對於出奔到楚國的他國貴族，楚人還授予田祿，以安其心。如吳國公子掩余和燭庸奔楚，「楚子大封，而定其徙」，「取於城父與胡田以與之」③。宋國魚石、向為人、鱗朱、向帶、魚府等五大夫奔楚後，楚國將在戰爭中占領的宋國彭城之地封給五大夫④。

諸國貴族卿士「奔楚」，客觀上促進了他國人才流向楚國，為楚國上層統治集團補充了新鮮的血液。「奔楚」事件中，出奔者還將北方的思想文化典籍帶到楚國，西周初年曾發生的「周公奔楚」事件，即是其中一例。周公是西周初期傑出的政治家、軍事家和思想家，被後人尊為儒學奠基人。周公至楚，自然會將其思想傳播到楚國。春秋晚期發生的「王子朝奔楚」事件中，王子朝率召氏、毛氏、尹氏、南

---

① 王燕：《先秦時期出奔現象研究》第18頁，陝西師範大學碩士學位論文，2010年。
② 《史記　楚世家》。
③ 《左傳　昭公三十年》。
④ 《左傳　成公十八年》。

第一章　楚國思想與學術的發展進程

宮氏等舊宗族，帶著周王室大量的文獻典籍來到楚國，對楚國的思想與學術的發展起到了巨大的推動作用。

第五，商貿的發展，交通條件的改善，以及書寫工具的改進等都對楚國思想與學術的繁榮產生過一定的作用和影響。

西元前579年，晉、楚兩國簽訂的盟約中明確規定兩國要使「交贄往來，道路無壅①」，即保證雙方商貿關係正常化，交通往來無阻，這就為士人的南來北往、自由流動提供了交通和安全方面的便利條件。

春秋戰國時期，書寫工具的改進極大地提高了載體的容量，大大降低了寫作與閱讀的勞動強度，使得所記錄的思想內容更方便交流與傳播。這一時期，簡牘、帛書已代替甲骨和青銅器成為文獻記錄的主要載體。東漢王充在〈論衡〉中說：「竹生於山，木長於林」，「截竹為簡，破以為牒，加筆墨之跡，乃成文字」。簡牘較之此前的文字載體，更易於書寫，便於攜帶，在古代文化的傳播中發揮了重要的作用。我們今天所見先秦原始文獻，多是記錄在簡牘上保存下來的。

簡牘文獻的快速增長，與毛筆的發明和使用是密不可分的。中國古代有「蒙恬造筆」的傳說，實際上，早在蒙恬之前上百年，毛筆就在楚國廣泛使用了。考古工作者在湖南長沙、河南信陽、湖北荊州等地楚墓中都發現過毛筆。從考古出土的毛筆實物來看，楚人已掌握成熟的毛筆製作方法，毛筆的形制與今天的毛筆已無大的差異。毛筆的出現，使得人們的思維方式、寫作方式發生了巨大的改變，對於思想的記錄和傳播起到了無法估量的作用。

第六，頻繁的兼併戰爭在給人民帶來深重災難的同時，也加快了人才交流，促進了思想與學術的傳播。

春秋戰國時期，楚國通過兼併戰爭不斷蠶食鄰近小國，所滅之國有六七十個之多，一步一步從周初「土不過同」的蕞爾小國，發展成

---

① 《左傳 成公十二年》。

為戰國時期「地方五千里」的決決大國。頻繁的兼併戰爭雖然給人民帶來了巨大的苦難，但我們也不得不承認，戰爭客觀上促進了不同地域、不同背景思想文化的交流與傳播。「各國之間的兼併戰爭錯綜而頻繁，所謂『以富兼人』的大國具備了更能消化別國的社會條件，漸漸由春秋時代近二百國的割裂局面，並成七國。民族的融合促進了學術文化的進步。①」由此看來，兼併戰爭也應是楚國思想與學術繁榮的原因之一。

---

① 侯外廬主編：《中國哲學簡史》（上），中國青年出版社1963年版，第56頁。

第二章 道家源流與楚簡中的道家思想

第一節 道家的學術淵源與思想背景

同其他諸子學派一樣，道家思想並非無源之水，無本之木，一定有其古老的學術源頭和思想背景。《莊子　天下篇》說：「以本為精，以物為粗，以有積為不足，澹然獨與神明居，古之道術有在於是者，關尹、老聃聞其風而悅之。」讓老子、關尹等道家學者「聞其風而悅之」的所謂「古之道術」究竟是什麼？〈天下篇〉雖然沒有明確給出答案，但卻指出了早於道家之前的「前道家」的存在。《淮南子　繆稱訓》說：「老子學商容，見舌而知守柔矣。」可見在老子之前，「守柔」思想就已經存在了。

道家思想有兩個學術淵源，其一是楚族的「族學」淵源，其二是周朝的「官學」淵源。所謂「族學」是一個民族在歷史發展過程中積澱下來的思想與學術傳統。族學往往在一個民族內部世代相傳，具有相對的穩定性。楚族在歷史發展過程中，也形成了具有自身特色的「族學」，並在族系內部傳承下來。所謂「官學」是指「王官之學」，即以王朝為中心的官府文化系統。「官學」綜合融匯了各種萌芽狀態的學術，具有極大的包容性。官學在發展過程中，孕育和啟迪了私家學術，是中國古代思想文化的搖籃。

首先來看道家思想的「族學」淵源問題。早期道家的創始人老子

和道家思想的集大成者莊子都有楚族血脈，正是這種血緣關係，使得道家思想與楚文化之間存在著密切的關係。

道家的創始人老子在先秦文獻中稱「老聃」，老聃為老氏，名聃。後世有老子姓李名耳的說法，「李耳」其實是「老聃」二字音訛和字訛的結果。高亨曾從音韻學的角度指出：「老、李一聲之轉，老子原姓老，後以音同變為李，非有二也。」①也就是說，因古音「老」、「李」二字音同，有人就把「老」寫成了「李」。而「李耳」之「耳」則是「聃」字部首，係由「聃」字發生訛誤而來。

老聃屬老氏，而老氏出自楚祖老童。《風俗通義》云：「老氏，顓頊子老童之後。」在傳世文獻和出土文獻中，都可見到楚先祖「老童」之名。傳世文獻中，關於「老童」的記載多隻簡略敘述其世系。如《山海經　大荒西經》：「顓頊生老童，老童生祝融，祝融生太子長琴。」《大戴禮記　帝系》也說：「顓頊娶於滕氏，滕氏奔之子謂之女祿氏，產老童。」「老童」在《史記　楚世家》記作「卷章」，「卷章」是「老童」二字的訛字，兩者因字形相近而致訛。《史記楚世家》說：「高陽生稱，稱生卷章，卷章生重黎。」以為「卷章」（老童）為「高陽」（顓頊）之孫，這與《山海經》謂老童是顓頊之子有所不同。無論是顓頊之子還是顓頊之孫，可以肯定的是，老童是顓頊之後，也是楚人的先祖。在戰國楚簡中，多次出現「老童」之名，且冠以「楚先」二字以示尊重，如包山楚簡第237簡：「舉禱楚先老童、祝融、鬻熊。」望山楚簡、新蔡楚簡亦有相同的記載。

戰國中期另一位道家思想的集大成者莊子，他和老子一樣具有楚人的血脈。莊周為楚公族後裔，前人早有論說。唐人林寶《元和姓纂》卷五云：「芊姓，楚莊王支孫，以諡為姓。楚有莊周。」另外，南宋學者鄭樵在《通志　氏族略》中說：「莊氏，芊姓。楚莊王之

---

① 　高亨：《老子正詁》，中華書局1988年版，第157頁、158頁。

後，以謚為氏。楚有大儒曰莊周，六國時常（嘗）為蒙漆園吏，著書號《莊子》。」今人楊義撰有〈莊子　還原〉一文，論證莊子具有「楚國流亡公族苗裔的身分」，並稱：「莊子祖脈在楚，其家族為楚莊王後代，大致於楚悼王或肅王時，已成疏遠貴族，離楚流亡。」[①]

　　老子、莊子皆有楚人血統，在他們成長時期所接受的教育中，楚族的「族學」內容應占有很大的比重。那麼，在老、莊的道家思想體系中，哪些屬於楚族的「族學」的內容呢？我們可以從戰國楚簡中楚人頂禮膜拜的「三楚先」老童、祝融、鬻熊入手進行探討。

　　關於老童的事蹟，古代文獻所記甚少。老童之後，與老童並列為「三楚先」的祝融、鬻熊相比老童而言，則有更多文獻記載流傳下來。《山海經　大荒西經》云「老童生祝融」。又據《世本》云「老童生重黎及吳回」。兩者同記老童之後，卻有不同說法。其實二者並不矛盾，因為「祝融」並非一人的專稱，在古代凡是職掌「火正」這一官職，並有功於後人的，都可稱之為「祝融」。《左傳　昭公二十九年》曰：「火正曰祝融」，《漢書　五行志上》說得更明確：「古之火正，謂火官也，掌祭火星，行火政。」因為老童之子重黎及吳回都曾任火正一職，所以共有「祝融」之號。對此，《史記　楚世家》也有明確記載：「卷章（老童）生重黎，重黎為帝嚳高辛居火正，甚有功，能光融天下，帝嚳命曰『祝融』」，其後其弟吳回「複居火正，為祝融」。

　　關於「祝融」的具體職守，古代文獻中也有記載。《國語　鄭語》記：「夫黎為高辛氏火正，以淳燿敦大，天明地德，光照四海，故命之曰『祝融』，其治功大矣。」韋昭注：「淳，大也。燿，明也。敦，厚也。言黎為火正，能理其職，以大明厚大，天明地德，故命之為『祝融』。祝，始也。融，明也。大明、天明，若曆象三辰

① 楊義：〈莊子　還原〉，載《文學評論》，2009年第2期。

也。厚大地德，若敬授民時也。光照四海，使上下有章也。」韋昭所謂「曆象三辰」、「敬授民時」，這些正是火正祝融的職責，在《後漢書　律曆下》也有同樣的記載：「若夫祐術開業，淳燿天光，重黎其上也。承聖帝之命若昊天，典曆象三辰，以授民事，立閏定時，以成歲功。」由此可見，祝融的職責是觀測、推測天體的運行，制訂曆法，指導百姓的農業生產活動。楚國宗教思想家觀射父將其職能概括為兩個方面，一是「司天以屬神」，一是「司地以屬民」[①]。祝融的神聖使命是先「司天」後「司地」，經由「司天」實現「司地」，在「司天」過程中，會探究宇宙的本原和本體；在「司地」的過程中，則會思考如何重建社會秩序。由「天」及「地」，由「宇宙」及「社會」，久而久之，經過漫長的積澱，自然就會形成「推天理以明人事」的思維方式，最終定型為楚人的思維特點。老子哲學體系的思維特點也是「推天理以明人事」，這一思維方式應該是秉承了楚族的思維方式。

　　在老童、祝融之後的第三位「楚先」是「鬻熊」。鬻熊是楚人的開國之祖，因其學識廣博受到賞識，成為周文王的老師。《史記　楚世家》載楚武王說：「吾先鬻熊，文王之師。」《漢書　藝文志》著錄有《鬻子》一書，班固自注云：「名熊，為周師，自文王以下問焉。」關於《鬻子》一書，過去多認為是偽書，如明黃震《黃氏日鈔》就認為「此必戰國處士假託之辭」。越來越多的證據表明，《鬻子》並非偽書。考諸《鬻子》所記商代積年，與當今學者科學研究的結論殊為接近。關於商代積年，《鬻子》記為576年，稱「湯之治天下也……積歲五百七十六歲至紂」。而《漢書　律曆志》引《世經》記為629年，稱「自伐桀至武王伐紂，六百二十九歲」。《史記集解　殷本紀》引《汲冢紀年》記為496年，稱「湯滅夏以至於受二十九王，

---

① 《國語　楚語下》。

用歲四百九十六年」。研究商年的學者多傾向認為商代積年在550年左右較為合理。國家「九五」重大科研專案「夏商周斷代工程」研究的結論，將商代積年確定為552年，這與《鬻子》所記商代積年為576年相差只有24年。《鬻子》所記商代積年與科學論證得出的商代積年如此接近，這絕不是一種偶然的巧合。《鬻子》記載的商代資料比其他文獻的記載更具可信度，也可說明《鬻子》一書成書的古老性。《鬻子》成書可能在離商不遠的西周前期，其史料價值不可忽視。

關於《鬻子》的成書，清嚴可均認為：「《鬻子》非專記鬻熊之語，故其書於文王、周公、康叔皆曰『昔者』。『昔者』，後乎鬻子之言也。古書不必手著，蓋康王、昭王后史臣所錄，或鬻子子孫所記。」[1]《鬻子》一書非鬻熊「手著」是可以肯定的。從今存殘本《鬻子》的記事特點來看，《鬻子》也不可能是周朝史官所記，最大的可能是鬻子後人追記。《鬻子》一書的思想，部分可能來自商、周以來的「官學」，部分則可能來自楚族的「族學」。《鬻子》一書是楚族在漫長歷史發展過程中的思想匯集。

《漢書 藝文志》將《鬻子》歸入道家，這說明自漢代開始，人們就注意到了《鬻子》一書與老、莊道家哲學之間存在著密切的聯繫。但從今存殘本《鬻子》來看，書中雖然言及「道」，但其中有關「道」的論述僅限於一般性的道理和原則。「道」在《鬻子》書中並不是作為宇宙的最高實體和最高哲學範疇存在的，這與道家所說的「道」有著本質的區別。僅從這一點就可以看出，將《鬻子》歸入「道家」並沒有充分的依據。但細觀《鬻子》一書，卻又多少能找出一些道家思想的影子，能夠窺見《鬻子》與老、莊道家哲學之間存在著的些許聯繫，正因為如此，有學者將《鬻子》稱為「前道家」。

---

[1] 〔清〕嚴可均：〈鐵橋漫稿〉，轉引自顧實《漢書藝文志講疏》，上海古籍出版社1929年版，第118頁。

《鬻子》論及了宇宙永恆運動這樣一個古往今來人類普遍都感興趣的話題。《列子‧天瑞》記：「粥（鬻）熊曰：『運轉亡已，天地密移，疇覺之哉？』」鬻熊用「運轉亡已」四個字來概括宇宙萬物的永恆運動。鬻熊關於宇宙運動這一觀點被道家很好地繼承下來。如老子強調天道的「周而復始」，認為宇宙運動是一種迴圈運動。《莊子‧天道》也說：「天道運而無所積故萬物成」，把天看作是一個動態結構。

　　《鬻子》書中已形成了對立統一的辯證法思想，其中提到了剛柔、盈虧、離合、生殺、往來、嚴和等對立範疇，並提出了對立轉化的思想。如《鬻子》說：「故物損於彼者盈於此，成於此者虧於彼。損盈成虧，隨世隨死，往來相接，間不可省。」《鬻子》認為，事物是相互轉化的，正是從事物對立面的轉化中，《鬻子》確立了守柔的政治主張和人生哲理。《列子‧黃帝》載：「粥（鬻）子曰：『欲剛，必以柔守之；欲強，必以弱保之。積於柔必剛，積於弱必強。觀其所積，以知禍福之鄉。強勝不若己，全於若己者剛；柔勝出於己者，其力不可量。』」鬻子的「守柔」哲學，成為後來道家哲學的一塊基石。老子吸收了鬻熊的守柔主張，提出「弱之勝強，柔之勝剛」的思想。由此可見，《鬻子》中的「守柔」思想，毫無疑問是老、莊道家哲學的重要思想源頭之一。

　　道家學術的另一個淵源是周王室的「官學」。關於道家的起源，《漢書‧藝文志》說：「道家者流，蓋出於史官。」班固的「道家出於史官」說，正說明了道家學術與「官學」存在一定聯繫。

　　老子曾任周朝典藏史，直接負責管理周王室典藏圖書，使其得以飽覽商周典籍，其思想自然會受到商周時期傳統思想的影響。《莊子‧天道》說：「周之徵藏史有老聃者。」成玄英疏：「徵藏史，猶今之祕書官，職典墳籍。」朱熹《答注尚書》則說：「蓋老聃周之史官，掌國之典籍、三皇五帝之書，故能述古事而信好之。」老子從事

史官之職的官學背景，對其思想形成必然會產生深刻的影響。事實上，我們在老子之前的官學資料中，確實能找到老子思想的一些源頭。

〈金人銘〉是一篇勸誡、教育貴族子弟的訓辭，最早見錄於《荀子》，後又被《說苑》、《孔子家語》抄引[①]。據劉向《說苑·敬慎篇》記：「孔子之周，觀於太廟。左陛之前，有金人焉，三緘其口，而名其背曰」云云，孔子觀之太廟時曾觀其文。可見〈金人銘〉成文當在春秋或在此之前。鄭良樹在〈金人銘與老子〉一文中將《老子》與〈金人銘〉相同或相近的文字進行清單對照考察後發現：「《老子》與〈金人銘〉的關係非常密切；其作者不但引用〈金人銘〉的思想及文字，而且還推崇〈金人銘〉，以之為『教父、聖人』」[②]。尤為引人注意的是，老子的貴柔守雌思想，已見於〈金人銘〉，如〈金人銘〉云：「執雌持下，莫能與之爭者。人皆趨彼，我獨守此。」《老子》則稱：「知其雄，守其雌」，雖表述上有所不同，但其哲理意蘊則完全一致。甚至為說明這一思想所列舉的例證也是相同的，如〈金人銘〉云：「夫江河長百谷者，以其卑下也」，而《老子》則稱：「江海所以能為百谷王者，以其善下之，故能為百谷王。」二者皆以江河居下而成為「百谷」匯聚之處為例，以此說明「貴柔守雌」思想的合理性。由此可見，「貴柔守雌」並不始於老子，在商、周以來的官學中早已存在。

老子以柔克剛的思想，在商、周官學思想中也有成熟的表述。如《老子》第三十六章：「將欲歙之，必固張之；將欲弱之，必固強之；將欲廢之，必固興之；將欲奪之，必固與之。是謂微明。」表述相同意思的文字見於《周書》。《戰國策》引《周書》作：「將欲取之，必姑輔之；將欲取之，必姑與之。」《韓非子》引《周書》作：

---

① 徐正英：〈先秦佚文佚書三題〉，載《鄭州大學學報》2003年第4期。
② 鄭良樹：《諸子著作年代考》，北京圖書館出版社2001年版，第18頁。

63

第二章　道家源流與楚簡中的道家思想

「將欲敗之,必姑輔之;將欲取之,必姑與之。」將《老子》與《周書》相比照,會發現《老子》對《周書》的思想有直接的繼承。

道家思想的起源是一個複雜的學術問題,關於這一問題的研究,短時期內不可能有成熟的結論。在以往的研究中,學術界由於受班固「道家出於史官」說的影響,對於道家思想的起源更多地是從「官學」的角度來研究,而較少從「族學」的角度來研究。隨著地下出土文獻關於楚族族源、楚國歷史、楚國思想史的材料越來越多,從「族學」角度探討道家思想的起源,將會使這一問題有更多的突破。

從思想的層面來看,道家思想體系中的核心因素,與宇宙意識的豐富,生命意識的覺醒,以及陰陽學說成為普遍的社會意識有著密切的關係。宇宙意識、生命意識和陰陽學說構成道家思想體系形成的主要思想背景。

1. 宇宙意識

先秦時期,楚國的思想家們對宇宙時空的興趣和追問要大大超出北方學者。儒家學者對大自然的造化僅僅滿足於給予高度的讚美,而不作深入的追問和探求。孔子讚歎天的玄奧神奇時說:「巍巍乎,惟天為大。」[①] 對於神秘莫測且神奇壯偉的「天」,儒家學者除了讚美之外,卻沒有進行深入的探究。而南方學者普遍熱衷於思索宇宙是如何生成的、天地是如何構造的等這樣一些問題,於是也就形成了關於宇宙時空的諸多哲學思考。

先秦時期,宇宙的生成與構成是楚人熱衷探討的熱點問題。《莊子　天下》記楚人黃繚對名學家惠施之問,稱:「南方有倚人焉,曰黃繚,問天地所以不墜不陷,風雨雷霆之故。」黃繚所問的問題,也出現在「上博楚簡」《凡物流形》一文中:「問:天孰高歟?地孰遠歟?孰為天?孰為地?孰為雷(電)?孰為霆?」「夫雨之至,孰雩

---

① 《論語　泰伯》。

津之？夫風之至，孰颺飄而迸之？」這裡提到了天地、風雨、雷霆，並追問其源起，所問的問題就是黃繚問惠施的問題。由此讓我們想到，《凡物流形》一篇應是楚國道家學者與其他各家爭辯問題時所編寫的提問提綱。

在《莊子　天運》中對天地、日月的運行提出了諸多問題：「天其運乎？地其處乎？日月其爭於所乎？孰主張是？孰維綱是？孰居無事推而行是？」莊子所思考的問題，是關於宇宙自然的運行問題。天是如何運動的，地因何而靜處，日月為何交替出現，是什麼主宰著他們，是什麼維繫著他們，諸如此類的問題。在楚國詩人屈原的名篇〈天問〉中也有一段是對宇宙生成問題的提問：「曰遂古之初，誰傳道之？上下未形，何由考之？冥昭瞢闇，誰能極之？馮翼惟象，何以識之？明明闇闇，惟時何為？陰陽三合，何本何化？」在神權主宰一切的時代，這些問題的提出就是對神權的挑戰；而對這些問題的答案的探尋，就是對宇宙無窮奧秘的探索。楚人對宇宙生成、構成及其如何運行的思考，形成了楚人關於宇宙的集體意識。

楚人強烈的宇宙意識源於楚先祖「觀象授時」的天文實踐活動。楚祖祝融通過觀象授時，創立了中國歷史上最早的天文學知識體系。《國語　楚語》記載：「南正重司天以屬神，火正黎司地以屬民」，所謂「司天」，就是掌管對天象的觀測，為農業生產和制訂曆法提供服務。他們在對天象的觀測中，掌握了日月五星的運行規律，形成了早期的天文學。我國上古時代將日、月、五星運行路線附近的恆星分成二十八個區域，稱之為二十八宿，它們自西向東依次為：角、亢、氐、房、心、尾、箕、斗、牛、女、虛、危、室、壁、奎、婁、胃、昴、畢、觜、參、井、鬼、柳、星、張、翼、軫。二十八星宿體系的建立，對於日、月、五星運行週期和位置的測定以及曆法的編制有著重大的意義。在曾侯乙墓出土的陰刻有「紫錦之衣」字樣的漆木箱蓋上寫有一個「斗」字，圍繞「斗」字按順時針方向寫有二十八宿的全

部星名，並在箱蓋兩端繪有蒼龍、白虎圖像，這是目前所發現的世界上最早記錄二十八星宿的天文圖。曾侯乙墓是戰國早期的墓葬，漆木箱蓋上天文圖的出現，說明二十八宿天文體系應在春秋或更早之前就已出現。隨國是楚的屬國，漆木箱蓋上的天文圖也從一個側面反映了當時楚國天文觀察水準和天文學的成就。楚先民長期從事觀象授時的天文實踐活動，極大地豐富了楚人的宇宙意識，使楚人對宇宙的生成、構成及其運行規律，宇宙與人的關係等問題有了更多哲學的思考。在「觀象授時」的實踐中，楚人將所獲得的豐富的感性認識，經過長期的積澱，最終上升到理論的總結。到春秋戰國時期，楚人對宇宙的認識已取得了突破性的進展。

楚人的宇宙意識，是道家核心思想形成的重要來源。包括「道」這一範疇在內的道家哲學的核心觀念，都與楚人的宇宙意識有著密切的關係。道家認為「道」是宇宙的本體和宇宙萬物的本原。「道」這一最高哲學範疇的提出，與楚人的宇宙意識是密不可分的。楚人在對天體的長期觀測過程中，產生了「道」創生萬物的觀念，從而否定了神創造萬物的傳統思想。從某種意義上可以說，「道」是楚人宇宙意識的昇華和對宇宙意識進行的哲學總結。

楚人的宇宙意識中有著「天人同構」的觀念，認為人是宇宙萬物的一部分，從而把宇宙萬物與人類看成是一個統一的整體。道家把這一宇宙意識上升到哲學的高度，從而產生了「天、地、人一體」的天人合一觀念。道家正是在「天、地、人一體」觀念的影響下，形成了「推天理以明人事」的思維方式，強調人類的發展要符合宇宙的發展規律，要以天道自然的規律指導人類的行為。

2. 生命意識

生命意識是人類自我意識和主體意識覺醒的表現，是人類對生命存在和生存價值的感悟和體認。「它主要包含生命本體觀和生命價值觀兩個部分。前者是對生命本身性質的認識，後者是對生命應有價

值的把握和判斷，後者往往是建立在前者的基礎上的。[①]」早期人類的生命意識，大都是通過神話的形式記錄下來的。因此，從遠古時期的神話中，我們能感受到原始先民們強烈的生命意識。「生命、生命的變化和迴圈，生命的擴延和轉移，生命的永恆和超越，是儀式和神話裡最常見的意象、模式和母題。[②]」《山海經》中以「死而復生」與「長生不死」為主題的神話是遠古先民們生命意識的集中體現。所謂「死而復生」神話是指將一種生命形態轉換為另一種生命形態，從而避免生命的終結，使生命得到延續的神話，如「顓頊死即復蘇」化為「魚婦」[③]，炎帝之女女娃死後變成了精衛鳥[④]，另一位「帝女」死後化成了䔄草[⑤]等等，在這些神話中，生命都是通過變形的方式得以延續的，反映了人們渴求生命長久的意識。在渴求生命長久的同時，人們還在思考生命能否永恆存在的問題，由此又產生了「不死」的神話。《山海經》中記載有「不死民」（《海外南經》）、「不死樹」（《海內西經》）、「不死之國」（《大荒西經》）、「不死之山」（《海內經》）、「不死之藥」（《海內西經》）等與「長生不死」有關的神人和動植物，反映了人們追求永生的願望。《山海經》所記述的動植物中，有的具有預示吉凶徵兆的作用，可以讓人避免災禍，有的可以治療各種疾病，這些內容都體現了先民們對生命的保護意識。

　　有一則小故事，似乎可以從一個側面看出楚人所具有的強烈的生命意識。《淮南子　氾論訓》中記載：「楚人有乘船而遇大風者，波至而自投於水，非不貪生而畏死也，惑於恐死而反忘生也。」故事中的「楚人」在乘船遭遇風浪時，船還沒有傾翻，而人先跳入了水中。

---

① 錢志熙：《唐前生命觀和文學生命主題》，東方出版社1980年版，第3頁。
② 蕭兵：〈火鳳凰：它的來源、意義和影響〉，載《黑馬——中國民俗神話學文集》，時報文化版企業股份有限公司（臺灣）1991年版，第134頁。
③ 《山海經　大荒西經》。
④ 《山海經　北山經》。
⑤ 《山海經　中山經》。

《淮南子》引用這個故事雖然是為了說明對於死亡的過度恐懼反而會傷害生命，換一個角度看到的卻是「楚人」具有的強烈的生命意識。

在楚人的神話和宗教中所表現出來的生命意識是道家生命哲學的直接淵源。在道家的思想體系中，生命哲學是其重要組成部分。道家哲學「宣導生命本位，強調生命至上」，具有鮮明的個性特徵。道家重視生命的自然屬性，將生命的意義定義為生命存在的本身，即將保生、養生、全生作為生命存在的固有意義，反對社會對人的自然本性的侵蝕和異化。道家哲學體系圍繞重生、貴生、尊生、養生觀念而展開，重在對個體生命的存在、延續、價值及意義的探討，這與儒家所取的「殺身以取義」的生命態度是完全不同的。楚人神話中追求生命永恆的意識，對老子的生命哲學產生了重要影響。在老子的哲學思想中，有著強烈的超越生命的意識，並提出了愛惜保養生命的「長生久視之道」。總之，道家思想中的重生、貴生、養生思想，與楚人強烈的生命意識有著密不可分的關係。

3. 陰陽學說

陰陽學說以「二維結構」來解釋世界，是中國古代社會中的一種普遍的社會思想，對先秦諸子百家都有著深刻的影響。可以說，陰陽哲學是儒、道兩家產生的思想前提，也是構成儒、道兩家思想主幹的重要基石。

陰陽學說的形成以陰陽觀念的產生為前提。以往對陰陽觀念起源的考察，多集中在周代，而黃天樹在〈說甲文中的「陰」和「陽」〉一文中則指出：「殷人已能定方位、辨陰陽，已有了陰陽的觀念。」[1]從最新的考古材料來看，不僅陰陽觀念在商代已形成，作為哲學概念的「陰陽」二字也已在商末出現。最新公佈的「清華簡」〈保訓〉作

---

[1] 黃天樹〈說甲文中的「陰」和「陽」〉，載《中國文字學報》（第一輯），商務印書館2006年版，第39頁。

於周文王在位的第五十年，其內容係周文王臨終前對其子發（即周武王）所留下的遺囑①。〈保訓〉篇出現了「陰陽」二字：「迺易立設稽測，陰陽之物，咸順不逆。」這裡的「陰陽之物」是指一切對立矛盾的事物，已是經過抽象後的具有哲學屬性的概念。這說明，至遲在商代晚期，作為哲學概念的「陰陽」二字已被使用。西周初，周成王也提到屬於哲學概念的「陰陽」二字。《尚書　周書　周官》記載周初成王在談到太師、太傅、太保「三公」的職能和任務時說：「論道經邦，燮理陰陽。」周成王所說的「陰陽」與〈保訓〉篇的「陰陽」具有相同的內涵。可見，作為哲學概念的「陰陽」在商末周初就已形成。

西周與春秋時期，陰陽學說已廣泛運用於政治、軍事與社會生活中。日本學人井上聰用大量的考古學材料和文獻學材料，論證了陰陽觀念在周代等級社會中在喪葬制度、用鼎制度、婚姻制度上的運用②。可以說，這一時期的陰陽觀念已成為一種普遍的社會意識。據《國語　周語》載，西周末年周太史伯陽父說：「陽伏而不能出，陰迫而不能蒸，於是有地震。」將地震的形成與宇宙間普遍存在的對立統一的「陰陽」之氣聯繫起來，這說明史伯試圖運用陰陽學說來解釋地震形成的原因。

春秋晚期的楚人范蠡已將陰陽學說運用到兵學中。《國語　越語下》記楚人范蠡論用兵之道時說：「古之善用兵者，贏縮以為常，四時以為紀，無過天極，究數而止。天道皇皇，日月以為常，明者以為法，微者則是行，陽至而陰，陰至而陽。日困而還，月盈而匡。」范蠡所說的「陽至而陰，陰至而陽」，是對陰陽對立轉化思想的最早的表述，是陰陽理論進一步發展與成熟的標誌。

---

① 李學勤：〈周文王遺言〉，載《光明日報》2009年4月13日。
② 〔日〕井上聰：《先秦陰陽五行》，湖北教育出版社1987年版。

早期道家充分吸收陰陽說並加以提煉、改造與昇華，使其成為道家思想的一部分，陰陽學說也因此形成了道家的理論特色。司馬遷在《史記　太史公自序》中論及道家旨意時即指出，道家「其為術也，因陰陽之大順」，即將陰陽學說視為道家思想與學術的基礎理論。

　　在道家的思想體系中，陰陽學說直接影響到其道論和宇宙論思想。《老子》四十二章：「道生一，一生二，二生三，三生萬物，萬物負陰而抱陽，沖氣以為和。」老子所說的道生萬物的過程是複雜的，大可不必將「一」、「二」、「三」以實數去理解。「道」是世界的本原，「道」創生了萬物，萬物由陰陽構成，這就是老子道論與宇宙生成論的基本含義。由此可見，道家試圖用陰陽學說結合其自創的「道」的理論來解釋宇宙萬物的起源與構成。郭店楚簡《太一生水》中在論述宇宙生成時說：「神明複相輔也，是以成陰陽；陰陽複相輔也，是以成四時。」可見《太一生水》的宇宙生成模式是以陰陽學說作為思想背景而建構起來的。

　　道家的兩個重要支派莊子學派和黃老學派，都以陰陽學說作為其理論支點。如莊子學派論「陰陽」時說：「是故天地者，形之大者也。陰陽者，氣之大者也，道者為之公」[1]；黃老學派論「陰陽」時說：「無晦無明，未有陰陽。陰陽未定，吾未有以名。今始判為兩，分為陰陽，離為四時」[2]，都將「陰陽」作為宇宙生成的基礎。可以這樣說，道家的道論或宇宙生成論是建立在商、周以來陰陽學說的基礎之上產生出來的。

---

[1]　《莊子　則陽》。
[2]　《黃帝帛書　十大經　觀》。

第二節　黃老道家在楚國的發展脈絡

一、黃老學派的「標本」——《黃帝帛書》的發現與研究

黃老學派是道家的重要分支，在戰國中後期及漢代前期具有重大的影響力。「黃老」二字作為這一學派的名稱最早出現在漢代。司馬遷在《史記》中多次提起「黃老」。《史記　老子韓非列傳》記「申子之學本於黃老而主刑名」，「（韓非）喜刑名法術之學，而其歸本於黃老」。《史記　孟子荀卿列傳》記：「慎到，趙人。田駢、接子，齊人。環淵，楚人。皆學黃老道德之術，因發明序其指意。」漢代對「黃老」二字的解釋，就是指「黃帝」和「老子」。《論衡　自然》說：「賢之純者，黃、老是也。黃者，黃帝也；老者，老子也。黃老之操，身中恬澹，其治無為，正身共己，而陰陽自和，無心於為而物自化，無意於生而物自成。」所謂「黃老」是指黃帝和老子，黃老學派因好託黃帝、老子之名而得名，其思想主張與老子相近，主張「恬澹」、「無為」、「陰陽自和」。關於黃老道家的主要學術宗旨，司馬談在《論六家要旨》中有所論及：「道家使人精神專一，動合無形，贍足萬物。其為術也，因陰陽之大順，採儒墨之善，撮名法之要，與時遷移，應物變化，立俗施事，無所不宜，指約而易操，事少而功多。」司馬談這裡所說的「道家」，並非指以老子為代表的原始道家，而是指戰國時期興起的黃老道家。丁原明在《黃老學論綱》一書中即以司馬談《論六家要旨》為依據，提出界定黃老學的標準：一是「道」論，二是「虛無為本、因循為用」的「無為」論，三是對百家之學持「採儒墨之善，撮名法之要」的態度。

由於先秦時期黃老學派的文獻傳承下來的不多，存留下來的有限的幾種黃老學派著作如《文子》、《鶡冠子》又一直因各方面的原因被人們視為「偽書」，因此關於黃老學派的形成與發展，以及其核心思想內容，學術界較少深入研究。直到《黃帝帛書》的出土，這一

狀況才得以改變。1973年，在長沙馬王堆漢墓出土了一批帛書，在帛書《老子》乙本卷前有四篇古佚書，整理者分別題名〈經法〉、〈十大經〉、〈稱〉、〈道原〉，這四篇古佚書合稱為《黃帝帛書》。也有學者認為這四篇古佚書就是《漢書・藝文志》所著錄的《黃帝四經》，而將其直接稱為《黃帝四經》。

《黃帝帛書》被發現的最大意義，是由此引發了學術界對黃老之學的深入研究。《黃帝帛書》出土後，學者們在研究中發現，該書的主要思想與司馬遷所記述的黃老之學的學術特徵有著高度的一致性。

學術界關於《黃帝帛書》的研究圍繞著兩類問題展開。第一類是《黃老帛書》的成書時間、產生地域等問題；第二類是《黃老帛書》的思想內容與學派屬性及其思想淵源和發展脈絡等問題。

關於《黃帝帛書》的成書年代，學術界形成了戰國中期以前、戰國中期、戰國末期、秦漢之際、漢代等多種觀點。早先學者們對《黃帝帛書》成書年代的研究多是通過先秦古籍與帛書中相同或相近文句的比較來論證帛書的年代，這種研究方法的科學性已經受到當今一些學者的懷疑。於是，有的學者嘗試通過新的途徑來研究帛書產生的年代，如陳鼓應運用漢語詞彙的演變是先有單詞後有複合詞這一規律，得出了《黃帝帛書》至少與《孟子》和《莊子・內篇》同時的結論[1]；李學勤通過古史傳說系統演變的論證，得出了《黃帝帛書》不晚於戰國中期的結論[2]；王博指出「氣」字在《黃帝帛書》還只是一個一般性名詞，而在《管子》中已具有了哲學上的抽象意義，從而論證帛書早於《管子》[3]；白奚則按照學術思想發展的軌跡，把帛書放在先秦學術思想發展史的大背景下來考察，得出帛書產生於戰國中早期之際的結

---

① 陳鼓應：《黃帝四經今注今譯》，商務印書館1995年版，第35—36頁。
② 李學勤：〈楚帛書與道家思想〉，載《道家文化研究》第5輯，上海古籍出版社1994年版。
③ 王博：〈黃帝四經與管子四篇〉，載《道家文化研究》第1輯，上海古籍出版社1992年版。

論①。這些研究方法都比單純的文句對照的研究方法更合理。

從《黃帝帛書》的內容來看，確定其成書年代在戰國時期，應該是沒有問題的。《十大經　五正》說：「今天下大爭，時至矣」，「天下大爭」反映了戰國時期諸侯爭霸的局面，這與《韓非子》說的戰國時期「當今爭於氣力②」、「當大爭之世③」相同。關鍵的問題是要進一步確定《黃帝帛書》究竟是戰國中前期，還是戰國後期的作品，目前還存在著很大的難度。《黃帝帛書》出土後，唐蘭和龍晦都力證該書是戰國中期的作品，並有詳盡的論據作為佐證，具有較強的說服力。

關於該書的成書地域，存在著齊國說、楚國說、越國說和鄭國說等眾多說法。從目前的研究來看，對《黃帝帛書》的產生地域的推斷主要從以下三個方面入手：1. 從《黃帝帛書》的出土地來推斷其產生地域；2. 從《黃帝帛書》文本中的語彙及用韻來推斷其產生地域；3. 從《黃帝帛書》與先秦諸子的關係來推斷其產生地域。

《黃帝帛書》的出土地點與其產生的地域固然不是同一個概念，但在當時交通阻礙和文化傳播條件有限的情況下，帛書的出土地點就是其所產生的地域的可能性是相當大的。此外，由於帛書使用的載體是絲織品，抄寫一份相當不易，即使流播範圍擴大，但在帛書產生地域被保存下來並再度被發現的可能性一定高於其他地域。從這兩個方面來講，從出土的地域來推定《黃帝帛書》產生的地域是有一定道理的。李學勤指出，漢初的長沙原為楚文化的中心地，在馬王堆出土的多種帛書中，凡是能推斷地望的，其作者大都是楚人。如同墓出土的帛書《老子》、《天文氣象雜占》、《繆合》等都是楚人的作品。

---

① 白奚：《稷下學研究》，生活　讀書　新知三聯書店1998年版。
② 《韓非子·五蠹》。
③ 《韓非子·八說》。

第二章　道家源流與楚簡中的道家思想

由此，也可說明《黃帝帛書》產生的地域應該是楚國①。

從帛書文本中語言和音韻的使用情況來推定帛書的產生地點，應更具有科學性。龍晦《馬王堆帛書老子乙本卷前古佚書探源》認為《黃帝帛書》「作者必為楚人」，並列舉出一些重要佐證來支持這一觀點。他從〈十大經〉、〈稱〉等文中使用的楚言、楚語來證明其作者為楚人，引起學者們的關注。如《十大經　三禁》云：「剛強而虎質者丘」，這句話中「丘」字的用法乃是西楚淮南人的方言；〈稱〉中有「兩虎相爭，駑犬制其餘」的句子，這是一句楚國習語。《戰國策　楚策》、《史記　春申君列傳》引春申君上秦昭王書都用過此語。春申君上書秦昭王言曰：「今聞大王欲伐楚，此猶兩虎相與鬥。兩虎相與鬥而駑犬受其獘，不如善楚。」由上可知，方言俚語的使用的確是判定作者籍貫或作品產生地域的一個重要標準。在《黃帝帛書》中，我們還可以再舉出兩例使用楚方言的例子。《經法　國次》有「變故亂常，擅制更爽」句，此語中的「爽」為傷敗之意，引申為變，是先秦典籍中較為常見的楚語方言。《楚辭　招魂》：「厲而不爽些」，王逸《楚辭章句》注：「楚人名羹敗曰爽。」《老子》「五味令人口爽」一句中的「爽」也是用楚方言。《黃帝帛書》中共有七處用「爽」的地方，其用法都屬於楚方言。

此外，通過研究《黃帝帛書》與某一種現存文獻在語彙、觀點、材料等方面的相同點，再根據現存文獻的已知地域來確定《黃帝帛書》產生的地域，也是研究者使用較多的方法。據統計，在與《黃帝帛書》密切相關的10種文獻中，楚國有6種文獻，總計超過230處與帛書有相同或者相近的語句；齊國只有3種文獻，總計33處相同或相近，越國有2種文獻總計23處相同或相近；鄭國只有1種文獻與帛書有相同或相近的地方。楚國文獻和《黃帝帛書》關係的密切程度明顯高於其

---

① 　李學勤：《簡帛佚籍與學術史》，江西教育出版社2001年版，第15頁。

他諸侯國，由此也可以推定《黃帝帛書》應產生於楚國[1]。

在黃老學的研究中，《黃帝帛書》具有「標本」的意義。學者們對黃老之學源流的探討，通常是以《黃帝帛書》作為學術「標本」展開研究的，將與之相同或相近的思想和著作納入研究的範圍，由此清理出黃老學的淵源與發展脈絡。江林昌綜合各家之說，將楚國黃老學從先秦延伸到秦漢時期的發展線索清理出這樣一個序列：《老子》——《國語　越語》——《文子》——馬王堆帛書《黃帝四經》（即《黃帝帛書》）——子彈庫帛書《宇宙》、《天象》、《月忌》——《鶡冠子》——《鵩鳥賦》——《淮南子》[2]。在這個序列中，有幾個問題需要重新討論。

其一，關於《文子》在楚國黃老學發展序列中的位置問題。《文子》一書的成書比較複雜。竹簡本《文子》中，平王虛心向文子請教「道」、「德」、「聖」、「知（智）」和「為政」之道，以尋求治理國家的良策。文子則不失時機地向平王宣傳道家的治國方略，要平王修德、仁、義、禮，「四修皆成，國家安寧」，其中不僅沒有反對「仁」、「義」、「禮」、「聖」等儒家思想的內容，而且還與儒家思想有著高度的「相容」，在這一點上與郭店楚簡《老子》是保持著一致的。據筆者研究，竹簡本《文子》應成書於春秋末或戰國初，在戰國中期以後，或者經楚國道家學者詹何之手增益，或者由他人將詹何的著作改作後併入《文子》，由此形成今本《文子》[3]。據《漢書藝文志》載，文子為老子嫡傳弟子，竹簡本《文子》為《文子》早期版本，其在楚國黃老學發展序列中的位置應在《老子》之後。而今本《文子》成書較晚，其在楚國黃老學發展序列中的位置應在《黃帝帛

① 徐文武：《楚國思想史》，湖北人民出版社2003年版，第249頁。
② 江林昌：〈出土文獻所見楚國的史官學術與「老莊學派」、「黃老學派」〉，載《江漢論壇》2006年第9期。
③ 徐文武：〈《文子》在楚國成書的新線索〉，載《江漢論壇》，2005年第3期。

書》之後。

其二，長沙子彈庫出土的《楚帛書》是否屬於黃老學的問題。《楚帛書》的主要內容是與天地起源有關的神話傳說，以及月令禁忌和災異感應等，充滿神道設教的說教，不能將其歸入黃老學著作。

其三，黃老道家的思想源頭是否從《老子》算起，也值得商榷。事實上，成書早於《老子》的《鬻子》一書中已見黃老思想的端倪，對黃老思想的溯源是可以直接追溯到《鬻子》一書的。

為了深入探討黃老學說在楚國的發展線索，以下以《黃帝帛書》作為黃老學的「標本」，重點探討范蠡思想與《黃帝帛書》的關係，以及《鬻子》與《黃帝帛書》的關係，在此基礎上對楚系黃老學的發展序列重新進行定位。

二、范蠡思想與《黃帝帛書》的關係

學者們在研究中發現，《國語　越語下》所記載的范蠡言論，多與《黃帝帛書》相同或相近。李學勤認為，范蠡的思想顯然是應該劃歸黃老一派，他說：「《越語下》所載范蠡的話既然有那麼多同於《黃帝書》的地方，而且內容多涉及根本的思想，其亦屬道家黃老一派當無疑義。」[1] 陳鼓應也認為：范蠡上承老子思想而下開黃老學之先河 [2]。陳鼓應指出：從現有資料看，范蠡可能是黃老之學的創始者，也可能是老學到黃老學的重要中間環節 [3]。魏啟鵬也表達過類似的看法 [4]。依照李學勤、陳鼓應等人的意見，順著《黃帝帛書》向前追溯，可以找到從范蠡到《黃帝帛書》之間的思想發展脈絡。范蠡是上承老子之學，下啟黃老之學，將老子之學發展成為黃老之學的重要思想

① 李學勤：〈范蠡思想與帛書《黃帝書》〉，載《浙江學刊》1990年第1期。
② 陳鼓應：〈先秦道家研究的新方向〉，載《管子學刊》1995年第1期。
③ 陳鼓應：《老莊新論》，商務印書館2008年版，第65頁。
④ 魏啟鵬：〈范蠡及其天道觀〉，載《道家文化研究》（第六輯），上海古籍出版社1995年版，第86—101頁。

家，在黃老學思想史上占有重要地位。

順著范蠡的線索繼續向前追溯，還會發現范蠡與文子、老子存在著師承關係。《史記　貨殖列傳》記越王勾踐困於會稽之時「用范蠡、計然」，裴駰《史記集解》引徐廣曰：「計然者，范蠡之師也。」裴駰又引《范子》稱計然「姓辛氏，字文子」。范蠡之師計然字文子，很容易讓人將其與老子弟子文子聯繫起來。北魏李暹為《文子》作注時，就將老子弟子文子與范蠡之師文子視為一人。有學者順著這一線索，又進一步向前回溯，清理出老子——計然（文子）——范蠡——《黃帝帛書》的發展線索①。在這個發展線索中，范蠡之師計然（文子）是否就是老子弟子文子，因缺少文獻方面的直接證據，還有待於深入研究。

《漢書　藝文志　兵書略》著錄有《范蠡》二篇，可惜久已亡佚。現在所能見到的范蠡事蹟與言論主要散見於《國語》、《史記》、《吳越春秋》、《越絕書》等書中。《國語　越語下》所記內容為「范蠡興越史」，因其「專記范蠡事」②，對范蠡事蹟和言論的記載較為詳細，對瞭解范蠡思想具有重要作用，可補《范蠡》亡佚之憾，尤其受到學者重視。胡家聰將《黃帝帛書》與《國語　越語下》進行比對，列表摘抄《黃帝帛書》與《國語　越語下》文字相同或相近有14處之多。從清單比照情況來看，《越語》中范蠡思想涵蓋著《黃帝帛書》的前三篇，即〈經法〉、〈十大經〉和〈稱〉③。

范蠡思想與《黃帝帛書》相同或相通之處主要體現在如下幾個方面：

1. 天道循環思想

范蠡認為，循環往復是宇宙運行的總規律。范蠡對天道循環的普遍性、無限性、穩定性都有相當深刻的認識。《玉海》卷一引《范

① 白奚：〈先秦黃老思潮源流述要〉，載《中州學刊》，2003年第1期。
② 顧頡剛講授、劉起釪筆記：《春秋三傳及國語之綜合研究》，巴蜀書社1988年版，第99頁。
③ 胡家聰：《稷下爭鳴與黃老新學》，中國社會科學出版社1998年版，第122頁。

子計然》：「日者寸也，月者尺也，尺者紀度而成數也，寸者制萬物陰陽之短長。日行天，日一度，終而復始，如環之無端。」又，《文選》李善注引《范子》：「度如環，無有端，周回如循環，未始有極。」范蠡從日月周而復始的運行得出了天道循環的結論，然後根據天道循環的規律提出了治亂循環的歷史觀。《越絕書 枕中》：「范子曰：『天道三千五百歲，一治一亂，終而復始，如環之無端，此天之常道也。』」在《黃帝帛書》中，同樣具有天道循環的思想，如《黃帝帛書 姓爭》中就有「天道環周」（「周」字原缺，陳鼓應據高亨說補）、「天稽環周」等抽象的表述。〈論約〉篇則說得更具體：「一立一廢，一生一殺，四時代正，終而復始，人事之理也」。「立」、「廢」、「生」、「殺」是指四時之中「三時成功，一時刑殺」，即春、夏、秋「三時」為「立」為「生」，冬則為「廢」為「殺」。《黃帝帛書》認為，四季更替，周而復始，是「天地之理」，同時也是「人事之理」。范蠡的「天道循環」思想對《黃帝帛書》產生了影響，他的「推天道以明人事」的思維方式，同樣對《黃帝帛書》有著深刻的影響。

2. 人事與天地相參的思想

范蠡說：「夫人事必將與天地相參，乃可以成功。」[①]范蠡認為，人與天、地一樣，是宇宙萬物的一部分，而天地四時的運行是有規律的，人只要參照天地運行的規律，找到人類發展的規律，就可以有序的發展。在《黃帝帛書》中亦有與之相對應的表述，如《經法 六分》云：「天下大（太）平，正以明德，參之以天地，而兼覆載而無私也，故王天〔下〕。」范蠡所說的「與天地相參」與《黃帝帛書》所云「參之以天地」的表述基本相同。《六分》篇下文又說：「王天下者之道，有天焉，有地焉，有人焉。三者參用之，□□而有

---

① 《國語 越語下》。

天下矣。」將天地人相參的思想表述得更為通俗易懂。由此可見，范蠡的「人事與天地相參」的思想對《黃帝帛書》有著直接的影響。

3. 陰陽轉化的思想

范蠡已具有較為成熟的對立統一思想，並認為「陰陽進退者，固天道自然[①]」，強調陰陽對立是宇宙的普遍規律。他提出了一系列對立的範疇，如陰陽、天地、日月、男女、剛柔、強弱、勇怯、死生、予奪、取與、贏縮、徐迫、左右、蚤晏（早晚）、饑飽、大小、彼我、遠近、先後等等，從宇宙、自然到人類社會各個領域揭示矛盾對立的普遍性。范蠡還談到陰陽轉化的問題，認為矛盾對立的雙方發展到一定程度就會朝相反的方向發展，這就是范蠡所說的「陽至而陰，陰至而陽[②]」。范蠡有時也用「贏縮」這一對範疇來表述陰陽關係，並明確提出了「贏縮轉化」的思想[③]。在范蠡的思想體系中，「贏縮」這一天文學、星占學術語有時有其固有含義，如「贏縮以為常，四時以為紀」，「贏縮轉化……天節固然」等，這裡所說的「贏縮」與四時和星象有關，是指四時長短、星辰進退變化。范蠡將「贏縮」一詞從天文、星占術語中提煉出來，將其上升到哲學的高度，用以抽象概括矛盾的對立面。《國語　越語下》記載：「范蠡進諫曰：『臣聞之，得時無怠，時不再來，天予不取，反為之災。贏縮轉化，後將悔之。』」范蠡這裡所說的「贏縮轉化」已不是星占學上所說的星辰進退變化，他已經將「贏縮」從一個星占學的術語抽象出來，用以指一切事物的對立面，從而使「贏縮」一詞擺脫了星占學的束縛，具有了哲學的意蘊。

《黃帝帛書》繼承了范蠡的陰陽思想。《十大經　稱》曰：「天地之道，有左有右，有牝有牡」，「夫地有山有澤，有黑有白，有美

---

① 《越絕書　枕中》。
② 《國語　越語下》。
③ 《國語　越語下》。

有惡」，以左右、牝牡、山澤、黑白、美惡等相反相成的關係來闡釋陰陽關係存在的普遍性。《黃帝帛書》在這些具體的對立關係的基礎上進一步進行理論的提升，如《十大經　姓爭》說：「剛柔陰陽，固不兩行；兩相養，時相成。」這裡對陰陽兩面既相互對立又互相依存的關係做了非常明確的表述。《黃帝帛書》中還出現了「贏」與「宿（縮）」這一對範疇，並與陰陽交互使用，如《經法　觀》就有「贏陰布德」、「宿陽修形」等用語，顯然也是受到范蠡「贏縮」思想的影響。《黃帝帛書》對陰陽轉化也有較為深入的理論總結，如《經法　四度》說：「極而反，盛而衰，天地之道也。」又如《經法論》說：「極而反者，天之性也。」都是以精練的語言總結了宇宙萬物「物極必反」的規律。

4.「因循」、「守時」的用世原則

《史記　太史公自序》稱道家「其術以虛無為本，以因循為用」，可見因循是道家的用世原則。在黃老思想中，「因」是具有普遍方法論意義的重要概念，包含有因循、因順、因任等基本含義。黃老道家所說的「因」，與後世所說的「因循守舊」完全不是一回事。黃老道家所說的「因」是指按照自然客觀規律辦事，把握時機，實現事功。在《老子》中，雖有因順自然的思想存在，但尚未出現「因」的概念。最早運用「因」這一範疇的是范蠡。范蠡提出了「因天地之常，與之俱行」、「因陰陽之恆，順天地之常」等思想，強調尊重和依照自然規律辦事的重要性。值得肯定的是，范蠡提出「因天地」、「因陰陽」，並非一味強調尊重自然規律，完全否認人的主觀能動性，而是主張因順自然，在事物的發展變化中把握有利時機，從而獲得成功。范蠡說：「夫聖人隨時以行，是謂守時。天時不作，弗為人客。」又說：「時不至，不可強生；事不究，不可強成。」[1]在這

---

[1] 《國語　越語下》。

裡，范蠡主要是強調聖人貴在「守時」，即要順應「天時」，時機不成熟，不能輕舉妄動。但在「守時」的同時，他又強調「因時」：「待其來者而正之，因時之所宜而定之」，即等待時機的到來，根據時局的變化尋求制勝的策略。

《黃帝帛書》中對范蠡提出的「因」的范疇進行了發揮。在《黃帝帛書》中，「因」有三層含義：其一是「因天」，即因順客觀自然的規律行事；其二是因時，即根據時機變化選擇行事的方式。其三是「因民」，即因順民力與民心。《黃帝帛書》強調順應「天時」，尊重自然的客觀規律，「因天之生也以養生，胃（謂）之文。因天之殺也以伐死，胃（謂）之武。〔文〕武並行，則天下從矣[①]」。《黃帝帛書》還認為，因順客觀規律是遵從天道的一種表現，「天因而成之，弗因則不成，〔弗〕養則不生[②]」。同時，「因天」也是聖人治世的基本方法，「天地刑（形）之，聖人因而成之[③]」，「聖人不為始，不專己，不豫謀，不為得，不辭福，因天之則[④]」，與「因天」思想一脈相承的是「因時」。《十大經　兵容》：「因時秉□□必有成功。聖人不達刑，不襦傳，因天時，與之皆斷」，「靜作之時，因而勒（整頓之意）之。」《黃帝帛書》在「因天」、「因時」的基礎上提出了「因民」的思想，這也是民本思想的一種表現。《黃帝帛書》認為「因民之力」也是「天之道」：「因民之力，逆天之極，有（又）重有功，其國家以危，社稷以匡，事無成功，慶旦不饗其功，此天之道也。[⑤]」主張統治者要考量百姓的能力施政，並將此提高到攸關國家社稷存亡的高度來認識。可見，《黃帝帛書》的重民思想達到了前

---

① 《黃帝帛書　經法　君正》。
② 《黃帝帛書　十大經　觀》。
③ 《黃帝帛書　十大經　兵容》。
④ 《黃帝帛書　稱》。
⑤ 《黃帝帛書　十大經　兵容》。

所未有的高度。〈稱〉甚至提出，統治者要「因地以為資，因民以為師」。

《黃帝帛書》強調掌握時機的重要性：「聖人不巧，時反是守」，「聖人之功，時為之庸」。《黃帝帛書》認為，時機是客觀的，不能憑主觀臆測，只能如實認識，「其未來也，無之；其已來，如之」。《黃帝帛書》提出運用時機要迅捷、果斷，不可錯失良機，「當天時，與之皆斷。當斷不斷，反受其亂」。

以上羅列了范蠡思想與《黃帝帛書》的一脈相承之處，意在說明范蠡思想與《黃帝帛書》之間存在著思想與學術上的關聯性。至於范蠡與《黃帝帛書》之間如何發生思想與學術的關聯，也是一個應該作出說明的問題。《史記正義》引《吳越春秋》云：「蠡，字少伯，乃楚宛三戶人也。」范蠡為楚人，其早年接受的教育當為楚學，及學成之後離楚仕越，將其學問運用於越國的政治與軍事實踐並取得成功。范蠡所學為楚國黃老之學，與後來在楚國出現的黃老學的「標本」《黃帝帛書》之間存在著思想與學術上的關聯，也就容易理解了。

三、《鬻子》「黃帝之道」與黃老之學

黃老之學因託名黃帝、老子而得名，因而黃老之學的源頭，除了追溯到老子之學外，還應追溯更為古老的「黃帝之學」。從《鬻子》書中已推崇「黃帝之道」來看，早於老子之前「黃帝之學」已在楚國存在。

《鬻子》中將黃帝的治國之道稱之為「黃帝之道」，並以「黃帝之道」作為萬世君王執政的根本法則，歷史上「五帝三王」自黃帝以下，都要學習「黃帝之道」。《鬻子　數始五帝治天下第七》說：帝顓頊「其治天下也，上緣黃帝之道而行之，學黃帝之道而常之」，帝嚳「其治天下也，上緣黃帝之道而明之，學帝顓頊之道而行之」。《鬻子》認為，黃帝之道是治國的根本之道，由「黃帝之道」發展而來的「五帝之道」是萬世君主治國的必由之路，「萬世為教者，唯從

黃帝以下、舜禹以上而已矣。君王欲緣五帝之道而不失，則可以長久[①]」。

《鶡子》所謂「學黃帝之道」頗值得研究。「黃帝之道」應理解為「黃帝治國之術」，既然「黃帝之道」可學，則「黃帝之道」理應有傳授之所本，有學習之方法。《鶡子》雖然沒有用「黃帝之學」一詞，但從「學黃帝之道」一語已能窺知，至少在《鶡子》成書之時已有「黃帝之學」雛形存在了。《鶡子》如此推崇黃帝，其作者一定深諳「黃帝之道」。所以有理由相信，《鶡子》書中的學說與原始的「黃帝之道」、「黃帝之學」應當有著密切的聯繫。

《鶡子》推崇「黃帝之道」，為後世借重黃帝、託言黃帝打下了思想基礎。「世之所高，莫若黃帝[②]」，至春秋戰國時期諸子百家出現時，「黃帝之學」便成為各家學說之所本。《史記　五帝本紀》贊曰：「學者多稱五帝，尚矣。然《尚書》獨載堯以來，而百家言黃帝，其文不雅馴，薦紳先生難言之。」由於崇古之風盛行，諸子學者「言必稱先王，語必道上古」，由此導致了「百家言黃帝」局面的出現，一批借重黃帝、託名黃帝的諸子著作應運而生。見於《漢書　藝文志》所著錄的託名黃帝的著作中，歸入道家的有《黃帝四經》、《黃帝銘》、《黃帝君臣》、《雜黃帝》等，歸入陰陽家的有《黃帝泰素》，歸入小說家的有《黃帝說》，歸入數術家的有《黃帝雜子氣》、《黃帝五家曆》、《黃帝陰陽》、《黃帝諸子論陰陽》以及《黃帝長柳占夢》等，此外還有歸入「方技略」的《黃帝內經》等五篇。「百家言黃帝」，自然會出現「百家黃帝」，各家所言黃帝自是各家之言，只不過是託名黃帝而已。

從思想內容而言，《鶡子》中的不少內容為黃老學所繼承。在

---

① 《鶡子·貴道五帝三王周政乙第五》。
② 《莊子·盜跖》。

《鶡子》一書中「以柔克剛」的思想，對黃老學派產生了重要影響，為《黃帝帛書》所繼承。以柔克剛是道家的學說主張，在今本《老子》中有深入的闡述。《老子》第七十八章說：「弱之勝強，柔之勝剛，天下莫不知，莫能行。」老子認為，柔能克剛是普遍的法則，要運用這一法則，在實踐中就必須做到：「將欲弱之，必故強之；將欲廢之，必固興之；將欲奪之，必固與之。」《老子》稱之為「微明」，即「微妙而高明」的處事之道。而《老子》這一思想則來源於其老師常樅。《說苑》卷十記，常樅曾以「舌柔齒堅」的例子，向老子說明「柔弱者生之徒也，剛強者死之徒也」的道理。其實，「以柔克剛」的思想有著更早的淵源。《列子　黃帝》篇引鶡子言，對「柔以克剛」的思想就已有清晰的表述：「鶡子曰：『欲剛，必以柔守之；欲強，必以弱保之。積於柔必剛，積於弱必強。觀其所積，以知禍福之鄉。強勝不若己，至於若己者剛；柔勝出於己者，其力不可量。』」《列子》所引鶡子言論當出於古本《鶡子》。鶡子在說明以柔克剛、以弱勝強的道理的同時，強調「柔」、「剛」、「弱」、「強」的轉化，關鍵在於「積」，也就是說只有量的積累達到一定的度，才會發生質的轉化。這些思想在《黃帝帛書》中都得到了很好的繼承。《經法　名理》云：「以剛為柔者栝（活），以柔為剛者伐。重柔者吉，重剛者滅。」強調重柔而不重剛的思想。鶡子「積柔」的思想在《黃帝帛書》也有表述：「守弱節而堅之，胥雄節之窮而因之」，意思是說，持守弱節必須堅決且有耐性，直等到逞強恃勇之敵窮困時再去乘機攻擊它，這與鶡子「積於柔必剛」的思想內涵是一致的。難能可貴的是，《黃帝帛書》對從鶡子、老子相承而來的「以柔克剛」思想有新的發展，提出了「人道剛柔」的思想。《十大經　三禁》云：「人道剛柔，剛不足以，柔不足寺（恃）。」所謂「人道剛柔」是說為人要剛柔相濟，不能只採用剛，也不可只依賴柔。剛柔相濟比以柔克剛更具有辯證色彩。

在黃老學「標本」《黃帝帛書》中使用的「理」、「紀」、「度」、「數」等概念，也源於《鶡子》。在《黃帝帛書》中，經常見到一些與天道相關的概念，如「理」、「紀」、「度」、「數」等。《黃帝帛書》認為，這些概念中包含宇宙自然生成的規則，具有不可改易性，是人類必須遵循的法則。《黃帝帛書·論約》：「四時有度，天地之李（理）也。日月星晨（辰）有數，天地之紀也。」春夏秋冬四時的更替是按一定的秩序和固有的規則運行的，這是天地固有的「常理」；日月星辰的運行具有週期性，這些「數」的規定性，是天地固有的「綱紀」。這裡所說的「理」、「紀」有秩序、規則、定數之意，也有自然生成、不可改易之意。再如《黃帝帛書·論》：「日信出信入，南北有極，〔度之稽也。月信生信〕死，進退有常，數之稽也。列星有數，而不失其行，信之稽也。」太陽、月亮是遵循固定的規則運行的，太陽照射地球有南北回歸的制約，月亮盈虧滿損也有一定之規，這就是宇宙的「度」、「數」。《黃帝帛書》認為，日月、四時都按照「理」（常理）、「紀」（綱紀）、「度」（適度）、「數」（定數）的規則運行，所以天地運行周而復始，秩序井然。人類與天地是一體的，只有參照天地的運行制定相應的規則，人類社會才會有序地發展。

《黃帝帛書》中所說的「理」、「數」、「紀」等概念早在《鶡子》中就已經出現了。如《鶡子》曰：「有道然後有理，有理然後有數。曰：日有冥有旦，有晝有夜，然後以為數。月一盈一虧，月合月離以數紀，四者皆陳，以為數治。」與《黃帝帛書》的思路一樣，《鶡子》也是以日月運行引申出「數」、「紀」等概念，然後強調人類社會也要按照「數」、「紀」運作，稱之為「數治」。可見，無論是思想路向，還是學術路數，《黃帝帛書》都與《鶡子》存在著關聯性。

綜上所述，依據時間的先後，可將楚國黃老學發展序列定為：

《鶡子》——《老子》——竹簡本《文子》——范蠡——《黃帝帛書》——今本《文子》——《鶡冠子》。

第三節　楚簡道家四篇的宇宙論

一、楚簡道家四篇的發現與研究

在目前發現的楚簡中，可以確認的道家文獻有楚簡《老子》、《太一生水》、《恆先》、《凡物流形》等四篇。這些楚簡道家文獻出土於戰國中期楚國墓葬，代表著這一時期楚道家的學術與思想發展水準。

楚簡《老子》和《太一生水》同出於荊門郭店楚墓。郭店楚墓位於荊門市紀山鎮郭店村，共出土竹簡730餘枚，主要為儒、道兩家文獻，屬於儒家的有14種，屬於道家的有2種，即楚簡《老子》和《太一生水》。在郭店楚墓的隨葬器物中有一件特別的器物——杯底刻有「東宮之師」四字的漆耳杯。這個器物的杯底刻文，不僅對研究郭店楚墓的墓主身分有著重要意義，而且對於研究該墓出土文獻的性質也有著重要作用。先秦時期，「東宮」除了是「天子、諸侯之后妃的六宮或三宮之一的宮寢名稱外，就是太子宮室的稱謂」，這一點在楚國也不例外[①]。「東宮之師」四字刻銘一方面證實了郭店楚墓墓主的真實身分為楚太子的老師，另一方面，也說明了該墓出土的儒、道兩家文獻是「東宮之師」對楚太子進行教學所用的教材。

楚簡《老子》出土時，其竹簡長度有三種不同的規格，整理者將其分為甲、乙、丙三組，其中甲組簡長32.3公釐，計39枚；乙組簡長30.6公釐，計18枚，丙組簡長26.5公釐，計14枚。甲、丙兩組共有今本《老子》中第64章後半部分的內容，但文字頗有出入，其餘內容並無

---

① 　羅運環：〈論郭店一號楚墓所出漆耳杯文及墓主和竹簡的年代〉，載《考古》2000年第1期。

重複。3篇合計總字數1741字，僅為今本的三分之一左右。

關於楚簡本《老子》文本的性質，學術界異說紛呈，主要觀點有原始傳本說、輯錄本說、摘抄本說、相對獨立傳抄本說、改編本說等等。美國布朗大學羅浩將傳世《老子》與郭店楚簡《老子》之間可能存在的關係歸納成三種模型：「輯選」模型、「來源」模型、「並行文本」模型[①]。將郭店楚簡《老子》視為八十一章老子祖本的輯選，稱之為「輯選」模型，在現有研究中，「摘抄本」說、「輯錄本」說、「改編本」說都屬於這一模型。將郭店楚簡《老子》視為祖本《老子》的來源之一，稱之為「來源」模型，在現有的研究中，「原始傳本」說即屬於這一模型。認為郭店楚簡《老子》「自身構成一種獨立的文本」，與祖本老子同為後來諸種版本的「原始材料」，稱之為「並行文本」模型。在現有的研究中，「相對獨立傳抄本」說就屬於這一模型。

與楚簡《老子》同出一墓的《太一生水》是一篇道家的佚文。《太一生水》共存簡14枚，出土時與楚簡《老子》丙組合為一卷。《太一生水》是一篇重要的道家文獻，因其文本內容和理論體系不見於傳世文獻，自出土以來受到學界的高度重視。丁四新認為，「無論從文化源流，還是從地域特徵來看，楚國最有條件產生《太一生水》篇」，他傾向於認為《太一生水》是「楚國學人的道家作品」[②]。《太一生水》的學派歸屬問題一度是學術界關注的主要問題。總體來看，多數學者主張《太一生水》應歸於道家。李學勤最早提出《太一生水》為老子、關尹一系遺著的主張。在郭店楚簡尚未整理出版之前，李學勤就已就《太一生水》的學派屬性問題提出了自己的看法，時至今日，他所列舉的一些理由仍然具有極強的說服力。李學勤提出《太一生水》為老子弟子「關尹的遺說」，他列舉的主要理由有：《太

---

① 〔美〕羅浩：《郭店〈老子〉對文中一些方法論問題》，載陳鼓應主編《道家文化研究》第17輯，生活　讀書　新知三聯書店1999年版，第200頁。

② 丁四新：《郭店楚墓竹簡思想研究》，東方出版社2000年版，第117頁。

一生水》是對《老子》（王弼注本）第42章的引申和解說。《太一生
水》文本中有「以己為萬物母」的句子，應是襲自今本《老子》第1
章「萬物之母」。證以《莊子 天下篇》對關尹、老聃等早期道家學
者的思想描述：「關尹、老聃聞其風而悅之，建之以常無有，主之乙
太一」，《太一生水》的思想宗旨正是「主之乙太一」。另據《呂氏
春秋》：「關尹貴清」，《莊子 天下》引關尹言有「其動若水，其
靜若鏡」一類的話，似乎和《太一生水》所說的「太一藏於水」也有
一定的關係。也有學者認為《太一生水》並非老、關一系的遺著，而
是戰國時期盛行一時的黃老道家的遺著。羅熾在〈「太一生水」辨〉
一文中提出：「太一生水這一命題，是戰國中後期楚國黃老道家提出
的。」[1]總體而言，《太一生水》屬於道家著作得到多數學者的普遍
認同。至於《太一生水》是屬於道家老子、關尹一派，還是屬於道家
黃老學一派，並不影響將其歸於道家著作的總體判斷。

　　「上博楚簡」與郭店楚簡一樣，同出自於楚郢都附近，是楚國東
遷之前下葬的隨葬品。《上海博物館藏戰國楚竹書》目前已出版8個
分冊，其中第三冊公佈的《恆先》，以及第七冊中公佈的《凡物流
形》，均為道家古佚書，是研究戰國時期道家思想的原始資料。

　　《恆先》共有13支簡，計510字。在第三簡的背面記有篇題「恆
先」。其內容雖不見於傳世文獻，但其用語和思想內涵具有鮮明的道
家特色，因而學術界一致認為，這是一篇先秦道家的佚文。學術界對
《恆先》一文的學派屬性也有一些觀點上的分歧，主要集中在將《恆
先》歸入道家的哪一個支系的問題上。李學勤認為，《恆先》開篇便
說：「恆先無有」，這與《莊子 天下》講的「建之以常無有」相關
聯，因而判斷其為老子弟子關尹一係的遺說[2]。董珊也有大致相同的

① 　羅熾：〈「太一生水」辨〉，載《湖北大學學報》2004年第1期。
② 　李學勤：〈孔孟之間和老莊之間〉，載《中國思想史研究通訊》第6輯，2005年6月。

看法，他認為，從思想方法來看，《恆先》應是先秦楚地老、莊這一派道家後學的作品①。郭齊勇、劉信芳等人則從《恆先》用語和思想內涵方面認定其為稷下黃老道家的作品。劉信芳認為，簡文明確以「恆」或「恆先」為本根，而「道」字僅簡9「天道既載」一見，這與《老子》、《黃帝帛書 道原》等以「道」為本根有所不同。簡文「靜」、「虛」等概念近於《管子 心術上》中的「靜」、「虛」；所論「音、言、事」，與《內業》中的「音、言、使」相同，因此認為竹書《恆先》應是稷下學者所作②。以上諸說中，在《恆先》產生的地域這一問題上出現明顯分歧，或以為《恆先》是楚國道家學者的著述，或以為是齊國稷下學派的著述。《恆先》以「恆」作為宇宙的本原，並不能說明《恆先》與《老子》、〈道原〉以「道」為本根有所不同。道家認為，道在空間上和時間上是極其廣大無邊的，而「恆」是一個楚國方言詞，也有廣大無邊之意。揚雄《方言》卷二：「恆，言既廣又大也。荊、揚之間，凡言廣大者，謂之『恆』。」由此可見，在楚方言中「恆」與「道」表達的內涵是相同的。《恆先》以「恆」代「道」，正好說明了其作者是楚人，而非齊人。

《凡物流形》有甲、乙兩本，甲本存30簡，乙本存22簡。「凡物流形」為原有篇題，書於甲本第三簡簡背。研究《凡物流形》的學者多認為該篇是黃老道家的著述。曹峰認為，「《凡物流形》有一個基本的主題，即借助『道』（或『一』）的原理來回答在普通人看來不可思議的、使世間萬物得以存在運行的機理。」「《凡物流形》的本質是黃老思想」③。王中江認為「《凡物流形》屬於戰國中早期的黃老學作品」。他說：「《凡物流形》廣義上可以說是道家作品，更具體

---

① 董珊：〈楚簡《恆先》初探〉，簡帛研究網，2004年5月12日。
② 劉信芳：〈上博藏竹書《恆先》試解〉，簡帛研究網，2004年5月16日。
③ 曹峰：〈「上博楚簡」《凡物流形》的文本結構與思想特徵〉，載《清華大學學報（哲學社會科學版）》2010年第1期。

第二章 道家源流與楚簡中的道家思想

說是黃老學作品。最主要的根據是它關注宇宙的生成、自然的起源，並圍繞『一』這個範疇而建立起來了宇宙生成論、自然哲學和政治原理，而『一』正是黃老學的核心範疇。」①《凡物流形》全篇多以「問之曰」起首，所問之事有天地山川之事，也問及人事，其文體特徵與屈原名篇〈天問〉類同，正因如此，有學者將其視為「楚辭類」作品。從文體特徵來看，《凡物流形》是楚人所作，更準確地說，是楚國道家學者的佚作。

綜上所述，從思想內容、文體特徵、用語以及行文方式來看，楚簡《老子》、《太一生水》、《恆先》、《凡物流形》等四篇是戰國楚道家的文獻。對楚簡道家四篇的研究，對於從總體把握戰國時期楚國道家的思想內涵和特徵具有重要意義。

二、楚簡道家四篇的宇宙論

1. 宇宙的本原論

楚簡道家四篇中，宇宙的本原既稱為「道」，也稱為「恆」、「太」，「一」、「太一」。楚簡《老子》云：「有狀混成，先天地生，敚穆，獨立而不改，可以為天下母。未知其名，字之曰道，吾強為之名曰大。」以道家的觀點來看，道是無形、無名的。楚簡《老子》即云：「道恆無名。」但在知識系統中，「道」又必須有名，因為「無名」就沒有辦法被指稱。為了回避這一矛盾，楚簡《老子》中先說「未知其名」，即強調「道恆無名」。接下來又說「字之曰道」，這裡所說的「道」是字，而非其名。古代名與字是有區別的，《禮記　檀弓上》：「幼名，冠字。」孔穎達疏：「始生三月而加名……年二十，有為人父之道，朋友等類不可復呼其名，故冠而加字。」對於人來說，「名」是人的指稱性符號，在直呼其名有違禮制

---

① 　王中江：〈《凡物流形》的宇宙觀、自然觀和政治哲學——圍繞「一」而展開的探究並兼及學派歸屬〉，載《哲學研究》2009年第6期。

時，則改呼其「字」，「字」是「名」之外的別名、代稱。楚簡《老子》說「道」是宇宙本原的「字」，而非其「名」，這樣就與「道恆無名」的說法保持了一致。「吾強為之名曰大」一句雖以「大」為宇宙本原之「名」，但這是「強為之名」，即是人為、主觀強加於宇宙本原的「名」，而非其本「名」。楚簡《老子》對「道」的本原性進行了描述性說明，如說道「先天地生」，即在天地產生之前就已經存在；「獨立而不改」，即道是「自生自作」的，不依賴他物而存在，也不因他物而改變。「為天下母」，即道生長了萬物，是萬物的來源。

在《凡物流形》中，以「一」作為萬物生成的根源。《凡物流形》說：「一生兩，兩生三，三生四，四成結。是故有一，天下無不有；無一，天下亦無一有。」在《凡物流形》中，宇宙的起點不是「道」，而是「一」，並強調有了「一」，天下「無不有」，即有了萬物；而沒有「一」，天下就「無一有」，即沒有任何實有的存在。《凡物流形》中以「一」作為宇宙生成的絕對起點，與楚簡《老子》中的「道」具有同樣的地位。由此可見，在楚道家那裡，「一」和「道」都是指宇宙的本原。

作為宇宙本原的「道」何以又有「一」的別號，後來有不同的解釋。《韓非子》說：「道無雙，故曰一」，認為之所以「道」有「一」的稱號，是因為道是唯一的，不可替代的，「一」乃是「唯一」之意。《淮南子·原道》說：「所謂無形者，一之謂也。」這裡與《韓非子》的說法有所不同，「道」以「一」為別號，是因為道是無形的存在，所以用最簡單的「一」來表述它。這兩種解釋可能都與楚道家的本意不符。《黃帝帛書》是戰國時期楚道家的作品，該書對這一問題的解釋可能更符合原意。《十大經·成法》：「一者，道其本也。」《淮南子·詮言訓》採納了這種說法：「一也者，萬物之本也，無敵之道也。」《淮南子·原道》注也引此稱：「一者，道之本

也」，「一」為「數之始也」①，而道為萬物之始，這就是「一」和「道」的共通之處，故以「一」稱「道」。

在楚道家那裡，宇宙本原可「強為名之曰『大』」，而又以一為其「號」，二者合而為一，則可稱「大一」，古「大」、「太」可通，是以「大一」又變為「太一」，由此「太一」也成了宇宙本原新的別號。《太一生水》論述宇宙生成過程，開篇即云：「太一生水，水反輔太一，是以成天，天反輔太一，是以成地。」在《太一生水》的宇宙生成論中，「太一」是天地、四時、萬物的起始點，由「太一」最早「生」出了水，在「太一」與水的交互作用下，形成了天地萬物，可見，楚道家也以「太一」指稱宇宙的本原。

楚簡道家四篇中，宇宙本原還有一個別號：「恆」。楚簡《恆先》開篇云：「恆先無有」。「恆先」一詞另見於馬王堆漢墓帛書《黃帝帛書　道原》②。學者們以為「恆先」是楚道家為宇宙本原所取的另一別名，如鄭萬耕說：「『恆先』一詞，是《恆先》作者概括《老子》關於『道』的學說而創立的另一個範疇。」③王中江也說：「『恆先』恐怕是有意識地回避『道』而另立一新名來指稱宇宙的根源。」④我們認為，作為宇宙本原別號的是「恆」，而非「恆先」，從《恆先》下文有「恆莫生氣」一句即可知，「恆」才是宇宙的本原。

作為宇宙的本原，「恆」有表時間和表空間的雙重意義。表時間意義，是指時間的無始無終，即絕對的「永恆」；表空間意義，是指空間的無邊無際，即《恆先》所說的「太虛」。在楚語中，「恆」既有表時間永久之意，也有表空間極大之意。《論語　子路》：「南

---

① 《廣韻　五質》。
② 《黃帝帛書　道原》篇有「恆先之初」一句，原整理者釋作「恆無之初」，今從李學勤改釋為「恆先之初」。見李學勤〈楚簡《恆先》首章釋義〉，載《中國哲學史》2004年第3期。
③ 鄭萬耕：〈楚竹書《恆先》簡說〉，《齊魯學刊》2005年第1期。
④ 王中江：〈《恆先》宇宙觀及人間觀的構造文史哲〉，載《文史哲》2008年第2期。

人有言曰：『人而無恆，不可以作巫醫。』」「南人」即楚人，「人而無恆」指為人做事無「恆心」，這裡所說的「恆」指的是時間上的長久。楚語中還以「恆」極言空間的廣大，如揚雄《方言》卷二：「恆，言既廣又大也。荊、揚之間，凡言廣大者，謂之『恆』。」由此可見，楚人所謂的「恆」，既指時間的「恆久」，也指空間的「廣大」。

「恆」還有規律、法則之意，凡有規律的運動變化如陰陽轉化、天地運行、四時循環等都可稱之為「恆」。《國語　越語下》記楚人范蠡語：「因陰陽之恆，順天地之常。」韋昭注：「陰陽謂剛柔、晦明、三光盈縮、用兵利鈍之常數」，此處把陰陽對立轉換稱之為「恆」。《周易》中亦有相同的說法，如《易　恆》曰：「象曰：雷風，恆。」王弼注：「長陽、長陰，合而相與，可久之道也。」在陰陽五行學說中，雷為陽，風為陰，雷與風相合，則是陰陽相合，故而稱之為「恆」。由此可見，在楚人的語彙中，「恆」除了有表示時間和空間的意義外，還指自然規律與法則。關於「恆」字這一意義的來源，李連生《老子辨析》一書中有專文〈「恆」字詞義假說〉進行論述，他認為：「古文『恆』字本義為『弦』，『弦有上下』，『恆』字本身具有月上弦和月下弦兩種對立的涵義，所以，隨著人類認識事物能力的深化，『恆』字開始被古代思想家用來概括自然界和社會生活中上下、陰陽、晦明、高低、奇正、前後、雌雄、貴賤等一些對立統一的現象，推而言之，這是『恆』字本義的派生引申。」①

楚簡中的「恆」字，在漢以後因避漢文帝劉恆諱而改為其他字代替。表空間意義的「恆」字，改為「極」，如楚簡《老子》：「至虛，恆也」，馬王堆帛書《老子》甲乙本均作「至虛，極也。」表時間意義的「恆」字，則改為「常」字，楚簡《老子》：「道恆無

***

① 李連生：《老子辨析》，學林出版社1999年版，第15頁。

為」，此語中「恆」是表時間上的永久，意謂「道自始至終都是無為的」，此句在傳世本《老子》中改「恆」為「常」，作「道常無為」。《莊子　天下》：「關尹、老聃聞其風而悅之，建之以常無有。」此處的「常」原本應作「恆」，「建之以常無有」原本作「建之以恆無有」，就是《恆先》所說的「恆先無有」。

2. 宇宙演化論

宇宙的本原是如何演化、生成宇宙萬物的呢？楚簡道家四篇給出了兩種不同的宇宙生成觀。其一是《恆先》中的宇宙生成論，其生成模式較為簡略，可稱之為「概略的宇宙生成論」；其二是《太一生水》中的宇宙生成論，其生成模式體系複雜，結構完整，可稱之為「精緻的宇宙生成論」。

我們先來看《恆先》中「概略的宇宙生成論」。《恆先》在描述了「恆先無有」的狀態後，接下來描述的宇宙萬物生成的過程是：「或作；有或焉有氣，有氣焉有有，有有焉有始，有始焉有往。」按順序排列，宇宙生成過程是：

恆——或——氣——有——始——往

「恆」即宇宙的本原，在「恆」之後出現的是「或」。「或」通「域」，「域」是一個空間的概念，見於今本《老子》二十五章：「故道大，天大，地大，王亦大，域中有四大，而王居其一焉。」近人陳柱《老子集訓》指出「此『域』字當作宇宙解①」。表示宇宙空間的「域」也記作「宇」。《淮南子　天文》高誘注：「宇，四方上下也；宙，往古來今也，將成天地之貌也」，又《莊子　庚桑楚》成玄英疏：「宇者，四方上下也。」李學勤指出「『域』只相應於

---

① 　陳柱：《老子集訓》，上海書店1989年影印版，第42頁。

『宇』，並沒有包括『宙』①。《恆先》中所說的「或（域）」，也就是《淮南子　天文訓》中所說的「虛廓」，其涵義相當於今天哲學上所講的「無限空間」。

「或（域）」出現之後，接下來產生的是「氣」。關於「氣」的產生，《恆先》有專門解說：「氣是自生，恆莫生氣，氣是自生自作。」「氣」的產生是「自生」，「恆莫生氣」一句還是強調「氣」是「自生」，而非由「恆」（道）所生。「氣是自生」這樣一個命題的提出，其意義在於提升「氣」在宇宙生成過程中的作用和意義。

一般而言，在哲學和宗教中，通常會把宇宙本原賦予「自生」的特性。如道家以道為宇宙的本原，他們把道也稱為「本根」，而道的一個重要特性就是它是「自本自根」的。《莊子　知北遊》說：「惛然若亡而存，油然不形而神，萬物畜而不知，此之謂本根，可以觀於天矣。」這裡所說的仿佛並不存在卻又無處不在、神秘難測卻沒有具體的形象，蓄養萬物卻不被覺察的「本根」就是宇宙的本原「道」。《莊子　大宗師》將「道」的特性定義為「自本自根」，即道是它自身的來源與依據。《列子　天瑞》說：「生物者不生」，意思是說道產生了萬物，但道並不被其他事物創生。道是其他一切事物的本根，也是它自身的本根。道創生宇宙萬物，但不被任何它物所創生，總之，道是「自生」的終極本原。

在神學宗教中，至上神往往被確定為具有「自本自根」特性。《聖經　舊約　出埃及記》第三章記，摩西請問神的尊名，神回答說：「I am who I am.」《聖經》中的這段話譯成中文為：「我是自有永有的。」上帝是獨立和自存的，除了自身之外，不依靠任何事物，這是上帝之所以為上帝的最根本的原因之一。在這一點上，道家對

---

① 李學勤：〈楚簡《恆先》首章釋義〉，載《中國哲學史》2004年第3期。

「道」的「自本自根」特性的界定和基督教對上帝「自有永有」的特性界定的意義是完全一致的。

「自本自根」一說，與《恆先》所說的「自生自作」是同一個意思。由此不難看出來，《恆先》強調「氣」具有「自生自作」的特性，和《莊子》強調「道」具有「自本自根」的特性一樣，其實質是強調「氣」在宇宙生成過程中具有極高的地位。

「有氣焉有有」，氣產生後就有了「有」。這個「有」是指「實有」，即可感的客觀存在。在《恆先》中，這個「有」不是抽象的概念，而有具體所指。《恆先》云：「濁氣生地，清氣生天」，可見天地是由「氣」分清濁而生。這種說法也見於《列子》、《淮南子》。如《列子　天瑞》云：「清輕者上為天，濁重者下為地」；《淮南子　天文訓》云：「氣有涯垠，清陽者薄靡為天，重濁者凝滯為地。」這些說法都與《恆先》有著高度的一致性，可見「氣」分「清」、「濁」而為「天地」之說，是宇宙生成中一個重要環節。依此而論，「有氣焉有有」的「有」就是指天地而言了。

在「有」之後出現的「始」，有「根本、本源」之意。《國語　晉語二》：「堅樹在始。」韋昭注：「始，根本也。」戰國時期有以天地為生命本源、生命之始的觀念，如《荀子　王制》就說：「天地者，生之始也。」《恆先》所謂「有有焉有始」，是說在天地產生之後，就有了各種生命繁育的本源。

「有始焉有往」一句，各家均將「往」與「始」聯繫起來考慮，但結論不盡一致。李學勤引《廣雅　釋詁》云「歸也」以為始是開始，往則是終結[1]。廖名春〈上博藏楚竹書《恆先》新釋〉一文中從其說[2]。這一解釋從訓詁學上講當然是沒有問題，但從哲學意義上講，這

① 李學勤：〈楚簡《恆先》首章釋義〉，載《中國哲學史》2004年第3期。
② 廖名春：〈上博藏楚竹書《恆先》新釋〉，載《中國哲學史》2004年第3期。

一解釋將《恆先》中宇宙生成的終極目標指向了「終結」，使得宇宙的生成成了一個不可循環、不可持續的過程，這與道家「重生」的思想主旨是不相符合的。「有始焉有往」一句，李零譯為，「有『始』才有『往』（時間的行進）①」，將「往」釋為「時間的行進」，無疑比釋「往」為「歸」要好得多。「往」本有指「時間的行進」之意，如《鶡冠子　世兵》云：「往古來今，事孰無郵」，「往古來今」猶言古往今來。再如《淮南子　齊俗訓》云：「往古來今謂之宙，四方上下謂之宇。」這裡說得更加明確，「往」即「宙」，是指時間。這與上文所說的「或（域）」，即「宇」，指空間，正好合為「宇宙」了。「有始焉有往」一句，意謂「有了生命始生後，往古來今不斷發展」，於是就有了《恆先》下文所說的「察察天地，紛紛而多采」的景象了。

　　綜合上述，《恆先》所列出的宇宙生成序列「恆——或——氣——有——始——往」，可以解釋為「恆（道）—空間——氣——天地——萬物滋生——往古來今」這樣一個生成過程。《恆先》的宇宙生成過程與《淮南子》中所描述的宇宙生成基本上是一致的。《淮南子　天文訓》云：「天地未形，馮馮翼翼，洞洞灟灟，故曰太昭。道始於虛霩，虛霩生宇宙，宇宙生氣。氣有涯垠，清陽者薄靡而為天，重濁者凝滯而為地。」從這段文字描述的宇宙生成過程中可以清理出一個生成序列：道——虛霩（宇宙）——氣——天地。兩相對照可知，《淮南子　天文訓》中的宇宙生成論與《恆先》屬於同一系統。

　　《恆先》對於宇宙生成的過程，只是進行了概略的描述。相比《恆先》而言，《太一生水》建立了一套完整而獨特的宇宙生成論，可以稱之為「精緻的宇宙生成論」。《太一生水》說：

① 　李零：〈「上博楚簡」《恆先》語譯〉，載《中華文史論叢》2006年第1期。

太一生水，水反輔太一，是以成天。天反輔太一，是以成地。天地〔復相輔〕也，是以成神明。神明復相輔也，是以成陰陽。陰陽復相輔也，是以成四時。四時復〔相〕輔也，是以成寒熱。寒熱復相輔也，是以成濕燥。濕燥復相輔也，成歲而止。故歲者，濕燥之所生也。濕燥者，寒熱之所生也。寒熱者，〔四時之所生也〕。四時者，陰陽之所生〔也〕。陰陽者，神明之所生也。神明者，天地之所生也。天地者，太一之所生也。是故太一藏於水，行於時，周而又〔始，以己為〕萬物母；一缺一盈，以己為萬物經。此天之所不能殺，地之所不能埋，陰陽之所不能成。君子知此之謂……

在《太一生水》擬構的宇宙生成過程中，可以分為三個階段。第一階段是天地的形成，第二階段是四時的形成，第三階段是「成歲而止」。

在第一階段天地形成的過程中，作為萬物本原的「太一」發揮了最重要的作用。但是「太一」並不是簡單地直接完成創造天地的工作的，而是首先創生了「水」，天的形成是在水對「太一」的「反輔」過程中生成的，而地的形成是在「天」對「太一」的反輔過程中形成的。在天地形成的過程中，太一與水共同參與了天地的創生。

第二階段是四時的形成。「太一」和「水」完成了「天」和「地」的創生後，接下來由「天」、「地」完成四時的創生。從天地「相輔」到四時形成，其邏輯順序是：天地——神明——陰陽——四時。在天地和四時之間，有兩個過渡性的中間環節，其一是神明，其二是陰陽。關於「神明」，學者們有不同的理解，代表性的說法有：（1）認為神明是指神祇和神靈，（2）認為神明是指「道的神妙作用」或「天地」的功能，（3）認為神明是指「精氣」，（4）認為神明是指日、月。我們認為，將神明理解為「日」、「月」比較合乎情理。因為在《太一生水》的宇宙生成論中，沒有直接提到日月的生

成，而日月的生成是古代宇宙生成論中不可不論的一環，所以由天地的相輔過渡到日月的生成也是順理成章的事。天地生成日月，日月生成陰陽二氣，陰陽二氣再生成四時，這個發展脈絡是清楚的。

第三階段是「成歲」。由四時而生寒熱，由寒熱而生濕燥，由濕燥而「成歲」。「四時」與「歲」的循環往復是因為「太一藏於水，行於時，周而又〔始〕」的結果。整個宇宙的生成順序從「太一生水」開始，到「成歲而止」。

綜合以上分析，可以歸納出《太一生水》中宇宙的生成過程是：太一（道）—水——天——地——神明（日月）——陰陽——四時——寒熱——濕燥——歲。這一生成過程相比於《恆先》的宇宙生成論而言，體系更為複雜，層次更為清晰。

在《太一生水》的宇宙生成論中，有兩點值得引起注意：其一是重視水在宇宙生成過程中的作用。在早期楚道家的思想中，水占有重要地位。先秦時期，儒、道、法諸家都重視水的作用，而以道家尤甚。《老子》云：「上善若水。水善利萬物而不爭，居眾人之所惡，故幾於道。」《老子》認為水德最接近於道，水就是道的化身。《管子 水地》是楚國黃老道家學者環淵的著述[1]。〈水地〉從宇宙發生論的角度，提出了水是萬物本原的思想。其二是強調在事物的生成過程中，各種對立面的作用與反作用的關係。在《太一生水》的宇宙生成論中，包含著一種重要的哲學思想，就是強調對立事物的作用與反作用的意義。在《太一生水》中，宇宙的生成並不是單向的、線性的，而呈現出往復的、交互的特徵。「太一生水，水反輔太一，是以成天」，天的形成並非由水直接生成，而是水對太一發生反作用的結果。在整個生成體系中，一方面是正向的生成，另一方面是反向的「反輔」、「相輔」、「復輔」、「復相輔」，正是由於正向與反向

---

① 徐文武：《楚國思想史》，湖北人民出版社2003年10月版，第327—330頁。

第二章 道家源流與楚簡中的道家思想

相互作用，最終才使得複雜的宇宙得以生成。

如果將《太一生水》與《恆先》的宇宙生成論進行一番對比，會發現二者有著很大的差異。首先，《太一生水》高度重視「水」在宇宙生成過程中的作用；《恆先》則高度重視「氣」在宇宙生成過程中的作用。前者重「水」，但「水」仍是作為宇宙本原的太一所生，居於「次生」的地位；而後者重「氣」，「氣」卻不是作為宇宙本原的「恆」所生，而是「自生自作」的，是超然於宇宙本原之外的存在。可見，《恆先》中「氣」在宇宙生成中的地位要高於《太一生水》中「水」在宇宙生成過程中的作用。其次，《太一生水》中的宇宙生成論是一個精緻的、有序的、彼此關聯的生成過程，從「無」到「有」，從「有」到「萬物」是環環相連的生成關係，既有時間上的順序，也有內在的因果關係。而《恆先》相比《太一生水》，其宇宙生成論只能算是一個概略的模式，各個環節之間只有生成的前後順序，卻沒有嚴格的「生成」關係。如「或（域）作」、「氣是自生」說明「或（域）」、「氣」的出現是「自生自作」的，而不是由其他環節邏輯生成的。《太一生水》中精緻的宇宙生成論的出現，是思維發展的產物，也是學術精細化的結晶，更是思想體系走向成熟的標誌。

第三章 儒學南漸與楚簡中的儒學思想

第一節 「孔子適楚」與儒學的第一次南漸

西元前497年到西元前484年，孔子為了傳播和踐行儒學思想，開始周遊列國，通過講學、遊說來推行自己的學說與主張。在長達14年的時間裡，孔子先後到過衛國、曹國、宋國、鄭國、陳國、楚國等國。孔子周遊列國的大部分時間留居在陳國，居蔡期間兩度出入楚國。孔子留居陳、蔡以及孔子適楚，對儒學在楚國的傳播有著重大的影響，在儒學傳播史上具有重要意義。

一、「孔子適楚」的史實梳理

1. 孔子居陳的時間與原因

在孔子周遊的列國中，陳國是孔子駐留時間較長的國家。《史記 陳世家》記：「湣公六年，孔子適陳」；湣公十三年，「時孔子在陳」。陳湣公六年為西元前496年，陳湣公十三年為西元前489年。如依〈陳世家〉所記，則孔子從西元前496年至西元前489年居於陳國，時間長達8年之久。對此，唐司馬貞《史記索隱》持懷疑態度。《史記索隱》云：「按：孔子以魯定公十四年適陳，當湣公之六年，上文說是。此十三年，孔子仍在陳，凡經八年，何其久也？」司馬貞懷疑孔子在陳國居住8年太久了，也沒有提出懷疑的證據。從《史記 孔子世家》所記孔子事蹟來看，孔子在陳國居住的時間確實沒有

達到8年，而只有5年。孔子在西元前496年至西元前489年居陳期間，曾經離開過陳國，後又返回陳國。〈陳世家〉以記陳國史實為主，而對孔子中途一度離開陳國沒有提及。在〈孔子世家〉中，則對此交代得一清二楚。〈孔子世家〉記：「孔子居陳三歲，會晉楚爭強，更伐陳。及吳侵陳，陳常被寇……於是孔子去陳。」在晉楚爭霸以及吳楚爭霸中，陳國都是首當其衝的受害者，不斷受到戰爭侵擾。吳國之所以侵伐陳國，是為了報舊怨。早在吳楚戰爭時，吳師入郢後，吳王曾召見陳懷公，要求陳國背棄楚國而歸順吳國。陳懷公面對吳勝楚敗的局面，一時無所適從，後聽從大臣逢滑的建議，而沒有歸順吳人。為報此舊怨，吳人於是侵伐陳國。據《左傳　哀公元年》記，西元前494年，「秋八月，吳侵陳」。因受「吳侵陳」一事影響，孔子在「居陳三歲」之後，被迫「去陳」、「適衛」。孔子離開陳國的時間是在西元前494年8月之後，而〈孔子世家〉所謂孔子「居陳三歲」即指西元前496年、前495年、前494年這三個年份。

　　孔子離陳至衛，在衛國遭到衛靈公的冷遇。〈孔子世家〉記，衛靈公與孔子談話時「見蜚雁，仰視之，色不在孔子」，衛靈公對孔子心不在焉的態度，堅定了孔子離開衛國的決心，於是孔子「復如陳」。孔子第二次入陳的時間是西元前492年。據《史記　十二諸侯年表》記，魯哀公三年（前492），「孔子過宋，桓魋惡之」。由此可見，孔子已於前492年離開衛國途經宋國前往陳國。又據《左傳　哀公三年》記，夏五月，衛國公宮西面司鐸官的官署發生了火災，火勢蔓延，燒著了桓公和僖公的神廟。「孔子在陳，聞火，曰：『其桓、僖乎？』」由此則可見，西元前492年5月，孔子已來到陳國。但孔子此次到陳國並沒有在陳國久留，而是於次年「自陳遷於蔡[1]」。孔子前後兩次在陳居住；時間為前496年至前494年、前492年至前491年共計5個

---

[1] 《史記　孔子世家》。

年份，實際在陳留居時間有4年多。

春秋中期以降，陳國一直是楚國的附庸國，國力貧弱，並不是一個適合孔子施展宏圖抱負的國家，何況孔子至陳時，陳國夾於楚國北與晉國爭霸，東與吳國爭強的焦點地區，在這種情形下，孔子為何先後兩度入陳，並在陳國留居達4年之久，這是一個頗讓人費解的問題。究其原因，首先是與孔子在陳國受到陳國君臣的禮遇有關。孔子投奔陳國大夫司城貞子，受到陳湣公的敬重，應該說這是孔子留居陳國的主要原因。另一個重要原因是，陳國都城距離這一時期楚國君王所居的城父（今安徽亳州）較近，陳國又是楚國的附庸國，孔子試圖通過他在陳國的影響，能夠進一步得到楚國君臣的信任，從而達到讓楚國接納他前往楚國實現政治理想的目的。

2. 孔子「遷蔡」、「如葉」的路線

據〈孔子·世家〉記，孔子第二次入陳後，先於次年（前491）「遷於蔡」，時隔一年（前490）又「自蔡如葉」，見葉公沈諸梁。關於孔子此行的路線，歷來有不同的說法，而這些說法的形成與蔡國的遷都有關。要弄清這一問題，先要瞭解蔡國的歷史。蔡國為姬姓國，周初武王封其五弟叔度（姬度）於蔡（今河南上蔡）而立國。春秋時期蔡國的命運與陳國一樣，一直是受楚控制的楚的屬國。前684年，蔡哀侯被楚文王俘虜，蔡國從此被楚國納入控制範圍。前531年，蔡國一度被楚國滅國，三年後復國，遷都呂亭（今河南新蔡）。春秋晚期，蔡昭侯朝楚時，因無故被楚扣留三年，於是叛離楚國歸附吳國。前493年，蔡國為了避免楚國的報復打擊，向東尋求吳國的保護，遷都吳國境內的州來（即下蔡，今安徽鳳台縣）。因蔡國兩次遷都，就有了上蔡、新蔡、下蔡等地名。蔡國遷都下蔡後，原屬蔡國的上蔡、新蔡等地都歸入楚國的版圖。孔子離開陳國後的路線是由陳「遷於蔡」，經「蔡」到達楚國葉縣。孔子「遷於蔡」的「蔡」不可能是蔡國首都下蔡。因下蔡在陳國東南，楚國葉縣在陳國以西，兩地方向正好相反，

所以孔子不可能是先到下蔡，再到葉縣。江永《鄉黨圖考》說：「孔子自陳如蔡，就葉公耳，與蔡國無涉。」孔子此行的目的是見葉公沈諸梁，不會到已遷都吳地州來的蔡國，江永所言極是。

據《左傳》記載，前491年，楚國葉公沈諸梁等人「致蔡於負函[①]」，將原在新蔡未隨蔡昭侯遷往下蔡的蔡國遺民遷往負函（今河南信陽）。有學者據此認為，孔子要見的人葉公沈諸梁在負函（今河南信陽）安頓蔡國遺民，因此，孔子與葉公會面，理應在負函（今河南信陽）。如崔述即認為孔子自陳適蔡，是指故蔡，而不是遷於州來之蔡。孔子見葉公，與其問答，當亦在負函而不在葉[②]。此說影響較大，錢穆《先秦諸子系年考辨》作〈孔子至蔡乃負函之蔡非州來之蔡考〉即引崔述之說立論。此說從出行路線來看，孔子由陳城經新蔡至負函是合乎情理的；另外，孔子與葉公在負函相會，有《左傳》的記載作為佐證，也具有說服力。但此說與〈孔子世家〉所說的孔子「自蔡如葉」不能契合。〈孔子世家〉所說的「蔡」和「葉」均為地名，將「自蔡如葉」說成為「從故蔡地就於葉公」是難以講通的。如果「蔡」是「上蔡」，「葉」是葉公的封邑葉縣，則「自蔡如葉」是指從上蔡到葉縣。孔子此行的路線由東往西，從陳城出發，經上蔡到達葉縣，這樣解釋就合情合理了。由此而論，孔子在前491年、前490年兩年在楚國的上蔡、葉縣一帶活動。

3.「陳蔡之厄」與楚簡《窮達以時》

西元前489年，吳國侵伐陳國，楚昭王出兵救陳，駐軍於城父（今安徽亳州），「聞孔子在陳、蔡之間，楚使人聘孔子」，孔子於是前往城父去見楚昭王，途中經陳國與蔡國邊境地區時，陳、蔡兩國貴族因擔心孔子見用於楚後，會使得楚國更加強大，於是將孔子圍困在陳

---

① 《左傳　哀公四年》。
② 〔清〕崔述《考信錄》卷三《厄於陳蔡之間》。

蔡之間，史稱「陳蔡之厄」。

在戰國時期的儒、道、墨諸家文獻中，對於「陳蔡之厄」這一事件多有記載。儒家文獻記載的較為客觀，如《論語　衛靈公》記孔子「在陳絕糧，從者病，莫能興」。《孟子　盡心下》稱「君子之厄於陳蔡之間，無上下之交也」。而墨家與道家的記載則頗為難堪，如《墨子　非儒下》說孔子「窮於蔡、陳之間，藜羹不椹」，《莊子·山木》則謂「孔子圍於陳、蔡之間，七日不火食」。孔子所遭受的困厄，也一直是他晚年心頭掃不去的陰影。孔子曾說：「從我於陳、蔡者，皆不及門也」，意思是說，多年之後，跟隨他經歷陳蔡之厄的學生，早已離他而去，而不在身邊受教了。

經歷「陳蔡之厄」時，藜羹絕，從者病，並沒有使孔子對自己的信仰產生懷疑，仍然能「講誦弦歌不衰」。讓孔子感到真正嚴重的問題，是在跟隨他的眾弟子中發生了空前的信仰危機。孔子的高足子路面有慍色地問：「君子亦有窮乎？」子路向孔子提出了一個問題：人的困厄或顯達是由什麼來決定的？人又該如何去面對困厄或顯達？在回答子路提問時，孔子以「君子固窮」來作答，意即君子也會有困厄不堪的時候，但君子和小人的區別是，君子應該在困厄中堅守自己的德行，而不能像小人那樣遇到困厄時就犯上作亂[1]。子路與孔子經陳蔡之厄時的對話，在《荀子　宥坐》中有更詳細的記載。《荀子·宥坐》所記孔子對子路的對話中有如下的內容：「夫賢不肖者，材也；為不為者，人也；遇不遇者，時也；死生者，命也；今有其人不遇其時，雖賢，其能行乎？苟遇其時，何難之有！」「且夫芷蘭生於深林，非以無人而不芳。」以上文字內容又見於郭店楚簡《窮達以時》，其相關的文字有：「遇不遇，天也。」「有其人，無其世，雖賢弗行矣。苟有其世，何難之有哉！」「芝蘭生於幽谷，非以無人嗅

---

[1] 《論語　衛靈公》。

而不芳。」有學者據此推論，郭店楚簡《窮達以時》是孔子在歷「陳蔡之厄」時所作，其目的是用以解決弟子們的信仰危機。這一推論於情理可通，亦有文獻記載作依據，應該說是有一定道理的。但其中也存在一個較大的問題，這就是在《窮達以時》篇中出現了「子胥前多功，後戮死，非其智衰也」一句，孔子遭「陳蔡之厄」是在魯哀公六年（前489），而伍子胥被誅於其後5年，即魯哀公十一年（前484），在時間上孔子不可能在遭「陳蔡之厄」時寫此後5年才發生的事。也就是說，《窮達以時》的寫作時間應晚於魯哀公十一年（前484）。這樣看來，與其說《窮達以時》是孔子所作，還不如說是孔子弟子後來據孔子歷「陳蔡之厄」時的語錄整理而成，「子胥戮死」的例子是孔子弟子在整理其語錄時加進去的，這樣講會更有說服力。

在《窮達以時》篇中，孔子重點強調的是「窮達以時，德行一也」，即人的困厄或顯達是由時運決定的，但無論身處逆境或騰達之時，都要始終堅守自己的德行。

經歷「陳蔡之厄」後，孔子及其弟子一行終於來到了楚國。〈孔子世家〉記：孔子「使子貢至楚，楚昭王興師迎孔子，然後得免」。孔子至楚後，楚昭王一度打算委孔子以重任，並計畫「以書社地七百里封孔子」，然而遭到了來自朝內大臣的強烈反對。更為不巧的是，楚昭王因病卒於城父，孔子所有的希望破滅了。

4.「楚昭王聘孔子」當為信史

〈孔子世家〉載，楚昭王居城父時，使人聘孔子；孔子遭受「陳蔡之厄」時，楚昭王興師迎孔子；孔子適楚後，楚昭王欲以書社之地封孔子。關於這些記載，先儒多持懷疑態度。《朱子語類》云：「昭王之召，無此事，鄒、魯間陋儒尊孔子之意如此。設使是昭王召，陳蔡乃其下風耳，豈敢圍？」可見，朱熹以為楚昭王聘孔子事是鄒魯間陋儒為抬高孔子而臆想出來的。清代學者全祖望在《經史問答》中提出了更多的質疑，他說：「是時，楚昭王在陳，何必使子貢如楚？而楚

果迎孔子，信宿可至，孔子又何以終不得一見昭王？而其所迎之兵，中道而聞子西之沮，又棄孔子而去，皆情理之必無者。且昭王旋卒於陳，則孔子何嘗入楚乎？」再，梁玉繩《史記志疑》引《史剗》：「夫昭王軍於城父，方師旅之不暇，何暇修禮賢之事？」今人錢穆、江竹虛等多贊同此說。錢穆《先秦諸子系年考辨》稱「楚昭王興師迎孔子」諸事均是「因臆度而遂附會以為說」。

如依諸家之說，相信無楚昭王聘孔子事，則孔子就不會有「陳蔡之厄」，而昭王興師迎孔子、昭王與令尹子西議封孔子等諸事皆屬空言。然而孔子遭「陳蔡之厄」不獨《史記》有載，先秦時期儒、道、墨諸家文獻均有記載，難道全是空言嗎？何況，上引諸家質疑「楚昭王聘孔子」等事，只是提出懷疑，並無有力證據。在證據不足的情況下，懷疑僅僅是懷疑，不能成為立說的依據。

春秋晚期，楚國為了與吳國爭奪在淮河流域的控制權，將城父（今安徽亳州）作為政治與軍事重鎮進行管理。「清華簡」〈楚居〉記載，楚靈王、楚平王、楚昭王都曾居「秦谿之上」，此「秦谿」即「乾谿」。《左傳 昭公十二年》記：「楚子次於乾谿」，杜預注：「在譙國城父縣南。」多位楚王駐留在城父，說明這一地區已成為在楚郢都之外的另一處政治與軍事中心。城父離陳國首都陳城直線距離不到100公里，多位楚王長期駐留於此，一是楚國與吳國的軍事鬥爭需要，二是便於楚國加強對陳國的實際控制。孔子在陳國留居多年，也是試圖通過自己在陳國的影響接近楚國君臣，從而達到見用於楚的目的。從楚國方面而言，楚昭王在經歷了吳人入郢的「失國」之痛後，能在短時期內得以「復國」，與其以人為本、任用賢能有著密切的關係。楚昭王對正在陳楚地區周遊以求入仕的孔子產生惺惺相惜之情，主動發出聘用的邀請，也是情理之中的事。因此，對「楚昭王聘孔子」一事無端懷疑是沒有道理的。我們認為，昭王聘孔子、孔子遭「陳蔡之厄」、昭王興師迎孔子、昭王與子西議封孔子以及昭王因故

拒聘孔子等等，都是歷史事實。孔子在「陳蔡之厄」之後「適楚」，並非到了楚郢都，而是到達楚國在淮河流域的政治中心城父。至於孔子到城父後，是否得以見到楚昭王，史無明載。楚昭王很有可能因來自朝臣反對的壓力太大，沒能實現聘用孔子的諾言而拒見孔子。

5. 孔子使人入楚「觀其為政」略考

孔子‧居陳期間，為了瞭解楚國政治，曾使人入楚觀政。《孔子家語‧六本》載「荊公子行年十五而攝相事」云：

荊公子行年十五而攝荊相事，孔子聞之，使人往觀其為政焉。使者反曰：「視其朝清淨而少事，其堂上有五老焉，其廊下有二十壯士焉。」孔子曰：「合二十五人之智，以治天下，其固免矣，況荊乎？」

劉向《說苑》卷八《尊賢》記此事將「荊公子」誤作「介子推」。介子推為春秋中期晉文公臣，與孔子不同時，孔子不可能「觀其為政」。從上文所記「荊公子」出任「荊相」來看，「荊」應是楚國，荊公子則是楚國公子；「荊相」當指楚國令尹。要弄清這位「荊公子」是何人，「行年十五」是一個關鍵的證據。由於將「行年十五」理解為「年齡十五歲」，所以《抱樸子‧外篇》記此事時稱：「昔者荊子總角而攝相事，實賴二十五老，臻乎惠康。」古代未成年人把頭髮紮成髻，稱為總角，後用「總角」指未成年人。「荊子總角」一說正是把荊公子「行年十五」理解成了實際年齡為十五歲。然考諸文獻，楚國歷史上並無十五歲而出任令尹之職的。此處「行年十五」並非「年齡十五歲」之意，而是指「在位（令尹之職位）十五年」之意。如以與孔子同時，既身為楚國公子，又在令尹之位15年作為條件來確定「荊公子」的話，此「荊公子」必為楚平王之子、楚昭王時令尹子西無疑。

子西是春秋末楚國令尹，楚平王之庶子，楚昭王兄長。子西在擁立昭王繼位以及在吳師入郢後輔佐昭王「復國」的過程中發揮了重要的作用，在楚國收復郢都後被任命為令尹，掌管軍政大權。子西繼任令尹之職當在西元前506年。《左傳 定公四年》記：「（十一月）子常奔鄭」，子常即楚令尹囊瓦。又，定公六年記：「令尹子西喜曰：『今乃可為矣』」，可見令尹囊瓦奔鄭後，子西接替囊瓦出任令尹一職，時間應是魯定公四年（前506）年末或魯定公五年（前505）年初。子西在令尹之職長達27年，直到西元前479年在「白公之亂」中被白公勝所殺。如按子西在西元前506年年底接任令尹計，那麼到西元前492年孔子南游至陳時，子西在令尹之位剛好15年，與《孔子家語》所說的「荊公子行年十五而攝相事」正相吻合。

孔子派人入楚觀其朝政，是為了考察楚國朝政狀況，決定是否入楚「弘道」。孔子對楚國朝政考察的結果非常滿意，因為入楚觀政的人報告說，楚國令尹子西「合二十五人之智以治天下」，實行的是賢人理政方針，這與孔子的賢人政治思想正好相合。令尹子西在楚國實行的賢人政治，使孔子燃起了希望之光，給他以極大的信心和鼓舞。在應楚昭王之聘途中遭受「陳蔡之厄」時，孔子仍矢志前行，不能不說與來自楚國的那一束希望之光激勵著他有關。然而，孔子至楚後，在孔子看來推崇賢人政治的令尹子西對孔子一行賢人並無好感，極力阻止楚昭王任用孔子，這讓孔子極度失望，所以當有人問起子西其人時，孔子用了「彼哉彼哉」四字對子西進行評價。

《論語 憲問》：「或問子產，子曰：『惠人也。』問子西，曰：『彼哉彼哉!』」這裡所說的「子西」，楊伯峻以為是指鄭國的公孫夏[1]，而何新以為是楚昭王時的令尹子西[2]。何新所言極是。那麼，孔

---

① 楊伯峻：《論語譯注》，中華書局1980年版，第148頁。
② 何新：《論語新解 思與行》，時事出版社2007年版，第180頁。

子所說的「彼哉彼哉」是什麼意思呢？何晏《集解》引馬融曰：「彼哉彼哉，言無足稱。」《廣韻　紙韻》引此作「佊哉佊哉」，「彼」當作「佊」，形近而訛①。「佊」意為「邪」。《玉篇　人部》：「佊，邪也。」又《廣雅　釋詁》：「佊，邪也」。章太炎《新方言　釋言》：「今人呼邪人為佊子。」孔子至楚後，楚昭王「將以書社地七百里封孔子」，來自朝臣的最強烈的反對者便是令尹子西。也正因為子西的反對，使孔子在楚國推行仁政德治的政治理想徹底破滅，由此，孔子稱子西為「佊（邪）人」也是可以理解的了。

6. 孔子與葉公論為政之道

孔子第二次至陳後，經蔡（今河南上蔡）至葉（今河南葉縣），與葉公相會。葉公，姓沈名諸梁，字子高，因其父沈尹戌封於沈鹿（今湖北鍾祥境）而得姓。楚平王五年（前524），楚國為加強對葉的控制，封沈諸梁於葉，沈諸梁因之有葉公之號。葉地位於楚國北境，是楚國「方城外之蔽（屏障）也②」，地理位置重要。楚封葉公於此，亦可見葉公在楚國政治與軍事中占有重要地位。

孔子不辭辛勞，前往拜會葉公，其目的是為了在葉公門下謀求職位。正因為如此，孔子十分看重自己在葉公心目中的印象。《論語　述而》記：葉公向孔子的學生子路詢問孔子的為人，子路沒有回答。孔子知道此事後對子路說：「女奚不曰『其為人也，發憤忘食，樂以忘憂，不知老之將至』云爾。」由此可見，孔子希望自己給葉公留下積極進取、樂觀向上、充滿活力的印象，從而得到葉公的賞識。孔子居葉的時間並不長，在「自蔡如葉」的當年即「去葉反於蔡」，說明孔子並沒有如他所想像的那樣得到葉公的賞識，更沒有在葉公那裡謀得一官半職。

---

① 賈延利：〈「彼哉彼哉」是何義〉，載《辭書研究》1991年第2期。
② 《左傳　昭公十九年》。

關於孔子與葉公的交往，在先秦文獻《論語》、《墨子》、《韓非子》、《莊子》等書中多有記載，主要內容有葉公向孔子問政，問如何「為人臣」，與孔子討論「直」的問題等等。從這些零星的記載中，約略可以看出孔子居葉時所傳播的思想。

孔子居葉時，提出了「近悅遠來」的政治理想。《論語·子路》記：「葉公問政。子曰：『近者說，遠者來』。」邢昺《論語注疏》解：「此章楚葉縣公問為政之法於孔子也。子曰：『當施惠於近者，使之喜說（悅），則遠者當慕化而來也』。」孔子回答葉公子高的話，《韓非子·難三》、《史記·孔子世家》、《說苑·政理》均記作：「政在悅近而來遠」，所以後世以「近悅遠來」這一成語作概括。「近悅遠來」反映了孔子「為政以德」的治國理念。孔子希望葉公對國內的百姓行仁政、施恩惠，使百姓心悅誠服，由此也會使遠國之民聞風而至，歸順而來。

作為儒家的對立面，墨子對於孔子的回答曾發表意見，說「葉公子高未得其問也，仲尼亦未得其所以對也 ①」。批評孔子沒有正面回答葉公子高的問題，葉公子高問的是「如何去做」，而孔子的回答卻是告訴他治理國家的最高目標「是什麼」，孔子這是「不以人之所不智（知）告人，以所智（知）告人」。墨子對孔子的批評，後世又引出更深的話題，如胡適就說：「這個似乎隨便的評論卻很好地說明了儒家和墨家在方法論上的本質區別。一般地說，這就是『什麼』和『怎樣』之間的區別，是強調終極理想和第一原理與強調中間步驟和結果之間的區別。」② 胡適這是把儒、墨之爭上升到思維方法的問題去展開討論了。

墨子對孔子的批評，是因為他只看到了孔子與葉公對話的部分，

---

① 《墨子·耕柱》。
② 胡適：《先秦名學史》，學林出版社1983年版，第60頁。

而沒有看到孔子的解釋。《說苑．政理》記，孔子的高足子貢曾問：為什麼葉公、魯哀公、齊景公同樣問為政之道的問題，而孔子分別以「政在附近而來遠」、「政在於諭臣」、「政在於節用」來作答時，孔子解釋說，對於同樣一個問題作出三種不同回答是「各因其事也」，即因每個國家和國君面臨的問題不相同，所以針對具體問題所給出的答案也不相同。至於為何要求葉公子高做到「近悅遠來」，孔子的解釋是說：「夫荊之地廣而都狹，民有離志焉。故曰：在於附近而來遠。」「夫荊之地廣而都狹，民有離志焉」一句，《韓非子．難三篇》作「葉都大而國小，民有背心」，兩相比較，《韓非子》所記較為合理。因為向孔子請教為政之道的是葉公，而非楚王，所以孔子的回答應是針對葉的具體實際而非針對楚國，故而應以「葉都大而國小，民有背心」為孔子對子貢所說的原話。葉只是楚國的一個封邑，地域不大，賦稅不豐，但葉的城池做得很大，要花費大量的民力財力。針對這一狀況，孔子提出「近悅遠來」的為政目標，其實很清楚是要求葉公子高改變執政方略，以仁德為執政理念，替百姓著想，不要大修城池。由此看來，孔子對葉公子高所說的「近悅遠來」，雖然提出的是「為政」的目標，但對葉公也是一種委婉的批評，其中也給出了為政的具體方法，並非墨子所批評的那樣「不以人之所不智（知）告人，以所智（知）告人」。

7.「孔某之荊，知白公之謀」之說不可信

　　《墨子》、《淮南子》、《呂氏春秋》等書記載，孔子與楚大夫白公勝也有過交往。白公勝是楚平王嫡孫，楚太子建之子，隨其父逃到鄭國，後又由鄭國逃奔到吳國，楚惠王時召回楚國，封於白邑，號「白公」。前479年6月，白公以獻戰利品為名，帶兵入郢，殺楚國大臣子西、子期，劫走楚惠王，史稱「白公之亂」。葉公率軍平亂，白公兵敗，自縊而亡。關於孔子與白公的交往，最早見於《墨子》一書的記載。《墨子．非儒》引晏子言曰：「孔某之荊，知白公之謀，而

奉之以石乞。君身幾滅，而白公僇。」此言孔子在楚期間，不僅事先知道白公有作亂的謀劃，而且向白公推薦了死士石乞。另據《淮南子 道應訓》記：「白公問於孔子曰：『人可以微言？』孔子不應。」高誘注：「知白公有陰謀，故不應也。」此言孔子知道白公有作亂的陰謀，但不曾參與其事。關於孔子與白公的交往，不見於《論語》，說明儒家弟子不傳此事；而出自《墨子》等書的記載，也多與史實不符。

其一，白公勝從吳國被召回楚國，是楚惠王二年（前487）的事。據《史記 楚世家》記：「惠王二年，子西召故平王太子建之子勝於吳，以為巢大夫，號曰白公。」而孔子早已於兩年前即西元前489年「自楚反乎衛[①]」，從時間上來說，白公與孔子應無緣相見。

其二，《墨子 非儒》記「孔某之荊」出自晏子之口，而晏子死於西元前500年，早在孔子至楚之前10多年，晏子已作古，何從談論「孔某之荊」的事呢？

其三，《墨子 非儒》稱孔子至楚，「知白公之謀，而奉之以石乞」，參與了謀劃白公之亂。而據《左傳 哀公十六年》載，孔子卒年與白公之亂發生在同一年，即西元前479年。《左傳》先記「夏四月己丑，孔丘卒」，後述「白公之亂」，可見，孔子死於白公之亂前，如何參與謀劃白公之亂呢？

《墨子 非儒》所言孔子之楚參與白公之亂事，顯然是墨家為攻擊儒家而憑空杜撰出來的。對此，《孔叢子 詰墨篇》均一一進行了反駁，並指出墨子的目的無非是為了「謗毀聖人」而「虛造妄言」。綜上所述，文獻中所記孔子與白公交往事，至少以目前所能看到的材料來看，並非實有其事。

---

① 《史記 孔子世家》。

8. 孔子與楚國賢人、隱士的交往

孔子在楚境蔡、葉等地遊走期間，遇到多位楚國賢人隱士。如〈孔子世家〉記：孔子「去葉反於蔡。長沮、桀溺耦而耕，孔子以為隱者，使子路問津焉」、「他日，子路行，遇荷蓧丈人」。孔子在葉、蔡之間遇到的長沮、桀溺、荷蓧丈人都是楚國的隱士。《莊子》書中也多次記載孔子與楚國隱士市南宜僚、老萊子、接輿的交往。孔子遇楚隱者市南宜僚而不得見，見《莊子　則陽》：「孔子之楚，舍於蟻丘之漿」，與市南宜僚為鄰而不得見。孔子遇隱者老萊子，並受教於老萊子，見《莊子　外物》：「老萊子之弟子出取薪，遇仲尼，反以告……老萊子曰：『是丘也，召而來』。」孔子由楚入衛途中遇「楚狂」接輿唱〈鳳兮歌〉，見《莊子　人間世》：「孔子適楚，楚狂接輿遊其門。」市南宜僚、老萊子、接輿是與孔子同時代的隱士。市南宜僚是春秋末年楚國享有盛名的賢者及勇士，姓熊，名宜僚。因居於市南，又稱市南宜僚，有「市南子」之號。老萊子是楚國道家隱士，著有《老萊子》十五篇「言道家之用[①]」。接輿亦為楚國道家隱士，因其佯狂避世而稱為「楚狂」。對於孔子的到來，市南宜僚、老萊子、接輿三人表現出了不同的態度，市南宜僚是避而不見，老萊子是見而訓導，接輿則是作歌以諷。

有學者懷疑《莊子》中所記這些故事都是「寓言」，不足取信。如《莊子　徐無鬼》記：「仲尼之楚，楚王觴之，孫叔敖執爵而立，市南宜僚受酒而祭」，孫叔敖是春秋中葉楚莊王時人，不可能與春秋晚期的孔子同席而飲，因此這裡所記的只能當作「寓言」去讀了。但如果因此把《莊子》中所寫的全歸於不實，也不盡符合事實。比如楚狂接輿與孔子相見事，在先秦文獻中除見於《莊子　人間世》外，在《論語　微子》也有記載：「楚狂接輿歌而過孔子」，可見，孔子弟

---

① 《史記　老子韓非列傳》。

子對此事是深信不疑的，所以才會把此事寫入《論語》之中去。我們認為，《莊子》一書中關於孔子在楚的行跡記載，或多或少會有一些歷史的真相在其中。

9. 孔子在楚體察民風民情

《韓詩外傳》採用「以事明詩」的方法來講授詩義，其中載錄的《阿谷處子》是一段與孔子游楚有關的軼事：孔子游楚至阿谷，見河邊浣衣處子，於是授意子貢三次挑逗浣衣女，先是乞水，後是請調琴，三是贈布匹，都遭到嚴詞拒絕。《韓詩外傳》引此事是為了闡明《詩經 漢廣》「漢有遊女，不可求思」的詩義，將漢水之女「不可求」歸因於「遊女」也受到了「禮」的教化。漢劉向在其《列女傳》中也引用了這個故事，並在篇末作「頌」以贊其事：「孔子出遊，阿谷之南，異其處子，欲觀其風，子貢三反，女辭辨深，子曰達情，知禮不淫。」劉向將孔子師徒三挑阿谷處子之事解釋為孔子「欲觀其風」，即到楚國考察楚地民俗風情，而考察的結果令孔子非常滿意，孔子從中看到了楚地女子知書達理、知禮不淫的素養。這種獨特的說《詩》方式，在宋代卻不被學者所接受。宋洪邁堅稱此事為漢儒的虛構。洪邁說：「觀此章，乃謂孔子見處女而教子貢以微詞三挑之，以是說《詩》，可乎？其謬戾甚矣，他亦無足言。」[①]關於孔子在出遊途中與民女發生的瓜葛，其實不止這一樁，茲再舉一例。東方朔《七諫 怨世》云：「路室女之方桑兮，孔子過之以自侍」，王逸注云：「言孔子出遊，過於客舍，其女方採桑，一心不視，喜其貞信，故以自侍。」

孔子出遊途中所發生的此一類軼事，我們今天既不必如漢儒一味去拔高，從聖人體察民風，從教化、禮俗、貞信的角度去作解讀，也不應如宋儒反應過度，斥之為「謬戾」。換一個角度去理解，相信

---

① 〔宋〕洪邁：《容齋隨筆》（卷二），京華出版社2003年版，第459頁。

第三章 儒學南漸與楚簡中的儒學思想

實有其事，會更符合人性。孔子雖然強調「禮」的重要性，但不片面否認人的欲望。孔子說過：「食、色，性也」，就是強調性是人的正常生理需要，是人性的重要組成部分。孔子與弟子一行在出遊困厄之時，對路遇的浣衣女、採桑女或藉故有意去接觸，或保持自侍去觀看，其實是一種對異性需求的本能反映，在並不違「禮」的情況下，讓本能的欲望得到一些釋放，也是一件再正常不過的事情了。

孔子南遊期間，還發生過「孔子祭魚」的軼事。《說苑·貴德》載，孔子之楚，有個漁者很誠懇地將一條魚送給了孔子。孔子準備祭祀這條魚，學生不理解。孔子說：「吾聞之，務施而不腐餘財者，聖人也，今受聖人之賜，可無祭乎」。意思是說，盡力施捨他人而不糟蹋多餘財物的人那就是聖人，這條魚是聖人所賜予，所以要祭祀它。此事也見於河北定縣八角廊40號漢墓出土的竹簡《儒家者言》殘簡：「□漁者曰天暑而得□〔之不□□〕」、「將祭之□〔乎孔子曰〕」。[①]將殘存字數不多的竹簡文字與《說苑·貴德》所記「獻魚者曰：『天暑遠市賣之不售』」、「弟子曰：『夫人將棄之，今吾子將祭之，何也』」相比對，不難發現二者所記為同一事。對於南方楚地來說，魚並非稀有之物，將一條可能因天熱賣不出去而將要腐爛的魚送給他人，也是極常見的一件事，但孔子卻因此事異常感動，主要是因為孔子從這件小事中看到了他所主張的「博施濟眾」的仁愛精神，因此，他希望通過「祭魚」這一反常舉動來對弟子進行教育，由此讓弟子們學習到他的「仁愛」精神。

二、孔子用楚受阻折射出來的政治與思想上的對立與衝突

孔子及其弟子以頑強的毅力將儒學帶到了楚國，但遭到的卻是思想上的對立、衝突與排斥。如果說，孔子在經歷陳蔡之厄時，遭受到的只是身體上的困厄的話，那麼孔子至楚後，遭受的則是思想上的困

---

① 李均明、何雙全編：〈秦漢魏晉出土文獻散見簡牘合輯〉，文物出版社1990年版，第45頁。

厄。這種思想上的困厄，有面對面的衝突，也有背後的較量。

1. 孔子用楚受阻，折射出來的是儒家思想與楚國政治現實的對立與衝突

孔子的政治理想遭受到來自楚國朝野的強大阻力，導致了孔子游楚「無功而返」。《史記　孔子世家》記：

昭王將以書社地七百里封孔子。楚令尹子西曰：「王之使使諸侯有如子貢者乎？」曰：「無有。」「王之輔相有如顏回者乎？」曰：「無有。」「王之將帥有如子路者乎？」曰：「無有。」「王之官尹有如宰予者乎？」曰：「無有。」「且楚之祖封於周，號為子男五十里。今孔丘述三五之法，明周召之業，王若用之，則楚安得世世堂堂方數千里乎？夫文王在豐，武王在鎬，百里之君卒王天下。今孔丘得據土壤，賢弟子為佐，非楚之福也。」

楚昭王「以書社地封孔子」之事，在「楚狂」接輿對孔子所唱的〈鳳兮歌〉中也有影射。〈鳳兮歌〉中有「殆乎殆乎，畫地而趨」兩句，清劉寶楠《論語正義》說：「畫地，即指封書社之事」，並引戴望《論語注》：「殆，疑也。昭王欲以書社之地封孔子，令尹子西沮之，故言今之從政者見疑也。」〈鳳兮歌〉被孔子弟子收入《論語　微子》，可見「以書社地封孔子」實有其事。

令尹子西勸阻楚昭王任用孔子一行人的主要理由有三點：

其一，子西認為，孔子「述三五之法，明周召之業」的政治主張對楚國不利。所謂「三五之法」是指「三皇五帝」的治國方法，而「明周召之業」則是指西周時期周公旦、召公奭輔佐周天子的事業。孔子的這兩個政治主張，後來被儒家弟子概括為「祖述堯舜，憲章文武 [1]」，

---

① 《禮記　中庸》。

以唐堯、虞舜指代「三皇五帝」，以周文王、周武王指代周朝大業。至漢代也以「唐虞三代之道」稱之，如《漢書 地理志》記：「孔子閔王道將廢，乃修六經，以述唐虞三代之道，弟子受業而通者七十有七人。」那麼，孔子的這兩點政治主張，如何對楚國構成威脅了呢？這要從兩個方面分開來談。

先來談孔子適楚「述三五之法」的問題。在儒家的政治理論中，其預設的理想的治國方法便是「堯舜之道」，或稱「唐虞之道」。「唐虞之道」的內涵主要有兩點：一是施行仁政，如《孟子 離婁上》所說：「堯舜之道，不以仁政，不能平治天下。」二是授賢任能，如《漢書 張湯傳》說：「夫親親、任賢，唐虞之道也。」孔子「述三五之法」，主要講的也是這兩點。孔子至葉，葉公「問政」，孔子以「近者說，遠者來」作答，就是要求葉公施行仁政。孔子還對楚國實施賢人政治懷抱巨大的期待。因為只有這樣，孔子一行才可能在楚國找到施展才能的政治舞臺。孔子至楚之前，使人入楚觀察令尹子西的執政表現，對於令尹子西「合二十五人之智，以治天下」的做法非常欣賞①。我們來看《論語 泰伯》有一段與此有關聯的記載。《論語 泰伯》記：「舜有臣五人，而天下治」，又引周武王言曰：「予有亂（訓『治』）臣十人」，孔子對此發表評論說：「才難，不其然乎？唐虞之際，於斯為盛。」意思是說：「人才難得啊，難道不是這樣的嗎？唐堯、虞舜之後，武王時代的人才最多。」子西有賢臣二十五人，與「五帝」之一的虞舜有賢臣五人相比，與「三王」之一的周武王有賢臣十人相比，子西所用的賢臣是成倍地增加了。可以想見，孔子在聽說令尹子西「合二十五人之智，以治天下」時，對令尹子西能接納他們是滿懷期待的。

在郭店楚簡中有一篇《唐虞之道》，內容為闡述尊賢禪讓的政

---

① 《孔子家語 六本》。

治理想，強調「愛親」與「尊賢」二者的統一。篇中說：「堯舜之行，愛親尊賢」，「愛親忘賢，仁而未義也」，「尊賢遺親，義而未仁也，愛親故孝，尊賢故禪」。廖名春認為該篇或為孔子佚篇，「簡文以『愛親』為『仁』，『尊賢』為義，即本於《中庸》『仁者人也，親親為大；義者宜也，尊賢為大』之說。《中庸》此說出於『子曰』，因此，它有出於孔子或孔子弟子的可能。從《論語·堯曰》章來看，孔子對堯舜禪讓有過論述。此篇簡文無『子曰』，當是孔子的佚文。①」郭店楚簡《唐虞之道》出自「東宮之師」墓中，當抄自楚國宮廷文獻。若如廖名春所言，《唐虞之道》果真為孔子所作的話，則該文可能是孔子至楚時，向楚國君臣「述三五之法」的內容之一。

　　楚國的現實並不如孔子想像的那樣樂觀。自春秋早期以來，楚國就是一個實行「世卿世祿」制度的諸侯國，到春秋末期戰國初期，楚國面臨的最為嚴重的兩大弊端便是「大臣太重，封君太眾」。正因為如此，戰國初期吳起在楚國主持變法時，首先推行的改革措施便是「為楚減爵祿之令②」，「使封君子孫三世而收爵祿③」，進而廢除貴族世卿世祿制，就是為了解決「封君太眾」的問題。「大臣太重，封君太眾」的政局，應該說在吳起改革前，更早在孔子至楚前，就已經是在楚國客觀存在著的事實了。在這樣的政治背景下，賢人能人是沒有政治出路的，授賢任能只能是一句空話。作為在楚國執政的令尹，子西對楚國的現實有著深刻的認識，當他聽說楚昭王以「書社地」封孔子的時候，便向楚昭王一連提出了四個性質相同的問題：在楚國有才能超過子貢的「使者」嗎？有才能超過顏回的「輔相」嗎？有才能超過子路的「將帥」嗎？有才能超過宰予的「官尹」嗎？當楚昭王的所有回答都是「無有」時，令尹子西便不再追問下去。因為楚昭王和

① 廖名春：〈郭店楚簡儒家著作考〉，載《孔子研究》1998年第3期。
② 《淮南子·泰族訓》。
③ 《韓非子·和氏》。

第三章　儒學南漸與楚簡中的儒學思想

子西都清楚地知道，如果任用孔子及其弟子等賢士能人，楚國朝政的封君大臣將全部面臨「下崗」，勢必遭到來自封君大臣的強烈反對，這樣就會引發楚國政局的嚴重動盪。由此可見，孔子用楚受阻，是其政治主張與楚國現實矛盾衝突的必然結果。

再來談「明周召之業」的問題。西周初期，周公旦和召公奭輔佐周天子維護西周一統天下的局面，取得了東征平叛、創建成周、制禮作樂等顯赫政績。周公是孔子最崇拜的偶像，只要做夢沒有夢到周公他都會以為自己要衰老了，他甚至說過「如有用我者，吾其為東周乎」的話，表示他要有機會主政，就會致力於恢復周朝的禮樂制度。而綜觀楚國的歷史，自周成王封熊繹「子男之田五十里」於楚，至楚武王熊通「僭號稱王」，其後楚國走上「飲馬黃河」、「問鼎中原」的爭霸之路，走的就是一條「不服周」的反叛之路，與孔子「吾從周」的思想是背道相馳的。孔子來到楚國，仍然不忘「明周召之業」，顯然是不合時務的。難怪令尹子西要反問楚昭王：如果恢復周禮，那麼楚國豈不要把世世代代打下的方圓數千里的江山歸還給他國嗎？由此可見，孔子「恢復周禮」的主張與春秋爭霸的現實是嚴重脫節的，在楚國也自然是沒有被接納的可能的。

其二，子西認為，孔子受封後有「王天下」之憂，對楚國不利。子西以周文王、周武王以「百里之君卒王天下」為例向楚昭王提出：孔子得「書社地」七百里，加之「賢弟子為佐」，其結果必是「非楚之福也」，話外之音是孔子也會效文武之道，起兵反楚，最終達到「王天下」的目的。初看子西之語，很覺得子西是「以小人之心度君子之腹」，然而只要翻檢一下孔門後學的言論，就會知道子西之語並非妄論。孟子就曾說，孔子和伯夷、伊尹一樣，是能「得百里之地而君之，皆能以朝諸侯、有天下」的人物[①]，可見，儒家是的確有「王

----

① 《孟子·公孫丑上》。

天下」之心的。早期儒家有兩個基本思想，一是「堯舜禪讓」，一是「湯武革命」。晚清宋恕論儒家宗旨時即說：「儒家宗旨有二：尊堯舜以明君之宜公舉也，稱湯武以明臣之可廢君也。」[1] 儒家的這兩個基本思想，在「上博楚簡」《容成氏》篇中表達得淋漓盡致。李零在整理此篇後總結說：該篇的七部分內容，「三代以上，皆授賢不授子，天下艾安；三代以下，啟攻益，湯伐桀，文、武圖商，則禪讓之道廢而革命之說起。前後適成對比。[2]」在「上博楚簡」《君子為禮》中，孔子的門生子貢更是直接地說「夫子治十室之邑亦樂，治萬室之邦亦樂」，十分明確地說孔子是樂於治理「萬室之邦」的。

由此看來，無論是孔門弟子，還是後世學者，都認為孔子是素有「王天下」之志的。正如易白沙所說的那樣：「證以事實，孔子固不得稱素王。若論孔子宏願，則不在素王，而在真王。」[3] 子西擔心孔子得楚國書社地七百里後，將會以此為根據地做出「王天下」的舉動，對楚國造成極大不利，他的這種擔憂不能說是沒有道理的。

2. 孔子的思想與楚國貴族的傳統思想多有不合之處，這也是孔子在楚不受待見的原因

孔子的核心思想之一是「仁」，何謂「仁」？孔子說：「仁者，愛人。」孔子所說的「愛人」分為「愛親」和「愛眾」兩個層次。所謂「愛親」是指以血緣關係為基礎的自然血親之愛。早在孔子以前就有了「愛親之謂仁」的說法，但並沒有特別強調「愛親」的重要性。孔子認識到，血親關係在人類的一切社會關係中是不可以被顛覆的，具有高度的穩定性，因此，他把血親關係看成是一切社會關係的根本，重視血親之愛在維持社會秩序和穩定中的作用。孔子說：「孝悌也者，其為仁之本與。」 孝是指盡心奉養和服從父母，悌是指敬事兄

① 胡珠生編：《宋恕集》，中華書局1993年版，第1037頁。
② 馬承源主編：《上海博物館藏戰國楚竹書（二）》，上海古籍出版社2002年版，第249頁。
③ 易白沙：〈孔子平議〉，載陳先初編《易白沙集》，湖南人民出版社2008年版，第95頁。

第三章 儒學南漸與楚簡中的儒學思想

長。孔子強調孝順父母、敬愛兄長是仁的根本[①]。

早期儒家在孔子的影響下，把血緣關係的重要性強調到無以復加的地步。郭店楚簡《魯穆公問子思》記子思言曰：「為父絕君，不為君絕父；為昆弟絕妻，不為妻絕昆弟；為宗族殺朋友，不為朋友殺宗族。」由此可見，當面臨著要在血親關係與其他一切社會關係，包括君臣、夫妻、朋友等社會關係中作出選擇的時候，儒家主張應以血親關係為重。孔子對血親關係的高度重視，與楚國社會歷史重法的傳統勢必產生衝突。

孔子至葉時，葉公子高與孔子有過「直躬之爭」。《論語 子路》載：

葉公語孔子曰：「吾黨有直躬者，其父攘羊而子證之。」孔子曰：「吾黨之直者異於是：父為子隱，子為父隱，直在其中矣。」

葉公子高告訴孔子說，楚國有個名躬的正直人（即「直躬」），他的父親偷了人家的羊，他就向官府告發了父親。對於這種以犧牲血緣親情來維護社會公正的做法，孔子是不贊成的。孔子認為，在這個案例中，父親應該為兒子隱瞞，兒子應該為父親隱瞞，有血親關係才有正直可言。

關於直躬的故事，在先秦文獻中，還有兩個版本，其一見於《呂氏春秋 當務篇》：

楚有直躬者，其父竊羊而謁之上。上執而將誅之，直躬者請代之。將誅矣，吏告曰：「父竊羊而謁之，不亦信乎。父誅而代之，不亦孝乎。信且孝而誅之，國將有不誅者乎。」荊王聞之，乃不誅也。

---

① 《論語 學而》。

另一版本見於《韓非子　五蠹篇》：

　　楚之有直躬，其父竊羊而謁之吏。令尹曰：「殺之。」以為直於
君，而曲於父，報而罪之。

　　前一版本中，直躬因舉報父親偷竊而得到「信」的美名，又因
代替父親受刑而得到「孝」的美名，最後因「信」、「孝」兩全，而
被楚王免去刑罰。這是一個具有喜劇性質的版本。後一版本中，直躬
因對君王忠誠，背棄了血親至愛的父親，結果遭到了誅殺。這是一個
具有悲劇性質的版本。同樣一個故事，結局完全不一樣。為了調和這
兩個版本的說法，清宋翔鳳在《過庭錄》中曾提出一種可能：「兩書
所記，一誅一不誅，異者。蓋其始，楚王不誅，而躬以直聞於楚，葉
公聞孔子語，故當其為令尹而誅之。」意思是說，兩個版本都是「正
版」，是一個故事的兩個「段落」。前一個版本中，直躬因「信」、
「孝」兩全，使父子都得以免刑。後來，葉公子高聽了孔子之言，受
其影響，還是要追究直躬背棄血親的責任，在他當了楚國令尹後，就
把直躬殺了。宋翔鳳雖然是把兩個版本的矛盾給調和了，但應該並非
事實的真相。《論語》記載葉公與孔子的對話，只是就一個個案討論
「法」與「情」的關係問題，並沒有關涉到追究直躬或其父親的刑責
問題。甚至於直躬是否真有其人，也難以考證。《呂氏春秋　當務
篇》與《韓非子　五蠹篇》所記載的這兩個版本是戰國時「附會」出
來的故事，或者說是後來「衍生」出來的故事。在《韓非子》這個版
本中，令尹殺直躬，強調的是孔子的血親至上的觀念；在《呂氏春
秋》這個版本中，故事更為曲折，結局也更為圓滿，在強調儒家的
「血親至上」觀念的同時，也強調了「信」、「孝」等儒家的基本命
題，已儼然是一篇短小精悍的闡釋儒家思想的「小說」了。

　　從《論語　子路》記載的葉公與孔子關於「直躬之爭」的簡短對

第三章　儒學南漸與楚簡中的儒學思想

話中，我們能看到葉公與孔子在「法」與「情」的關係問題上是存在著分歧的。葉公讚賞直躬的「直」，表明他在法與情的關係問題上是主張法大於情、法不容情的。葉公對待「法」與「情」關係的態度，與楚國「尊法」傳統有關。自春秋以來，楚國君臣歷來在處理法與情的關係上，都是尊法棄情的。楚文王伐鄧時，兩位王子因強奪民物，被文王治罪。楚文王說：「愛子棄法，非所以保國也。」[①]將「愛子棄法」與國家興亡聯繫在一起。楚莊王時，太子觸犯「茅門之法」，莊王支持廷理「斬其輈，戮其御」，並說：「法者，所以敬宗廟，尊社稷[②]」，他認為，法律的本質就是維護國家的政權。楚令尹子文的族人犯法後，也同樣依法嚴懲，百姓因此作歌稱讚子文執法「方正公平[③]」。虞丘子曾舉薦孫叔敖為令尹，但當虞丘子的家人犯法後，孫叔敖照樣依法嚴懲。虞丘子因此稱讚孫叔敖「奉國法而不党，施刑祿而不骫，可謂公平[④]」。公平執法作為法制的基本精神，已深入楚國君臣心中。而孔子由於信奉「血親至上」的仁愛思想，提出「父為子隱，子為父隱」，顯然是強調「情」大於「法」，這與楚國「尊法」傳統是相背離的。由此可見，孔子的「血親至上」思想與楚國重視法制的思想存在著對立和衝突，這也應是孔子在楚國不受待見的原因。

3. 孔子與楚國道家在思想觀念和價值取向上存在分歧，這使得他得不到士人階層的支援

孔子與道家隱士的對話，反映出儒、道兩家不同的價值取向，雖然這一點對孔子用楚受阻並無直接影響，但這卻使孔子在楚國遭受到了「思想上的困厄」。

---

① 《說苑·至公》。
② 《韓非子·外儲說右上》。
③ 《說苑·至公》。
④ 《說苑·至公》。

楚國是道家思想的發源地，故而「楚地多隱君子[1]」。孔子及其弟子一行至楚時，曾經與道家隱士有過多次直接或間接的接觸，其間既有正面的思想交鋒，也有背後的思想抵觸。孔子與楚地道家的相遇，充滿著種種玄機。據《論語·微子》記載，在與孔子及其弟子接觸的道家隱者中，有長沮、桀溺、荷蓧丈人、接輿等人。道家講究「道隱無名」，所以這些怪異的名字並非他們的真實姓名，而只是一個「代號」。道家隱士對天下無道的現實社會強烈不滿，選擇了隱居山野，以躬耕為業，以求獨善其身，當面對儒家的南下時，表現出來的態度多是譏諷與不屑，讓孔門弟子們感受到陣陣涼意。倒是孔子對道家隱者保持了足夠的理解和尊重。孔子說：「賢者辟世，其次辟地，其次辟色，其次辟言[2]」，這或許表明孔子思想中也有出世的一面。

關於儒家與道家的思想分歧，王國維曾說：「此二派者，其主義常相反對，而不能相調和。觀孔子與接輿、長沮、桀溺、荷蓧丈人之關係，可知之矣。」[3]道家與儒家的一個重要區別，是在價值觀上兩者有著不同的取向。道家重視個體生命價值，而儒家則更重社會道義與責任。這一點，在孔子及其弟子與道家隱者的交鋒中表現得非常明顯。孔子面對動盪的社會現實，雖屢經挫折，仍不改用世之志。以長沮、桀溺等為代表的道家隱士，則譏諷相勸，試圖讓儒家遁世幽隱。

道家重視個體生命的價值，強調人生的重要目的就是要避害全身。避害全身是接輿勸阻孔子所唱〈鳳兮歌〉的核心。〈鳳兮歌〉有兩個版本，一載於《論語》，一載於《莊子·人間世》。《論語》版〈鳳兮歌〉較為簡略，以「已而已而！今之從政者殆而」作為結束，告誡孔子從政是很危險的事，勸其放棄從政的想法。《莊子》版的

① 姜亮夫：《姜亮夫全集（六）》，雲南人民出版社2002年版，第506頁。
② 《論語·憲問》。
③ 王國維：〈屈子文學之精神〉，洪治綱主編：《王國維經典文存》，上海大學出版社2003年版，第154頁。

〈鳳兮歌〉字數較多，歌中唱道：「方今之時，僅免刑焉。福輕乎羽，莫之知載；禍重乎地，莫之知避。」接輿在歌中對孔子說：當今世界幸福輕於羽毛，禍患重於大地，因此最要緊的是採取辦法避免遭受刑戮之災。

儒家重視社會道義與責任，試圖以一己之力改變社會動盪的局面，救民於水火。當子路告訴孔子，桀溺勸他不要做「辟人之人」，要做「辟世之人」時，孔子說：「鳥獸不可與同群，吾非斯人之徒與而誰與？天下有道，丘不與易也。」[1]孔子認為，人不可能與鳥獸生活在一起，只能與世人生活在一起，正因為天下不太平，所以他要積極參與社會的變革，彰顯出孔子強烈的社會責任感和使命感。

儒家和道家的價值取向不同，他們選擇的行動方式也是完全不一樣的。道家選擇的是隱逸遁世之路，儒家選擇的則是積極入世之道。

在短暫的接觸中，道家隱者和孔門弟子都試圖規勸對方接受自己的價值取向。桀溺對子路說：「滔滔者天下皆是也，而誰以易之？且而與其從辟人之士也，豈若從辟世之士哉？」[2]桀溺悲觀的認為，現實的亂局如滔滔洪水到處氾濫，是誰也沒有辦法改變的，他規勸子路只有避世隱居才是唯一的出路。而子路從荷蓧丈人讓自己的兒子出來與他見面，沒有忘記「長幼之節」這件事上看到了說服荷蓧丈人入世的希望，給不願意見自己的荷蓧丈人留下話說：「不仕無義。長幼之節，不可廢也；君臣之義，如之何其廢之？欲潔其身，而亂大倫。君子之仕也，行其義也。道之不行，已知之矣。」[3]子路試圖規勸荷蓧丈人放棄隱居的想法，積極入仕，盡「君臣之義」。在楚國山野中，儒、道兩家都在規勸對方放棄自己的選擇，希望對方選擇與自己相同的道路前行。然而，儒、道兩家不同的價值取向已經決定了他們所要

---

① 《論語　微子》。
② 《論語　微子》。
③ 《論語　微子》。

走的路並非同一方向。

孔子適楚對於儒家思想的傳播和南北思想文化的交流產生了重要的影響，是中國思想史上的一件大事。孔子適楚，將儒家思想直接帶到了淮河流域的陳楚地區，為儒學進一步南播到荊楚文化的核心地域創造了條件，儒家思想後來通過荊楚地區進一步傳播到嶺南地區。孔子適楚為「儒分為八」後儒家弟子進入荊楚地區傳播儒學打下了良好的基礎。由此可以說，孔子適楚在儒學傳播史上是具有里程碑意義的重要事件。

孔子適楚使得儒家思想與道家思想第一次產生了碰撞，這種思想的碰撞使儒、道兩家思想所存在的本質的差異性在對比中得到彰顯的同時，也增進了儒、道兩家的相互瞭解，並有了相互融通的可能。子路曾向孔子請教何謂「強」，孔子提出了適合君子的「南方之強」和適合強者的「北方之強」。南方之強「寬柔以教，不報無道」，這就是南方道家「以柔克剛」的「強」，北方之強「衽金革，死而不厭」，這就是北方勇士「重義輕生」的「強」，而孔子最後希望子路做「和而不流」、「中立而不倚」的強人，則是糅合了南北之強的「強」①。由此可見，從孔子那裡，儒、道思想即已開始從對立走向融通。孔子適楚，將儒家的思想、著述及人才帶到楚國，與北方南下的墨家、楚國本土的道家及其他諸子學派一道共同創造了楚國思想與學術的繁榮局面，使得楚國成為南方重要的思想與學術中心。

第二節　「儒分為八」後儒學的第二次南漸

春秋晚期，孔子入陳、適楚，其最終目的在於仕楚，實現自己

---

① 《中庸　子路問強》。

的政治理想。但由於楚國朝野的阻力太大，以及楚昭王的去世，孔子最終只得無功而返。孔子適楚雖然仕途不順，但對於儒學的傳播卻具有重要的影響。孔子及其弟子一行足跡所至，處處播撒儒家思想的種子，客觀上將儒學從鄒魯帶到了陳蔡地區及楚國北境，形成了儒學第一次大規模的南漸之勢。孔子於西元前489年離楚返衛，4年後回到魯國，終不得用，於西元前479年逝世於魯國。孔子逝世後，儒家學派失去了「主心骨」，出現了離散或分化的趨勢。據《史記・孔子世家》記載，孔子卒後「弟子皆服三年，三年心喪畢，相訣而去」。孔子弟子「散游諸侯」，設帳講學者有之，入仕從政者有之，經商致富者有之，各奔前程。孔門弟子雖然散游各國，但始終不忘以弘揚儒學為己任，致力於儒學的發揚光大，至戰國中期，終使儒學成為「顯學」。

七十子「散游諸侯」後，儒家學派出現了明顯的分化，形成了「儒分為八」的局面。《韓非子・顯學》說：「自孔子之死也，有子張之儒，有子思之儒，有顏氏之儒，有孟氏之儒，有漆雕氏之儒，有仲良氏之儒，有孫氏之儒，有樂正氏之儒。」孔子之學分化後出現的「儒家八派」中，子張之儒、子思之儒、孟氏之儒紛紛南下楚國，形成了儒學第二次大規模南漸之勢。如果說，孔子適楚時儒學第一次南漸，其影響還只止於淮河中游陳楚地區和楚國北境的話，那麼儒學第二次南漸，成功深入到荊楚腹地，將其影響推進到了江漢地區。

一、「子張氏之儒」在楚國的傳播

孔子「居陳三歲」，設帳授徒，收授了多位陳國籍弟子，如子張、公良儒、巫馬期、陳亢等人均為陳籍。在諸多陳籍弟子中，子張是最有影響的一個。他在孔子卒後，收授弟子，傳播儒家學說，開創了「子張氏之儒」這一儒家分支學派，為儒學的發展作出了突出的貢獻。在「儒家八派」中，「子張氏之儒」列居首位，可見其影響之大。

子張應是孔子居陳、適楚時期所收弟子。據《史記・仲尼弟子列傳》記，早在孔子適楚，困於陳蔡時，子張即已追隨孔子，自此一直

不離孔子左右，並隨孔子到魯國。孔子卒後三年，子張離開魯國，回到陳地設帳講學，傳授儒學。

據《史記　儒林列傳》載，孔子卒後，七十子之徒散游諸侯，「子張居陳」。「子張居陳」的時間，應在孔子卒，眾弟子「三年心喪畢」之後。孔子卒於西元前479年，子張居陳則應在前476年之後。就在子張在魯為孔子服喪期間，陳國發生了重大歷史變故，即陳國被楚所滅，置為陳縣。西元前478年，陳靈公結好吳國，侵伐楚國，楚公孫朝率師滅陳，此後陳國成為楚國的陳縣，不再復國。由此看來，子張所居之「陳」，已非陳國，而是楚國陳縣。子張「居陳」，實即「居楚」。

子張在楚國陳縣授徒講學，創立了儒家學派的一個重要分支——「子張氏之儒」。在郭店楚簡《忠信之道》和「上博楚簡」《從政》等篇中，可以找到與《論語》有關的一些內容，而《論語》中這些與楚簡相關的內容，又都明確指向子張，這種現象一方面說明楚簡《忠信之道》、《從政》等篇可能是「子張氏之儒」的著述，同時也說明「子張氏之儒」的影響並不僅限於陳楚地區，而是傳播到了楚郢都地區，甚至進入楚國宮廷，成為楚國「官學」的一部分。

晚年在楚國任蘭陵令和從事著述的荀子對在楚國傳播甚廣的「子張氏之儒」曾有過評價，稱之為「賤儒」。荀子在《非十二子》中說：「弟佗其冠，神禫其辭，禹行而舜趨，是子張氏之賤儒也。」荀子對子張氏之儒的不滿，主要是對他們的行為方式有看法，大致是說他們帽子都沒有戴正，精神頹唐不振，所說的話淡薄無味，仿效禹、舜的樣子亦步亦趨行走。對於荀子的這段話，郭沫若曾評論道：「荀子罵人每每不揭出別人的宗旨，而只是在枝節上作人身攻擊，這是一例。」[1]由此看來，對荀子所說的「賤儒」實有重新審視的必要。

---

① 　郭沫若：《中國古代社會研究》，河北教育出版社2004年版，第573頁。

綜合傳世文獻和出土文獻的有關記載，「子張氏之儒」的基本特徵應是：以儒家為本，相容道家，啟迪墨家。

孟子曾說，子張與子夏、子遊等人是「皆有聖人之一體」的人，意即這些人都是繼承了一部分孔聖人思想的人。具體來說，子張到底繼承了孔子的哪一部分思想呢？孟子沒有說。孔子主「忠信」的思想，應該是「聖人之一體」，而這一思想在「子張氏之儒」那裡得到了很好的繼承。

在《論語》中，孔子答子張問時，多涉及「忠信」問題。如《論語　顏淵》記子張問「崇德辨惑」，孔子說：「主忠信，徙義，崇德也」，同章記子張問政，孔子又說：「居之無倦，行之以忠。」還有如《論語　衛靈公》記子張問仁，孔子說：「能行五者於天下者，為仁矣」，「五者」即「恭、寬、信、敏、惠」。《論語　公冶長》記子張問楚令尹子文為政，孔子答曰：「忠矣」。由此可見，孔子的政治思想中，「忠信」思想是其核心內容。

子張對孔子的「忠信」思想保持著高度的認同度，對孔子談論忠信的言論都會認真地記錄。《論語　衛靈公》載：「子張問行。子曰：『言忠信，行篤敬，雖蠻貊之邦行矣。言不忠信，行不篤敬，雖州里，行乎哉？立則見其參於前也，在輿則見其倚於衡也，夫然後行。』子張書諸紳。」孔子對子張說了一大段有關「忠信」的話，子張把孔子的話記錄在衣帶上，時時學習，這可以作為子張堅定傳承孔子「忠信」思想的一個力證。另據《論語　子張》記：「子張曰：『執德不弘，通道不篤，焉能為有？焉能為亡？』」子張所說的「德」即忠信之德，他所說的「通道」即忠信之道。子張認為，秉持忠信之德而不加以踐行和弘揚，信奉忠信之道而不能做到堅定不移，就不能說是秉持了忠信之德、信奉了忠信之道。由此可見，子張認為，對於「忠信」要做到持之以恆地堅守並切實地加以踐行。

郭店楚簡有一篇關於「忠信」問題的專論，整理者題名為《忠信

之道〉。廖名春在〈郭店楚簡儒家著作考〉一文中指出，該文是「子張本於孔子說而成的論文①」，其後引起廣泛關注和討論。《論語》所記孔子與子張談「忠信」的話見於《忠信之道》，如上引《論語 衛靈公》記孔子答子張問行：「言忠信，行篤敬，雖蠻貊之邦行矣」，也就是子張記在衣帶上的話，略作改動後出現在了《忠信之道》簡文中：「是故古之所以行乎蠻貊者，如此也。」這應該不能視為一種偶然性或巧合，從孔子答子張、到子張書諸紳、再到《忠信之道》，這中間一定有著某種必然性的聯繫。《大戴禮記 子張問入官》記孔子答子張為官之道云：「故非忠信，則無可以取親於百姓矣；外內不相應，則無可以取信者矣。」相關的語句也出現在《忠信之道》簡文中：「忠積則可親也，信積則可信也」，只是簡文所記比孔子原話要精練得多，明顯有修整的痕跡。另外，孔子及其弟子對子張的評價與《忠信之道》文辭相通。據《大戴禮記》記，子貢在回應衛將軍文子時，曾評論孔門高足說：「業功不伐，貴位不善，不侮可侮，不佚可佚，不敖無告，是顓孫之行也。孔子言之曰：其不伐則猶可能也，其不弊百姓者則仁也。《詩》云：『愷悌君子，民之父母。』夫子以其仁為大也。」子貢評子張（引文中的「顓孫」即子張）的話，在《忠信之道》中也有對應之處，如「業功不伐」與簡文「化物而不伐」，「不侮可侮」、「不敖無告」與簡文「不偽不害」、「不誑生，不背死」，有著相同的精神。由此看來，將郭店楚簡《忠信之道》視作「子張氏之儒」的作品，還是有較為充分的證據的。

　　子張對政治極為關心，《論語》中多次記載子張向孔子「問從政」、「學干祿」的言論。「上博楚簡」《從政》篇中以「聞之曰」為起語，記錄一些與「從政」有關的警語，內容涉及從政的道德及行為標準，與《論語 堯曰》記「子張問從政」時孔子的答語內容有著

① 廖名春：〈郭店楚簡著作考〉，載《孔子研究》1998年第3期。

密切關聯。「上博楚簡」《從政》篇云：

　　聞之曰：從政所務三：敬、謹、信。信則得眾，謹則遠戾，遠戾所以……毋□（暴），毋□（虐），毋賊，毋貪。不攸（修）不武，謂之必成，則暴；不教而殺，則虐；命亡時，事必有期，則賊；為利枉事，則貪。

　　周鳳五在〈讀上博楚竹書《從政》甲篇劄記〉一文已指出：「毋虐與毋暴、毋賊、毋貪等『四毋』見《論語　堯曰》。[①]」《論語　堯曰》云：

　　子張問於孔子曰：「何如斯可以從政矣？」子曰：「尊五美，屏四惡，斯可以從政矣。」……子張曰：「何謂四惡？」子曰：「不教而殺謂之虐；不戒視成謂之暴；慢令致期謂之賊；猶之與人也，出納之吝，謂之有司。」

　　楚簡《從政》將「虐」、「暴」、「賊」、「貪」四種表現視為從政之大忌，與《論語　堯曰》所謂「四惡」前三者相合，唯楚簡「貪」不見於《論語　堯曰》「四惡」，而代之以「有司」。「猶之與人也，出納之吝，謂之有司」一句，與上文文例不合，且文義費解。今疑《論語　堯曰》之「有司」，原為「貪」字訛誤。「貪」字因誤讀為豎排「又司」二字，因「又」通「有」又將「又司」轉寫為「有司」，遂致誤。另，「出納之吝」之「吝」，本有「貪」義，《後漢書　黃憲傳》李賢注謂：「吝，貪也。」由此，應據楚簡《從

---

① 周鳳五：〈讀上博楚竹書《從政》甲篇劄記〉，朱淵清、廖名春主編：《上博館藏戰國楚竹書研究續編》，上海書店出版社2004年版，第187頁。

政》，將「有司」改為「貪」。則《論語 堯曰》：「猶之與人也，出納之吝，謂之貪」，意謂從政者施捨他人時猶豫不決，進出財物有貪吝之心，這就是貪。

楚簡《從政》中所記「從政用五德」一段話與《論語 陽貨》所記孔子答子張「問仁」時所說的話也有著密切的關聯。楚簡《從政》記：

聞之曰：從政□（用）五德，固三折（慎），除十怨。五德：一曰愯（寬），二曰共（恭），三曰惠，四曰仁，五曰敬。君子不愯（寬），則無以頌（容）百姓；不共（恭），則無以除辱；不惠，則無以聚民；不仁，則無以行政；不敬，則事無城（成）。

楚簡《從政》所謂「五德」即寬、恭、惠、仁、敬，也即《論語 陽貨》中的「五者」，即恭、寬、信、敏、惠。《論語 陽貨》曰：

子張問仁於孔子。孔子曰：「能行五者於天下，為仁矣。」請問之。曰：「恭、寬、信、敏、惠。恭則不侮，寬則得眾，信則人任焉，敏則有功，惠則足以使人。」

《從政》「五德」與《陽貨》「五者」，只有一字之差。《從政》「五德」之一的「敬」不見於《陽貨》，而代之以「敏」。對比《從政》所說的「不敬，則事無城（成）」，與《陽貨》所說有「敏則有功」，兩者的意思都關乎「事功」。而考察「敏」與「敬」二字都有勤勉、不懈怠之意。《論語 述而》：「好古，敏以求之者也。」劉寶楠《正義》注：「敏，勉也。」《左傳 閔公元年》孔穎達疏引《諡法》：「夙夜勤事曰敬」，由此可見，楚簡《從政》言「敬」和《論語 陽貨》言「敏」，其所表達的意思是

完全一樣的。

　　以上引證了兩處楚簡《從政》與《論語》內容相關聯的文字，在《論語》中都明確指向孔子及其弟子子張，這說明楚簡《從政》是「子張氏之儒」所傳的孔子語錄。《從政》篇中沒有用「子曰」，而用「聞之曰」，是為了說明文中所記的內容並非直接受教於孔子，而是由子張、子張後學代代傳授而來，而在傳授的過程中，其中的文句也加入了新的闡釋，有了新的內涵，故而稱「聞之曰」。「聞之曰」三字同時還表明，《從政》中的思想內容在繼承孔子思想的同時，也有了新的發展。

　　「子張氏之儒」在繼承孔子思想的同時，也明顯受到來自道家思想的影響。陳楚地區是道家思想的重要發源地，子張為陳人，早年在陳追隨孔子，在孔子卒後又回到陳地傳播儒學，也會受到這一地區道家思想的影響。子張為陳人，而老子亦為陳人，二人里籍相同。二人不僅為「同鄉」，而且也曾相見。孔子居陳時，曾會見老子；而老、孔相會時，子張也在場。在山東嘉祥縣武氏祠文物館收藏的東漢畫像石上，有孔子見老子圖，圖中跟隨孔子的眾弟子中，標注有姓名的有子張、子路、子貢等人。由此可見，子張確曾與老子有過接觸，其思想受道家思想的影響也是很自然的事了。《大戴禮記　衛將軍文子第六十》中記子貢評價子張「業功不伐，貴位不善」，這與《老子》「不自伐」、「不自矜」的思想是一致的。郭店楚簡《忠信之道》明顯有道家思想的影子。陳鼓應從《老子》與《忠信之道》的比較中，亦發現二者的相同之處：「《忠信之道》在言及忠、信內涵時亦言：『至忠如土，化物而不伐；至信如時，畢至而不結。』以天地化貸萬物而不居功言『忠』，以四時謙虛而信實的特性來意指『信』，這恰是老子法自然的倫理觀。另外，『大忠不說，大信不期』在句式及意義上皆近於老子『大方無隅』、『大象無形』（第四十一章）之說，而『忠人』『信人』等

語亦見於道家作品《文子　微明》。」①

　　子張在繼承儒家思想的同時，對儒家思想也有所偏離和發展。孔子評價子張其人用了兩個字：一是「過」，一是「辟」。子貢問孔子子張和子夏「孰賢」，孔子說：「師（即子張）也過，商（即子夏）也不及。」②此外，孔子還說過「師也辟」之類的話。③「過」意即「過激」；「辟」意即「偏激」，楊伯峻注引黃式三《論語後案》：「辟讀若《左傳》『闕西辟』之辟，偏也。以其志過高而流於一偏也。」④從孔子對子張的評價可以看出，子張對孔子的思想並不是全盤接收，而是對孔子思想進行了發展。如針對孔子的「仁愛」思想，子張明確提出「君子尊賢而容眾，嘉善而矜不能」，提倡君子既要尊敬賢人，也要容納一般的人；鼓勵賢能的人，也要同情沒有能力的人。他的這一思想雖然是繼承孔子的「仁愛」思想而來，但卻對「仁愛」思想有所發展。孔子說：「仁者人也，親親為大。義者宜也，尊賢為大。親親之殺，尊賢之等，禮所生也。⑤」孔子強調愛人有親疏之分，尊賢有等級之別，而子張所說的「尊賢而容眾，嘉善而矜不能」則沒有等級、親疏的差異。由此看來，子張提出「尊賢而容眾」與儒家「泛愛眾，而親仁」存在不一致，但卻暗合了墨家提出的「兼愛」思想。郭沫若說：「子張看來和墨翟是接近的。墨翟應該比子張遲，他在初本來是學過儒術的人，照時代上看來，倒應該說墨翟受了子張的影響。」⑥從這個意義上來說，是子張「尊賢而容眾」的思想啟迪了墨家「兼愛」的思想。

---

① 陳鼓應：《老莊新論（修訂版）》，商務印書館2008年版，第96頁。
② 《論語　先進》。
③ 《論語　先進》。
④ 楊伯峻譯注：《論語譯注》，中華書局2006年版，第131頁。
⑤ 《孔子家語　哀公問政》。
⑥ 郭沫若：《十批判書》，東方出版社1996年版，第119頁。

二、戰國楚簡中的「子思之儒」

在「儒分為八」後儒家思想第二次大規模南漸的浪潮中，被帶到楚國的還有儒家的重要學派「子思之儒」。子思，名孔伋，字子思，孔子嫡孫。因數思之父伯魚「先孔子死①」，子思有可能直接受教於其祖父孔子，是孔子思想的直接繼承者。子思在青壯年時期周遊列國，主要遊歷於宋、衛、齊、費等國，晚年返回魯國從事著述與講學，創立「子思氏之儒」這一儒學流派。

子思周遊列國時，雖然不曾到達楚國，但在楚國貴族墓葬出土的竹簡中，卻有多篇著作直接指向其人其學，這表明「子思之儒」不僅南漸到了楚國，而且對楚國上層社會產生了一定的影響。在郭店楚簡中，至少有三篇與子思或「子思之儒」學派有著密切關聯，這三篇著述是《魯穆公問子思》、《緇衣》和《五行》。《魯穆公問子思》篇中記載了魯穆公與大臣子思和成孫弋的對話，所討論的內容與忠臣之道有關，其全文如下：

魯穆公問於子思曰：「何如而可謂忠臣？」子思曰：「恆稱其君之惡者，可謂忠臣矣」。公不悅，揖而退之。成孫弋見，公曰：「向者吾問忠臣於子思，子思曰：『恆稱其君之惡者，可謂忠臣矣』。寡人惑焉，而未之得也。」成孫弋曰：「噫，善哉，言乎！夫為其君之故殺其身者，嘗有之矣。恆稱其君之惡者，未之有也。夫為其君之故殺其身者，效祿爵者也。恆稱其君之惡者，遠祿爵者也。為義而遠祿爵，非子思，吾惡聞之矣。」

在《魯穆公問子思》篇中，子思為「忠臣」給出了一個定義：「恆稱其君之惡者，可謂忠臣矣」。大臣成孫弋高度讚揚子思的忠臣

① 《史記　孔子世家》。

觀，認為敢於稱君之惡者是「為義而遠祿爵」。《孟子　告子下》記：「魯穆公之時，公儀子為政，子柳、子思為臣。」子思為魯穆公之臣的說法，還可從《孟子》、《禮記》、《孔叢子》等書中多次出現魯穆公向子思問禮、問政的記載得以證實。《魯穆公問子思》篇出現子思之名，表明該篇非子思所作，應是子思後學或魯國史官所作。篇中又出現了「魯穆公」的諡號，說明該篇成書於魯穆公去世後，即西元前376年之後。出土該篇簡文的郭店一號楚墓，據考「具體年代應在西元前300年稍後不久 ①」。由此可見，《魯穆公問子思》成文於前376年至前300年，並在此期間傳入楚國。

在戰國楚簡中，與「子思之儒」有關的文獻還有《緇衣》。《緇衣》原有傳世本見於《禮記》，後又在郭店楚簡和「上博楚簡」中分別發現竹簡本。據「上博楚簡」整理者稱，將「上博楚簡」《緇衣》與郭店楚簡《緇衣》進行逐章逐字對校發現，這兩個版本的《緇衣》「在簡文內容，包括章序，所引《詩》、《書》基本相同」，而傳世本《緇衣》中的第一、第十六、第十八等三章內容不見於竹簡本，這些多出的文字是「由漢人杜撰或按別本移入的，漢儒已作過較多的修改和補充，已經不是戰國時代《緇衣》的原貌 ②」。竹簡本《緇衣》中有「民以君為心，君以民為體」一句，《文選》李善注引《子思子》作：「民以君為心，君以民為體。心正則體修，心肅則身敬也。」李善所引《子思子》在竹簡本的基礎上增加了「心正則體修，心肅則身敬也」一句，而增加的文字在傳世本《緇衣》中則作「心莊則體舒，心肅則容敬」。這種現象說明，竹簡本《緇衣》是較為原始的版本，而李善所引及傳世本《緇衣》都是經過後儒增飾和修改的版本。

關於《緇衣》的作者，一說是公孫尼子，一說是子思。「公孫

---

① 徐少華：〈郭店一號楚墓年代析論〉，載《江漢考古》2005年第1期。
② 馬承源主編：《上海博物館藏戰國楚竹書（一）》，上海古籍出版社2001年版，第173頁。

第三章　儒學南漸與楚簡中的儒學思想

尼子」說最早見於陸德明《經典釋文》，該書引南齊劉讞云：「公孫尼子所作也」。因找不到相關證據，此說並不受學界重視。《緇衣》作者為子思一說最早見於《隋書》。《隋書 音樂志上》引南朝沈約說：「《中庸》、《表記》、《坊記》、《緇衣》，皆取《子思子》。」《子思子》一書從漢到唐宋時期的國家目錄和私家目錄中都有著錄。《漢書 藝文志》著錄「《子思》二十三篇」，《隋書 經籍志》、新舊《唐書》著錄有《子思子》，北宋晁公武所著私家目錄《郡齋讀書志》也著錄有該書。這說明《子思子》一書在宋以後才亡佚。南朝沈約在世時，《子思子》仍存世，他是可以親見《子思子》其書的，因而其所言《緇衣》取自《子思子》之說當為可信。

值得注意的是，沈約說《緇衣》「取自《子思子》」，這並不是說《緇衣》的作者就是子思。《子思子》可能是子思自著，也可能是子思的弟子所著，我們只能由此得出初步結論：《緇衣》是子思或其弟子所作，是「子思之儒」的著作。

與《緇衣》同出於郭店楚墓的《五行》，學界也普遍認為是「子思之儒」的著作。《五行》是一篇儒家佚作，在20世紀70年代初湖南長沙馬王堆3號漢墓出土過帛書本。帛書本《五行》有「經」、「說」兩部分，而竹簡本《五行》則只有「經」而無「說」。這種狀況說明竹簡本《五行》是較為原始的版本。《五行》篇和「子思之儒」的關係，古代文獻並沒有直接的文字記載。但學者們普遍認為，《五行》和《荀子 非十二子》中評子思與孟子的一段話有關。《荀子 非十二子》說：「略法先王而不知其統，猶然而材劇志大，聞見雜博。案往舊造說，謂之『五行』……子思唱之，孟軻和之。」荀子認為，「五行」之說首倡於子思，後有孟子繼承其說；郭店楚簡《五行》開篇有「五行」二字為篇題，這與荀子所說的「五行」正好相合。由此，學者們認為，《五行》應是子思之學或孟子之學的佚作。魏啟鵬則從《五行》在儒家思想發展史上所占有的承前啟後的位置，得出了

其為「戰國前期子思氏之儒的作品」的結論①，這一看法得到了多數學者的支持。

《魯穆公問子思》、《緇衣》和《五行》三篇是學界較為公認的應歸屬於「子思之儒」的著作，而實際上可能不止這三篇。李學勤認為，郭店楚簡中的《成之聞之》、《性自命出》、《尊德義》也可能與《子思子》之間存在著關係②。姜廣輝從子思的思想性格、學術主旨出發，以已確認的子思著作作為參照，推斷郭店楚簡中的多數著作屬於《子思子》，甚至認為《唐虞之道》、《緇衣》、《五行》、《性自命出》、《窮達以時》、《成之聞之》（前半部分）《魯穆公問子思》、《六德》諸篇皆為子思所作③。因為這些著作是否屬於「子思之儒」的證據並沒有《魯穆公問子思》等三篇的證據那麼直接和充分，我們在此暫且不予討論。「子思之儒」的多篇著作出現在戰國楚簡中，已能說明該學派南漸到楚國是確鑿無疑的事實。

「子思之儒」的著作是通過何種途徑傳播到楚國的？這也是不少學者關注的問題。我們知道，子思一生雖然遊歷多個諸侯國講學，但其活動範圍在齊、魯、宋、衛等國，並不曾至楚，這就排除了子思本人將其著作帶到楚國的可能。「子思之儒」的著作傳播到楚國，倒是有另外兩種可能的途徑，其一是由「北學於中國」的楚人陳良帶到楚國，其二是「七十子弟子」世碩帶到楚國。

我們先來看陳良將「子思之儒」帶到楚國的可能性。學術界通常把「儒學八派」中的「子思之儒」和「孟氏之儒」合稱為「思孟學派」，由荀子所說的「子思唱之，孟軻和之」即可見二者之間在思想與學術上確實存在著極深的關聯，依此而論，「子思之儒」的著作可

① 魏啟鵬：〈簡帛文獻《五行》箋證〉，中華書局2005年版，第143頁。
② 李學勤：〈先秦儒家著作的重大發現〉，載《中國哲學》第20輯，遼寧教育出版社1999年版，第13—17頁。
③ 姜廣輝：〈郭店楚簡與《子思子》〉，載《哲學研究》1998年第7期。

第三章 儒學南漸與楚簡中的儒學思想

能在戰國中期被「孟氏之儒」所繼承。這樣的話，與孟子同時的楚人陳良北上學習儒學時就有可能接觸到「子思之儒」的著作。《孟子‧滕文公上》記：「陳良，楚產也，悅周公、仲尼之道，北學於中國。北方之學者，未聞或之先也。彼所謂豪傑之士也。」孟子是一個對楚人帶有地域偏見和歧視態度的人，他曾譏諷楚人許行為「南蠻鴃舌之人」即為明證。而對北上學習儒學的楚人陳良，孟子的態度完全相反，他對陳良給予了高度評價，稱其為「豪傑之士」。從孟子對陳良的態度，我們推測陳良「北學於中國」可能學的就是思孟之學。如果這樣的話，陳良在北方求學時，是有可能接觸到「子思之儒」著作的。陳良學成後回到楚國傳授儒學，就有機會將「子思之儒」的著作帶到楚國。

除陳良外，世碩也是有可能將「子思之儒」帶到楚國的人之一。《漢書‧藝文志》著錄有《世子》一書，班固自注云：「名碩，陳人也，七十子之弟子。」「世子」即世碩，為「七十子弟子」，當與子思同時或稍後。世子在世時，陳國已被楚滅國置縣，班固稱世子為「陳人」，並非說他是陳國人，而是說他是楚國陳縣人。

當今學者多把世子與思孟學派聯繫起來，認為世子是屬於思孟學派的學者，理由有二：其一，在帛書《五行》中兩次出現了「世子」的名字。帛書《五行》在「說」部分，兩引世子之言，一為「世子曰：『人有恆道，達……』」；一為「世子曰：『知軫之為軫也，斯公然得矣』」。帛書《五行》之「說」引世子言為經文作注，說明世子思想與「五行」是同出一系的。《五行》是受到荀子批評的思孟學派的代表作之一，由此可見世子當是思孟學派的學者。其二，世子的思想與思孟學派有著一致性。《世子》一書已佚，傳世文獻中只有〈論衡〉中對其思想略有介紹。《論衡‧本性》篇云：「周人世碩，以為人性有善有惡，舉人之善性養而致之而善長，惡性養而致之則惡長。如此，則性各有陰陽善惡，在所養焉。故世子作《養書》一

篇。」這段文字主要介紹了世子的人性觀。通過分析可以看出，世子與孟子的思想雖然有差異，但也有著一致性。孟子認為人性本善，世子則認為人性是善、惡兼有的。孟子和世子的人性論也有共同之處，兩人都主張通過「養善」來培養人的良知和社會道德感，使人向善的方向發展。這也說明世子思想應該屬於思孟學派一係。世子是楚人，又是思孟學派的學者，經他把「子思之儒」的著作帶到楚國，是有極大可能性的。

第三節　《詩》、《書》、《易》的南傳

自孔子以《詩》、《書》、《禮》、《樂》、《易》、《春秋》「六經」作為儒家的系統教材開始，「六經」就作為一個完整的意義系統確立下來，成為儒家思想的重要載體。在孔子編定「六經」之前，「六經」的部分內容已經通過南北文化的交流傳播到南方楚國，隨著儒學的兩次大規模南漸，「六經」更是以完整的體系在楚國廣泛傳播。

戰國中後期，屬於南方之學的道家對於儒家「六經」已經有了較深入的瞭解。如《莊子　天運》說：「孔子謂老聃曰：『丘治《詩》、《書》、《禮》、《樂》、《易》、《春秋》六經。」這是目前所見最早的「六經」之說。《莊子　天下》篇對儒家「六經」的宗旨進行了凝練的概括：「《詩》以道志，《書》以道事，《禮》以道行，《樂》以道和，《易》以道陰陽，《春秋》以道名分。」道家對儒家「六經」有如此深入的瞭解，應該與儒家思想與文獻大規模南漸有著密切的關係。從戰國楚墓出土的儒家文獻中，我們可以清晰地看到儒家「六經」以完整的意義系統出現在楚簡中。郭店楚簡《六德》說：「故夫夫、婦婦、父父、子子、君君、

臣臣，六者各行其職，而讒諂無由作也。觀諸《詩》、《書》則亦在矣，觀諸《禮》、《樂》則亦在矣，觀諸《易》、《春秋》則亦在矣。」《六德》中以夫妻、父子、君臣為「六位」，配之以「六職」（夫「率」妻、妻「從」夫、父「教」子、子「受」父、君「使」臣、臣「事」君）和「六德」（「聖」、「智」、「仁」、「義」、「忠」、「信」），由此構成由社會關係（「六位」）、社會職責（「六職」）和倫理道德（「六德」）為基本框架的社會系統，而這一整套複雜的社會系統是通過儒家指定的六部著作（即《詩》、《書》、《禮》、《樂》、《易》、《春秋》「六經」）集中體現出來的。楚簡《語叢四》對「六經」的性質進行了概括：「《詩》，所以會古今之詩也者。〔《書》，□□□□〕者也。《禮》，交之行述也。《樂》，或生或教者也。《易》，所以會天道、人道也。《春秋》，所以會古今之事也。」這段文字分述「六經」的性質，指出《詩》是詩歌的總集，《禮》是對人們交往行為進行規範的書，《樂》是討論音樂起源與教化的書，《易》是會通天人之道的書，《春秋》是記載歷史史事的書。與《書》有關的一句因有四字缺文，所記內容不明。

在戰國楚簡中，雖然《詩》、《書》、《禮》、《樂》、《易》、《春秋》之名是以整體的面貌並列出現的，但並沒有命之以「六經」之名，這說明「六經」之名是在戰國中期以後才形成的。為了理清「六經」南傳的脈絡，以下對《詩》、《書》、《易》「三經」的南傳分別述之。

一、《詩》的南傳

《詩》在楚國的傳播，共經歷過口頭引《詩》明理、文獻引《詩》證理，專門著文說《詩》論《詩》三個階段。

在孔子游楚之前，楚國貴族對《詩》的學習和運用已達到北方水準。春秋時期，《詩》在上層貴族的社會生活中有著廣泛的影

響，在盟會、宴飲以及言談中被頻繁引用，形成了引詩賦詩的社會風習。楚國也不例外，這一時期的楚國君臣在結盟、宴會、議事時也有引詩賦詩的風習。據對《左傳》、《國語》的統計，在西元前617年到西元前518年間，楚國君臣引用《詩》的次數共有19次，僅次於晉、魯等國，而遠高於周、衛、齊、宋、秦、陳、蔡諸國。楚人引用的篇目分屬風、雅、頌，但以「二雅」最多①。春秋時期的楚成王、楚莊王都喜好引《詩》明理論事。晉國公子重耳逃亂來到楚國時，楚成王以周朝的公侯之禮接待他。當令尹子玉建議殺掉重耳時，楚成王引《曹詩》云：「彼己之子，不遂其媾」，勸阻子玉殺害重耳。楚成王所引《曹詩》出自《詩經 曹風 侯人》第三章。「彼己之子」今本作「彼其之子」。西元前597年晉楚邲之戰後，楚莊王與大臣潘黨論「止戈為武」，也曾引用《周頌》中的文句。《左傳》宣公十二年載：「楚子曰：『非爾所知也。夫文，止戈為武。武王克商，作《頌》曰：『載戢干戈，載櫜弓矢。我求懿德，肆於時夏，允王保之。』又作〈武〉，其卒章曰：『耆定爾功』，其三曰：『鋪時繹思，我徂維求定。』其六曰：『綏萬邦，屢豐年。』」楚莊王在一段對話中，引《詩》達4次，所引《詩》句分別見於《周頌》中的〈時邁〉、〈武〉、〈賚〉、〈桓〉4篇。由此可見，春秋時期楚國上層貴族中對《詩經》的學習已較為普遍，能夠信手拈來加以引用，並恰到好處地為自己講明事理提供依據。

楚國君王的《詩》學修養與其官學中的《詩》教傳統有著密切的關係。春秋時期，楚國為太子開設的必修課程有九個科目，其中就有《詩》。楚大夫申叔時在談論《詩》的教學時指出：「教之《詩》，

---

① 馬銀琴：〈春秋時代賦引風氣下詩的傳播與特點〉，載《中國詩歌研究》第2輯，中華書局2003年版，第162頁。

而為之導廣顯德，以耀明其志。」①申叔時認為「顯德」和「明志」是對太子進行《詩》教的最根本的任務，這與春秋戰國時期有關《詩》教的理論是完全一致的。《左傳　襄公二十七年》記，趙文子對叔向說：「詩以言志」，意即引《詩》以表達志向，這裡所說的「詩」與申叔時所說的「詩」都是指《詩經》。後來《莊子　天下篇》中有「《詩》以道志」的說法，《荀子　儒效》篇也有「《詩》言是其志也」的說法，「道志」、「言志」與「明志」是一脈相承的。

春秋時期引《詩》明志的社會風習，對戰國時期的儒學傳播產生了直接的影響。儒家學者在傳授儒學時或引《詩》證言，以《詩》義對孔子等先師言論進行證說；或撰文時引《詩》說理，以《詩》義加強論說，這使得《詩》學發展到了一個新的階段。戰國時期，隨著儒學南漸，《緇衣》、《五行》等一批引《詩》證言、引《詩》說理的儒家文獻在楚國開始廣為傳播。《緇衣》見於郭店楚簡和「上博楚簡」，可見其在楚國廣為傳抄。《緇衣》的文體屬於典型的「以《詩》證言」，即先錄孔子言論，然後引《詩》進行解說或補充說明文義。郭店楚簡《緇衣》共有23章，其中有21章引《詩》，第4章和第17章各引《詩》2次，合計共引《詩》23次。曾軍在〈從《緇衣》的三種文本看「引《詩》釋禮」的詮釋方法〉一文中，將《緇衣》中引《詩》歸納為三種情況，其一，取《詩》中全詩之義，如引《緇衣》和《巷伯》就屬於這一類；其二，引《詩》時截取詩句，摒棄原義，甚至對原文加以改動，如引《周南　關雎》中的「君子好逑」和《周南　葛覃》中的「服之無射」就屬於這種情況；其三，引用《詩》中文句，補充說明文中禮義，這也是《緇衣》最主要的引《詩》用《詩》方式，《緇衣》篇中大多數引《詩》都屬於這種情況，如用「儀刑文王，萬國作孚」解釋「爵不瀆而民作願，刑不試而民咸服」

---

① 《國語　楚語上》。

句，用「赫赫師尹，民具爾瞻」和「成王之孚，下土之式」解釋「禹立三年，百姓以仁遂焉，豈必盡仁」句等[1]。郭店楚簡《五行》全篇引《詩》7處，都是為了加強論說，引《詩》說理。如在論述儒家「慎獨」思想時，為了強調君子要能始終專心一德，先引用《詩經　曹風　鳲鳩》：「淑人君子，其儀一也」，以「一」為關鍵字，引出下文「能為一，然後能為君子，君子慎其獨也」。

　　戰國中期，詩學理論著作《孔子詩論》的出現，標誌著《詩》學研究與傳播進一步理論化和系統化。「上博楚簡」《孔子詩論》系統地反映了先秦時期儒家的詩學理論體系，是目前我們所能見到的最早的《詩》學研究專論。《孔子詩論》有簡29枚，合計1000餘字，涉及《詩經》篇名約59篇。《孔子詩論》的內容可分為「詩學理論」、「分類評說」和「篇章評說」三個部分。「詩學理論」是關於詩的一般性原理，如《孔子詩論》云：「孔子曰：『詩亡隱志，樂亡隱情，文亡隱意』。」這裡表面上是在談詩與樂、文的區別，其實是在差異化的探討中討論詩的本質問題。「分類評說」部分對《詩》中風、雅、頌三種類型的詩進行評論。如評頌詩云：「頌，平德也，多言後，其樂安而屖，其歌紳而逖，其思深而遠，至矣！」評雅詩云：「大夏（雅），盛德也，多言……也，多言難而怨懟者也，衰矣！少（小）矣！」評風詩云：「邦風，其內物也專（博），觀人谷（俗）焉，大斂（斂）材焉。其言文，其聲善。」「分類評說」以簡練的文字對風、雅、頌三種類型的詩從「樂」、「歌」、「思」、「文」、「聲」等多方面進行評說。「篇章評說」部分是對《詩》中某一篇、篇中某一章的主旨和風格進行評論。對《詩》進行分篇評說是《孔子詩論》的主要內容，如「〈關雎〉之改，〈樛木〉之時，〈漢廣〉之

①　曾軍：〈從《緇衣》的三種文本看「引《詩》釋《禮》」的詮釋方法〉，載《江淮論壇》2007年第4期。

第三章　儒學南漸與楚簡中的儒學思想

知，〈鵲巢〉之歸，〈甘棠〉之保（報），〈綠衣〉之思，〈燕燕〉之情，曷？曰：『重而皆賢於其初者也』。」先點明各篇主旨，再概括共同特徵，在此基礎上再逐一進行講解。《孔子詩論》中涉及「章」的評論內容不多，僅見一二處，如「〈關雎〉以色喻於禮……兩矣，其四章則喻矣」，強調〈關雎〉第四章最能體現「以色喻於禮」這一特點。

《孔子詩論》試圖從文本內部探討《詩》的主旨和價值，這種全新的解《詩》方法相對於以往「斷章取義」取用詩句用以證言說理的實用主義的解《詩》方法來說，具有革命性意義。

關於《孔子詩論》的作者，學術界有多種說法。如孔子說、子夏說、子羔說、子上說等等。也有學者認為，《孔子詩論》出自於楚墓，其作者也有可能是來自於楚國的某一位《詩》學傳人。從《詩》學在楚國的傳承歷史來看，《孔子詩論》的作者為楚人的可能性也是極大的。

二、《書》的南傳

相比較而言，《書》的南傳要晚於《詩》。綜觀《左傳》，春秋早期稱引《書》最多的是魯、晉兩國。魯人最早稱引《書》的記載出現在春秋早期。西元前686年，魯國仲慶父建議攻打齊國時，魯莊公在與仲慶父的對話中稱引《夏書》：「皋陶邁種德，德乃降」；楚人最早稱引《書》的記載出現在春秋中期。西元前589年，楚國大臣申公巫臣在與楚莊王的對話中稱引《周書》：「明德慎罰」。楚人稱引《書》的最早記載與魯人相比，兩者時間相差將近100年，這說明楚人對《書》的接受在時間上要晚於魯國很多。

春秋中晚期，文獻中開始出現楚人引《書》的記載。據《左傳》記載，西元前535年，楚大夫申無宇對楚靈王說：「昔武王數紂之罪以告諸侯曰：『紂為天下逋逃主，萃淵藪。』」所引武王之語見於今傳《武成》篇，其文作「今商王受無道，暴殄天物，害虐烝民。為天

下逮逃主，萃淵藪」。另《國語　楚語上》「左史倚相儆申公子亹」章記，楚左史倚相引《周書》曰：文王「至於日中昃，不皇暇食」。所引文字見於今傳古文〈無逸〉，其原文作「自朝至於日中昃，不遑暇食，用咸和萬民」。申無宇和倚相都是楚靈王時的大臣，他們對於《書》的稱引，已能做到信手拈來，引用恰當，說明這一時期《書》的影響在楚國逐漸擴大。

事實上，春秋中期以後，楚人對《書》的重視程度大為提高。其主要表現，一是對太子的教育中加入了與《書》有關的教學科目，二是出現了治《書》有一定影響的學者，三是楚國君王重視學《書》，並委派專人教《書》。

春秋中期，楚國為太子教育所設的科目中有《訓典》。《國語　楚語上》記楚大夫申叔時說：「教之《訓典》，使知族類，行比義焉。」韋昭注：「《訓典》，五帝之書。」從韋注看，《訓典》是記載上古帝王之事的史書，這與《書》的性質是一致的；另外，《書》有「六體」，即典、謨、訓、誥、誓、命，《訓典》之名見於《書》之「六體」中的「典」、「訓」，楚人的《訓典》應是從《書》中選取「典」與「訓」兩種體例的文章，作為對太子進行教育的教材。

春秋中後期，楚國已出現治《書》頗有影響的學者，以治《書》聞名的朝臣在楚國受到極大的禮遇。如有楚國「國寶」之稱的大夫倚相和觀射父都對《書》有著深入的研究。《國語　楚語上》記楚大夫王孫圉說：「左史倚相，能道《訓典》，以敘百物，以朝夕獻善敗於寡君，使寡君無忘先王之業」，倚相因此而成為「楚之所寶者」。另一位「楚寶」觀射父，深受楚昭王的信賴。楚昭王讀《書》有疑問時，會向觀射父諮問。《國語　楚語下》記載：

昭王問於觀射父，曰：「《周書》所謂重黎實使天地不通者，何也？若無然，民將能登天乎？」對曰：「非此之謂也……顓頊受之，

乃命南正重司天以屬神，命火正黎司地以屬民，使復舊常，無相侵瀆，是謂『絕地天通』。」

　　楚昭王稱引《周書》「重黎實使天地不通」，對應於今傳古文〈呂刑〉「乃命重黎絕地天通」。楚昭王因對《周書》所說的「絕地天通」不甚了然，所以向觀射父請教，以求確解。昭王與觀射父對《書》文的研討對話表明二人對《書》已有深入的研究。

　　戰國中期的楚威王也重視學《書》，並由治《書》學者沈尹華進行教授。《呂氏春秋　去宥》篇載：

　　荊威王學《書》於沈尹華，昭釐惡之。威王好制，有中謝佐制者，為昭釐謂威王曰：「國人皆曰：王乃沈尹華之弟子也。」王不說，因疏沈尹華。

　　〈去宥〉篇作者評論此事時說：「一言而令威王不聞先王之術，文學之士不得進」。楚威王向沈尹華學《書》，一可見楚威王對《書》的重視，二可見沈尹華治《書》有方。沈尹華，複姓沈尹，名華。唐代林寶《元和姓纂》載：「沈尹，楚有沈尹戍……子孫以官為氏。」《左傳》杜預注、《呂氏春秋》高誘注都以為沈尹氏出於楚莊王，是楚國公族大姓。可見，全戰國中期，在楚國公族內已出現治《書》有成的學者，沈尹華就是其中的代表。

　　「清華簡」共有楚簡2000餘枚，其中與《書》有關的有90多枚。這批《書》學文獻的面世，說明《書》在楚國傳播極為廣泛。在首批公佈的《清華大學藏戰國竹簡（壹）》中，與《書》有關的文獻大致有三類，其一是屬於今本《尚書》的，有〈金滕〉1篇；其二是屬於今本《逸周書》的，有〈皇門〉、〈程寤〉、〈祭公之顧命〉3篇；其三是不見於傳世文獻的，有〈尹至〉、〈尹誥〉、〈保訓〉3篇，從這3篇

的內容來看，也是與《書》有關的歷史文獻，應屬於《書》的佚篇。如以年代來劃分，〈尹至〉、〈尹誥〉兩篇所記史實涉及商湯滅夏，都與伊尹和商湯有關，應屬於《商書》一類的文獻，是首批公佈的「清華簡」中年代最古老的文獻。〈程寤〉、〈保訓〉、〈金縢〉、〈皇門〉、〈祭公之顧命〉各篇多涉商末周初史實，與周文王、周武王、周公旦、周穆王有關。

戰國中期楚地出土的儒家文獻中，存在大量徵引《書》的現象，也與這一時期《書》在楚國的廣泛傳播有關。「上博楚簡」和郭店楚簡的儒家文獻《緇衣》在引用《書》文時，不逕稱《書》，而是直接稱引《書》中的篇名，共計稱引〈尹吉〉、〈君陳〉、〈君牙〉、〈康誥〉、〈呂刑〉、〈君奭〉等7篇，引用次數達10次。此外，郭店楚簡《成之聞之》稱引《書》的篇目有〈大禹〉、〈君奭〉、〈韶命〉、〈康誥〉等4篇。儒家文獻中對《書》的稱引逕直引用篇名的情況，說明這一時期《書》的傳播已形成相對定型的版本。

春秋末期到戰國中期，《書》在楚國的影響呈擴大態勢，與這一時期儒學南漸有著密切關係。「儒學八派」中南下楚地發展的「漆雕氏之儒」和「子張氏之儒」都以治《書》聞名於世。「漆雕氏之儒」是孔子門人漆雕開開創的儒家學派。據《孔子家語》記：「漆雕開習《尚書》，不樂仕。」可見該學派以治《書》為其專長。「子張氏之儒」引《書》論《書》的文獻記載頗多，據馬士遠統計，「子張多次向孔子問《書》或與《書》相關的內容，僅《論語》、《孔叢子》、《尚書大傳》及《禮記》就載其問《書》12次，去其復見亦多達7次 [1]」。漆雕開為蔡人 [2]，子張為陳人 [3]，他們所領導的「漆雕氏之儒」和「子張氏之儒」在「儒分為八」後南下發展時，蔡國和陳國均

① 馬士遠：《周秦〈尚書〉學研究》，中華書局2008年版，第218頁。
② 《孔子家語　七十二弟子解》。
③ 《史記　仲尼弟子列傳》。

已被楚國滅國。西元前478年楚國滅陳，西元前447年楚國滅蔡，陳國和蔡國被滅國後，其地歸入楚國。在楚國傳播儒學的「漆雕氏之儒」和「子張氏之儒」對儒家《書》學的南傳起到了積極的推動作用，並形成了南方兩個《書》學傳播中心。「其一是以蔡地為中心，形成了以漆雕開為首、以傳授孔子早期《書》學思想為主的漆雕氏之儒《書》學流派，其二是以陳國為中心，形成了以子張為首、以傳播孔子後期《書》學思想為主的子張氏之儒《書》學流派。[1]」

三、《易》的南傳

先秦時期，易學是沿著兩條不同的路線發展的，一條是巫術占筮，一條是義理哲學。《左傳》、《國語》中記載的占筮記錄，是占筮解《易》的代表，而「十翼」之類的《易傳》文獻，則是義理解易的代表。在楚國，易學同樣是沿著這兩條路線在發展的。以往由於文獻記載的不足，我們對楚國易學的認識一直不清晰，而隨著大量出土文獻的面世，易學在楚國發展的兩條線索清楚地呈現出來。

占筮解易的材料主要見於出土楚簡中的卜筮祭禱記錄，如望山楚簡、包山楚簡、新蔡楚簡中，就有不少是卜筮祭禱記錄。望山楚簡的卜筮祭禱簡只記錄占卜時間、卜筮工具、占卜事由等事項，而沒有發現卦畫。在包山楚簡中，出現了6組12個易卦卦畫，卦畫由「一」、「六」、「五」、「八」4個數位中的2—4個數位組成；在新蔡楚簡中，卦畫由「一」、「六」、「五」3個數位組成，共15組，每組兩卦，組成完整的12組24卦。有卦畫的卜筮祭禱簡清楚地表明，楚人占卜的方式中是有筮占和易卦存在的。

包山楚簡與新蔡楚簡的卜筮祭禱記錄中都只有卦畫，而沒有解釋卦畫的卦、爻辭，人們一度懷疑在楚國是否存在著一種只有卦畫而無卦爻辭的《易》的存在，這種《易》「與秦漢時期的《周易》不同，

---

① 　馬士遠：《周秦〈尚書〉學研究》，中華書局2008年版，第224頁。

卦辭爻辭都尚未定型，亦即尚未採用卦辭爻辭，僅有易卦（卦畫）的一種《易》[1]」。隨著「上博楚簡」《周易》的整理面世，這種懷疑就沒有存在的理由了。楚簡《周易》是迄今為止所發現的最早的一部《周易》，只有經文而無傳文，以「一」表示陽爻，「八」表示陰爻，共有25個卦畫；文字內容由卦名、卦辭、爻題、爻辭組成，與今本《周易》相同，只是在文字的用字與用詞等方面有所不同，這說明戰國時期楚地流傳的《周易》與今本《周易》是同一個系統，並不是一種沒有卦辭爻辭「僅有易卦（卦畫）的一種《易》」。

春秋晚期，孔子開創了儒家以義理解易的新的解易方法，推動了易學從巫術占筮向哲學義理的轉變。進入戰國時期以後，儒家從義理、哲學角度解《易》發展成為易學的主流。在儒學南漸的浪潮中，以義理、哲學解易的新易學也傳播到了楚國。《史記》中記載有孔門《易》學從春秋晚期一直到漢代的傳承譜系，楚人臂子弓在這個譜系中占有重要地位。《史記 仲尼弟子列傳》記：「孔子傳《易》於瞿，瞿傳楚人臂子弘，弘傳江東人矯子庸疵」，這與《漢書》所記略有不同，《漢書 儒林列傳》云：「自魯商瞿子木受《易》孔子，以授魯橋庇子庸，子庸授江東馯臂子弓」。孔門《易》的傳承譜系在《史記》與《漢書》中有兩點不同。其一，《史記》所記「馯臂子弘」在《漢書》中記作「馯臂子弓」。「弘」當為「弓」之誤，《史記正義》云：「《漢書》及荀卿子皆云字『子弓』，此作「弘」，蓋誤也。」應以《漢書》所記「馯臂子弓」為正。其二，兩書所記譜系中，《易》學傳承人的先後次序有所不同。《史記》所記的傳承次序是：孔子——商瞿——馯臂子弓——矯子庸疵（有誤，《漢書》作「橋庇子庸」，《前漢紀 孝成皇帝紀》作「槁庇子庸」），而《漢

① 〔日〕近藤浩之：〈包山楚簡卜筮祭禱記錄與郭店楚簡中的《易》〉，載武漢大學中國文化研究院編《郭店楚簡國際學術研討會論文集》，湖北人民出版社2000年版，第128頁。

書》的次序是：孔子——商瞿——橋庇子庸——馯臂子弓。關於這一點，清儒王先謙已注意到《漢書》所記有誤：「子庸、子弓二名互易，幸留『江東』二字在中間不誤。」①此處應以《史記》為准。由此可見，楚人馯臂子弓是孔門易學的第二代傳人，是易學傳播史上的關鍵人物。《荀子　儒效篇》說：「通則一天下，窮則獨立貴名，天不能死，地不能埋，桀蹠之世不能汙，非大儒莫之能立，仲尼、子弓是也。」荀子高度評價馯臂子弓，將他與孔子相提並論，視其為孔門儒學的正宗，這其中包含了對馯臂子弓傳授易學所取得的成就的肯定。

　　1973年在長沙馬王堆3號漢墓出土的帛書《周易》，是孔門《易》學在楚國傳播的重要文獻。據李學勤對帛書《周易》結構的分析，帛書《周易》包括兩件帛書，可以稱作上、下兩卷：上卷包含經文和《二三子問》上、下篇，下卷包含《繫辭》、《易之義》、《要》、《繆合》、《昭力》等篇②。學術界通常把帛書《周易》經文以外的各章稱為帛書《易傳》。關於帛書《易傳》的作者和成書年代，學術界一直存在著爭議，主流意見認為帛書《易傳》的作者可能出自孔子或孔學後人，而其成書年代在戰國時期。

　　在帛書《易傳》中的《繆合》、《昭力》二篇中，記有討論易學的孔門弟子繆合、呂昌、吳孟、莊但、張射、李平、昭力等7人的名字，其中繆合、莊但、昭力三人從姓氏來看應是楚王族後裔。繆，通穆，楚穆王之後「以諡為氏」得姓穆。《左傳　襄公三十一年》：「中行、二郤必克二穆」，所謂「二穆」，指楚國人子重、子辛。因二人為楚穆王之後，故稱「二穆」。《資治通鑒》卷十六胡三省注：「楚子重、子辛皆出於穆王，楚人謂之『二穆』，故楚有穆姓。」楚

---

① 〔清〕王先謙：《荀子集解》卷二〇。
② 李學勤：〈帛書《周易》的幾點研究〉，載《文物》，1994年第1期。

器銘文中也有穆姓，如楚器燕客銅量銘文有「工尹穆内」。李學勤說：「繆合的繆，通穆，也可能是楚氏。」[①]穆姓雖然有出自宋穆公的，但結合帛書《易傳》出自楚地的情況來看，繆合是楚穆王之後的可能性極大。「莊但」之「莊」也是楚氏。鄭樵《通志 氏族略》「以謚為氏」條：「莊氏，芉姓，楚莊王之後，以謚為氏。楚有大儒，曰莊周。」莊姓出自楚莊王，莊但應是楚莊王的後裔。此外，還有「昭力」之「昭」也是楚氏。昭姓出自楚昭王，《古今姓氏辨證四宵》：「昭姓，芉姓，楚昭王熊珍子孫以謚為氏。與舊族屈、景，皆為楚人族。《戰國策》有昭衍、昭過、昭奚恤，皆楚大夫。」由此可見，帛書《易傳》中出現的7位孔門易學弟子，至少有3位是楚王族後裔，這也說明易學在楚國貴族階層的影響是相當大的。

從思想體系來看，楚國易學與今本《易傳》是一系的。郭店楚簡《語叢一》曰：「《易》，所以會天地人道也。」所謂「天地人道」即天道、地道、人道，此三者在今本《易傳》中多有論述，並稱「三才」。如《說卦傳》云：「昔者聖人之作易也，將以順性命之理。是以立天之道，曰陰與陽；立地之道，曰柔與剛；立人之道，曰仁與義。兼『三才』而兩之，故易六畫而成卦。分陰分陽，迭用柔剛，故易六位而成章。」更為簡略的表述見於《繫辭》：「易之為書也，廣大悉備，有天道焉，有地道焉，有人道焉，兼『三才』而兩之，故六。」郭店楚簡《語叢一》以「會天地人道」釋《易》，與《易傳》的「三才」說是完全吻合的。

① 　李學勤：《周易經傳溯源》，長春出版社1992年版，第233頁。

第四節 楚簡儒家文獻思想綜論

戰國楚簡中大量儒家文獻的面世，使先秦儒家思想得到了極大的豐富和補充，更是從根本上更新了人們對楚國思想與學術的認識。楚簡儒家文獻所包含的思想內容，涵蓋了原始儒家思想的各個領域，其內涵豐富，體系龐雜，已大大超越了人們的想像，要對其進行全面系統的清理和研究，尚待時日，以下僅擇其要點作進一步的分析與探究。

一、愛親與尊賢

西周以來以血緣關係為紐帶的宗法制是儒家仁愛思想的源頭。仁愛思想首先強調的是血親之愛，是以血緣親疏關係為基礎的有等差的愛；在此基礎上，將血親之愛加以擴充、提升，使血親之愛擴展到非血緣關係，由宗族內部擴展到社會，由此便形成普泛的愛，這就是孔子所說的「入則孝，出則悌，謹而信，泛愛眾，而親仁」。孔子的這種思想在楚國儒簡中得到了充分的體現。在楚簡中，愛的等差之別是通過對禮的規定體現出來的，如楚簡《六德》說：「為父絕君，不為君絕父；為昆弟絕妻，不為妻絕昆弟；為宗族殺朋友，不為朋友殺宗族。」這段文字所說的並非是在有血親關係的父、弟、宗族和沒有血親關係的君、妻、朋友之間作出某種選擇，而是強調在服喪禮儀中，當父喪與君喪、弟喪與妻喪同時發生時，如何作出選擇性的判斷。《六德》在這一問題上態度十分明確：有血親關係者絕對地優先於沒有血親關係者，也就是說當同時有父喪和君喪在身時，或者有弟喪和妻喪在身時，要首先辦理父喪、弟喪，有血親關係者優先。至於宗族和朋友的關係，在處理上不是優先的問題，而是在助喪所送的財物上要減少數量和等級（此之謂「殺」）。

儒家雖強調血親之愛的重要性，但並不否定普泛的愛。《語叢三》說：「愛親則其方愛人」，楚簡認為，只有做到了「愛親」（愛

親人），才能更好地「愛人」（愛他人）。楚簡《五行》說：「愛父，其繼愛人，仁也。」意思是說，只有將血親之愛推廣到社會，昇華為普泛之愛，這才是真正的「仁」。

儒家除了提倡「愛親」外，還大力宣導「尊賢」。楚簡中反復強調「尊賢」、「舉賢」的重要性。《語叢四》云：「早舉賢人，是謂央行；賢人不在側，是謂迷惑。」「央」有久、遠之義，如《素問四氣調神大論》：「未央絕滅」，王冰注：「央，久也，遠也。」「央行」即「遠行」。簡文的意思是，越早舉薦賢人，執政就越能長久，相反如果君王身邊沒有賢人，無從採納諫言，君王就會陷入迷惑。

楚簡既講「愛親」，又講「尊賢」，將「愛親」與「尊賢」對舉，強調二者是同等重要的。楚簡《唐虞之道》云：

堯舜之行，愛親尊賢。愛親，故孝；尊賢，故讓。孝之方，愛天下之民。讓之□，世無隱德。孝，仁之冕也；讓，義之至也。六帝興於古，咸由此也。

愛親忘賢，仁而未義也；尊賢遺親，義而未仁也……愛親尊賢，虞舜其人也。

楚簡將「愛親」、「尊賢」視為先聖堯舜之道而加以推崇，並強調二者不可偏廢，既不可「愛親忘賢」，也不可「尊賢遺親」。楚簡試圖建立一套以「愛親」、「尊賢」為基礎的「仁義」社會的理想圖景，他們宣導實現「仁」的思路是：「愛親」——「孝」（孝道）——「仁」，而實現「義」的思路是：「尊賢」——「讓」（禪讓）——「義」，這樣「仁」與「義」兩條路線都是獨立的，相互並不發生矛盾和衝突。楚簡《六德》進一步補充說：「門內之治恩掩義，門外之治義斬恩」，所謂「門內之治」是指在有血緣關係的家族

內部，要重「恩」輕「義」，以「恩」掩「義」；所謂「門外之治」是指在沒有血緣關係的社會中，要重「義」輕「恩」，以「義」斬「恩」。這也就是說在家族內部只講「愛親」，而到了社會中只講「尊賢」。儒家學者試圖通過這一套設計來解決「愛親」與「尊賢」二者間的矛盾。然而，在現實政治中，「愛親」與「尊賢」在客觀上還是存在著矛盾的。在一個廣泛提倡「親親之愛」的社會環境中，賢人參與政治的空間勢必會被壓縮，「尊賢」不可避免地受到「愛親」的約束。

楚簡中儒家的矛盾似乎還不止於此。在如何處理權貴與賢人的關係上，也存在著明顯的問題。如楚簡《五行》說：「貴貴其等尊賢，義也。」所謂「貴貴」即法家人物商鞅所批評的「貴貴而尊官」，即選擇官員時尊重貴族的等級差異。「貴貴其等尊賢」的意思是說，尊重貴族的等級差別可與「尊賢」同等看待，這也是「義」的表現。事實上，貴族的等級差異其實是宗法制社會講究「親親之愛」的產物，如果將「貴貴」視為「尊賢」的話，那麼「愛親」也就是「尊賢」了。以這樣一個思路推理下來，遴選官員時選親任貴，非親非貴的賢人在政治上就沒有存在的空間了。讀到楚簡儒家的這些言論後，我們才能真正理解墨家為什麼要不遺餘力地批判儒家「親親有術，尊賢有等」的思想了。同時我們還看到，儒家學者一方面希望通過宣導「尊賢」來提高士人的社會地位，並為儒家學者入仕創造社會環境，但另一方面，他們又不願意觸動勢力強大的貴族集團，而將「貴貴」也等同於「尊賢」，這說明儒家骨子裡還是有著軟弱性的。

二、重生與貴民

重視生命、以人為本是儒家思想中最為閃光的亮點。楚簡中對儒家「重生」的思想有精闢的表述，《語叢三》說：「生為貴」，《語叢一》說：「天生百物人為貴」，前者是對一切生命形態的肯定，後者則是強調人在一切生命形態中所具有的至尊價值。「天生百

物人為貴」的思想在儒家文獻中屢次出現，如《孝經》云：「天地之性（生），人為貴」，《孔子家語　六本》云：「天生萬物，唯人為貴」，《荀子　王制》云：「人有氣、有生、有知，亦且有義，故最為天下貴也。」由此可見，「人為貴」的思想是儒家普遍認同的價值觀念。「天生百物人為貴」一語含有兩個基本意義，其一，人是自然萬物的一部分。人並非是獨立於自然萬物的存在，只是自然萬物中之一「物」，這一認識是中國古典哲學中「天人合一」觀念的基礎。其二，人是自然萬物中最為尊貴的存在。人類從原始蒙昧狀態中走出來，不僅擺脫了自然的束縛，而且也開始從「神本」思想的桎梏中覺醒過來，認識到了人所具有的價值與尊嚴，這是人類思想史上的一次重大飛躍，也是後來一切人本主義思想的根基。

　　基於「天生百物人為貴」這一思想，楚簡進一步提出了「人道取先」的治國理念。楚簡《性自命出》云：「道者，群物之道。凡道，心術為主。道四術，唯人道為可道也。其三術者，道之而已。」簡文中「道者，群物之道」，是說自然萬物（「群物」）皆是有規律（「道」）可循的。「四術」何指，楚簡沒有明言。細察簡文有「人道」一詞，再結合傳世文獻記載，可知楚簡所謂「四術」應是天、地、人、鬼之道。《易　說卦》云：「是以立天之道，曰陰與陽；立地之道，曰柔與剛；立人之道，曰仁與義。」《易》言「天道」、「地道」、「人道」而不言「鬼道」。「鬼道」見於《逸周書　史記》：「昔者玄都賢鬼道，廢人事天，謀臣不用，龜策是從。」可見，鬼道是與人道、天道相對立的。天道、地道、人道、鬼道合謂道之「四術」。楚簡中說，「凡道，心術為主」，這裡所說的「心術」，是儒家的心性之學。楚簡強調，在對宇宙萬物規律的認識與研究中，以研究人的本心、本性的學問最為根本，所以最終得出道之「四術」中「唯人道為可道也」的結論，強調只有人道是最值得傳道的。在楚簡《尊德義》中也有相同思想的表述：「莫不有道焉，人道

為近，是以君子人道之取先。」鄭國大夫子產說過：「天道遠，人道邇。」[1]楚簡也持相同看法。正因為如此，楚簡強調治國要「人道取先」，即將人道擺在首要的位置去考慮。「人道取先」的價值取向與「人為貴」的觀念是一脈相承的，正是這種價值取向使儒家思想明顯具有「輕天道、重人道」的特點。

如果說「人為貴」是「人道取先」的思想源頭的話，那麼「人道取先」則是儒家民本主義思想的基礎。基於對人的生命價值的認識以及對人道的重視，儒家要求執政者要以民為本，具體做到如下兩個方面：

其一，與民同心。楚簡《成之聞之》說：「民皆有性」，百姓與聖人、君主一樣，具有喜怒哀樂好惡欲等與生俱來的本性，這些本性有其存在的客觀性和合理性，應該得到尊重。楚簡認為，執政者有兩種方法可使百姓與自己保持思想與行為的一致，第一種選擇是「教民」。楚簡《尊德義》云：「民可道也，而不可強也。」百姓可以通過引導和教化來改變他們，但不可使用強力來壓服他們，因此，執政者的第一要務是教化民眾。《唐虞之道》云「夫聖人上事天，教民有尊也；下事地，教民有新（親）也；時事山川，教民有敬也；新（親）事祖廟，教民孝也；太學之中，天子親齒，教民弟也。」也就是要求執政者親歷親為，以身垂範，教化與引導百姓學會尊尊、親親、敬天、孝祖等社會倫理。第二種選擇是「順民」，即要求執政者凡事要順應民心。楚簡《尊德義》強調執政者「凡動民，必順民心」。要做到「順民」，首先要做到取信於民。楚簡《成之聞之》說：「是以上之互，務在信於眾」，認為執政者最為迫切和首要的事在於「信於眾」，即修養自身，以德性取信於民。同時，要「順民」，執政者還應與百姓同心同德，這也就是楚簡《成之聞之》所說

---

① 《左傳　昭公十八年》。

的：「故君子不貴庶物，而貴與民有同也。」強調執政者不應重視物欲的享受，而應與百姓同心。在《緇衣》中甚至提出要做到「民以君為心，君以民為體」，即百姓把君王當成自己的心，君王把百姓當成自己的身體，只有當君王與百姓成為生息相關的共同體時，國家才能得到協調的治理。「君心民體」之說講得實在太深刻了。作為執政者，如果真正認識到「心以體廢，君以民亡」的道理，則治國無憂矣。

其二，寬政惠民。楚簡要求執政者實行「寬政」和「惠民」的政策，以此調和社會矛盾。「上博楚簡」《從政》要求執政者做到「五德」，即寬、恭、惠、仁、敬，認為「君子不寬則無以容百姓，不恭則無以除辱，不惠則無以聚民，不仁則無以行政，不敬則事無成」。「五德」的核心是要求執政者實行仁政，要有寬容之心、恭敬之心、仁愛之心。其中「寬」是要求執政者待民眾寬厚，不苛刻，有寬容之心，其目的是為了「容百姓」；「惠」是要求執政者施惠於民，讓百姓得到實惠，其目的是為了「聚民」。楚簡《相邦之道》中要求執政者「先其欲」，即首先考慮滿足百姓的欲求。儒家的寬政惠民思想是針對當時的苛政提出來的，它的具體內涵一是省刑罰，二是薄賦斂。儒家雖不完全排斥刑罰，但認為刑罰相比於禮樂教化而言，是治國的下策。《論語　子路》說：「禮樂不興則刑罰不中，刑罰不中則民無所措手足。」沒有禮樂教化，刑罰的手段是不會起到好的作用的。楚簡也有相同的思想，如《性自命出》說：「未刑而民畏，有心畏者也。」意思是說，不通過刑罰的手段，而僅由禮樂教化而讓百姓有敬畏之心，這才是治國的上策。

三、養性與修身

楚簡《性自命出》中對儒家的心性理論有比較完整的表述，其思想核心涉及到「天」、「命」、「性」、「心」、「情」、「物」等幾個範疇。楚簡《性自命出》云：

凡人雖有性，心無定志，待物而後作，待悅而後行，待習而後定。喜怒哀悲之氣，性也。及其見於外，則物取之也。性自命出，命自天降。道始於情，情生於性。始者近情，終者近義。知情〔者能〕出之，知義者能入之。好惡，性也；所好所惡，物也。善不（善，性也）；所善所不善，勢也。

從「性自命出，命自天降」一句可以看出，楚簡中以天作為人性的來源和依據。不僅如此，儒家認為，人類的一切社會倫理規範都是以天為來源和依據的，如楚簡《成之聞之》說：「天降大常，以理人倫」。由此可以看出，在儒家的思想體系中，有一個預設的存在——天，並以之作為萬事萬物的本原。至於這個「天」是什麼？從何而來？儒家是從不對此進行深入探究的。楚簡《性自命出》中所說的「命」，是指人的生命，「性」是指人與生俱來的本性。「天」、「命」、「性」這三者的關係是「性自命出，命自天降」，也即天賦予人類的生命，而人有了生命也就有了與生俱來的本性。楚簡所要強調的是，人的本性來源於天，是符合天道的，由此說明人的本性存在的客觀性和合理性。

楚簡《性自命出》認為，人所具有的與生俱來的本性包含三個方面，其一，「喜、怒、哀、悲之氣，性也」。「性」中有諸種「氣」的存在，可分為喜氣、怒氣、哀氣、悲氣。其二，「好、惡，性也」，楚簡認為，對事物的喜好和厭惡也是人生來固有的。其三，「善、不善，性也」，即在人的本性中，「善」與「不善」同時並存。先秦時期，孟子主「性善」說，荀子主「性惡」說，告子主「性無善無不善」說，世碩主人性「有善有惡」說，以上四說中，世碩的「有善有惡」的人性觀與楚簡《性自命出》「善不善，性也」之說是一致的，即相信人性中是善惡並存的。

在楚簡心性理論中，與「性」相對應的另一個重要範疇是

「心」。在楚簡《性自命出》中，「心」不僅指的是人的思維器官，更多的是指人的外在化的思想與情感。「心」與「性」具有不同的特性。「性」是內藏的、固有的，「弗取不出」，意即沒有外界的激發是不會顯現出來的。而「心」則相反，其最大特性是「心無定志」，即具有不穩定性。「心」與「性」的這種差異性，楚簡《性自命出》稱之為「性一心異」：「四海之內其性一也，其心各異，教使然也」。

「性」和「心」雖然存在差異，但也有關聯。使二者產生關聯的是「物」。楚簡中的「物」泛指一切外在的環境或因素。「性」雖然具有穩定性和隱藏性，但在「物」的作用下，也可以使之外在化。楚簡《性自命出》說：「好惡，性也；所好所惡，物也。」「好惡」是人的本性，但在沒有外物激發的情況下，人的好惡本性是深藏不露的。只有當遇到了不同的外在環境或因素（「物」）的影響，人的「好惡」本性才會被激發，從而顯露出來，表現出有所好、有所惡的傾向。《性自命出》中有一個比喻，能很好的說明「性」與「物」的關係。《性自命出》云：「金石之有聲，弗扣不鳴」，編鐘石磬（「金石」）等樂器本身具有發聲的特性，也就是說「聲」是「金石」固有之「性」。但如果沒有外界的打擊，金石有「聲」的「性」是不會表現出來的。只有當鐘槌敲擊金石樂器時，人們才會聽到聲音。這個使金石之「性」顯露出來的鐘槌就是「物」。事實上，楚簡所說的「物」並不是「物質」之物，是指一切可以激發「本性」的外在環境或因素，如教育、學習，都可以誘發人的本性。

那麼「性」和「心」是如何關聯在一起的呢？簡單地說，「性」受「物」的激發，外在顯現出來的就是「心」。比如，人生而具有「喜怒哀悲之氣」，這是「性」；受外界環境或因素的影響，「喜怒哀悲之氣」被激發出來，使人產生了喜怒哀悲的情感，這就是「心」了。

「物」對「性」的不同引導、激發、誘發，決定了「心」不同的發

展方向。楚簡《性自命出》說:「凡人雖有性,心無定志,待物而後作,待悅而後行,待習而後定。」這句話出現在文章的首句,是對儒家心性理論的一個小結,大意是說,人都有與生俱來的本性,但人心卻是變動不居的,人心只有在外物的激發、在他人的說教、在自己的學習之後最終確定下來。

在上述理論框架下,楚簡提出「養性」的理論。楚簡認為,人性沒有本質區別,聖人和凡人生來的本性是一樣的。《成之聞之》說:「聖人之性與中人之性,其生而未有非志。」意思是說,聖人之「性」和普通人之「性」生來都是一樣的,是沒有差異的。而聖人和凡人的差異,是後天教化和學習的結果。因此,要調動教育、學習、禮樂教化等各種手段,培養人性中固有之性,將人性的長處充分發揮出來,養成人的良好的道德情操和思想品質,這就是楚簡《唐虞之道》所說的「養性命之正」。《性自命出》說:「養性者,習也。」強調後天教育和學習是「養性」最有效的途徑。

楚簡提出的「養性說」對於我們今天仍然是具有現實意義的。首先,楚簡強調個體的本性是相同的,並沒有聖人之性與凡人之性之分,這一觀念對於個體具有積極的暗示作用,使個體相信自己和一切有所成就的人一樣是具有發展潛能的,這種心理暗示對於培養人的自信心具有積極作用。其次,「養性」說強調後天的教育和學習對於人的成長的重要性,對於開發人的潛能具有積極意義。

儒家認為,「反求諸己」是個體修身養性的重要途徑。「反求諸己」既是一種思維方式,也是一種修身方法。作為一種思維方式,它強調的是內向型的思維,向內尋求原因和突破的方法;作為一種修身方法,它強調加強主體自我的道德修養,體現出強烈的道德自律意識。楚簡《成之聞之》說:「古之用民者,求之於己為亟。」所謂「用民者」是站在執政者的立場而言的,指役使百姓,但楚簡談「用民」,不是對百姓提出要求,而是要求執政者以「求之於己」作為迫

切任務，即要求執政者加強內在的道德修養，取得百姓的信任，從而達到「用民」的目的。「求之於己」是早期儒家廣為宣導的修身方法，如《論語　衛靈公》說：「子曰：『君子求諸己，小人求諸人』。」《孟子》一書中也多次提到。《孟子　離婁上》云：「行有不得者，皆反求諸己，其身正而天下歸之。」《孟子　公孫丑上》云：「仁者如射，射者正己而後發，發而不中，不怨勝己者。反求諸己而已矣。」可見，在修身方法上楚簡與同時代的儒家思想保持著高度的一致性。

四、禮樂教化思想

儒家在繼承上古時代禮樂教化思想的基礎上，對其進行進一步的豐富和完善，使之成為儒家思想的核心內容之一。楚簡對禮樂教化思想的表述集中在兩個方面，其一是強調禮樂教化對於治國的重要意義，其二是從原理上探討禮樂的起源、特徵及其作用。

楚簡《尊德義》說：「德者，且莫大乎禮樂焉」，將以禮樂治國視為執政者的大德。楚簡認為，「為政者教導之取先」當以禮樂為首，「教以禮，則民果以勁；教以樂，則民淑德清壯」，執政者利用禮樂教化可以改變民性與民風，從而有利於治理國家。與此相反的是，「為邦而不以禮，猶戶之無樞也。」執政者如果不以禮樂治國，就沒有抓住治國的關鍵，這與門戶失去門軸的道理是一樣的。

楚簡雖然強調禮治是治國的重要手段，但並不排斥法制。楚簡《六德》說：「作禮樂，制刑法，教此民爾，使之有向也，非聖智者莫之能也。」這裡將「禮樂」與「刑法」對舉，重「禮樂」而並不廢「刑法」。當然，在儒家看來，禮樂和刑法雖然都是治國的手段，但二者治國的效果是有差別的。孔子就說過：「道之以政，齊之以刑，民免而無恥；道之以德，齊之以禮，有恥且格。」[1]禮治的作用是

---

① 《論語　為政》。

第三章　儒學南漸與楚簡中的儒學思想

深入人內心的，通過禮樂教化，能培養百姓的廉恥之心，在內在的道德自律下，百姓會自覺遵守社會規範；刑法的作用是外在的，通過刑法的治理，僅僅能使人免除刑罰，並不能讓人產生道德自律意識。因此，儒家認為，在治國手段上，禮樂教化是優於刑法的。

在強調禮樂教化重要性的基礎上，楚簡還從原理上對禮樂的起源、禮樂的特徵等問題進行了深入的探討。

關於禮的起源，楚簡《性自命出》提出了「禮作於情」的觀點，《語叢一》中也有「禮生於情」的說法，都認為禮的出現與人的情感有關。《性自命出》說：「禮作於情，或興之也」，則強調「禮」與「情」的關係是相互依存和影響的，即禮的製作基於人的情感，又反過來激發人的情感。楚簡反復強調「禮作於情」、「禮生於情」，將禮的產生歸因於人的情感，那麼，禮是如何由情而「作」、由情而「生」的呢？《語叢一》說：「禮，因人之情而為之。」這句話亦見於《禮記 坊記》：「禮者，因人之情而為之節文，以為民坊者也。」意思是說，製作禮的起因是為了規範人的情感，使其行之有度。宋蘇軾《禮以養人為本論》云：「夫禮之初，始諸人情，視其所安者而為之節文」，大致說的也是同樣的意思。

楚簡中談「禮」的起源問題，並不止於「情」，而有著更為複雜的生成過程。《語叢一》說：「情生於性，禮生於情，嚴生於禮。」《性自命出》說：「性自命出，命自天降。」這樣就清晰呈現出一個關於「禮」的產生與發展脈絡的「鏈條」：天——命——性——情——禮。在「禮」的生成過程中，位於最前面的是「天」，也就是說，「天」是「禮」的終極依據。至於這個「天」是客觀自然的「天」，還是宗教神學的「天」，楚簡中並沒有給出一個說法。由此我們也看到，後來的宋明理學強調「禮者，天理之節文[1]」，將

---

① 〔宋〕朱熹：《論語集注》。

「禮」上升到「天理」的高度來認識，其源頭正出自於此。楚簡中的「禮」，其終極依據是「天」。有了天就有了人的生命（「命」），人有了生命就有了本性（「性」），人的本性中有「喜、怒、哀、悲之氣」的存在，這些本性被激發出來就是情感（「情」），出於對人的情感進行節制和文飾的需要，人們就製作了「禮」。這就是楚簡關於禮的起源的一個較為完整的認識。

關於樂的起源，楚簡提出「禮生樂」，也是站在禮樂教化的角度來認識的。從藝術史的角度來看，音樂的起源肯定要早於禮的產生，「禮」是不會產生出「樂」的。楚簡所謂「禮生樂」之「樂」，是指從屬於「禮」的「樂」，即受禮的規範制約、與禮保持協調一致的「樂」。楚簡《六德》云：「觀諸禮，則樂亦在其中矣」，即可見楚簡所說的「樂」是從屬於禮的「樂」，而非泛指一般意義上的音樂。

楚簡認為，實施禮制的最終目的，是要在人的內心深處培養德行，此即所謂「教所以生德於中者」。音樂是能使禮的教化快速深入人心的工具，《性自命出》云：「凡學者求其心為難，從其所為，得之矣，不如以樂之速也。」荀子也提出過音樂「入人也深，其化也速」的樂教思想[1]，與楚簡是一脈相承的。

楚簡禮樂教化思想強調音樂要表現真實的情感，要產生撥動人心的效果。《性自命出》云：「凡聲其出於情也信，然後其入撥人之心也厚。」楚簡認為，只有表達真實情感的音樂，才會產生動人心弦的效果。《性自命出》又說：「雖能其事，不能其心，不貴；求其心有偽也，弗得之矣！」意思是說，對於不能引起人們心靈共鳴的音樂，不應去看重它；對於不能引發內心真情實感的音樂，寧願不要它。除了要求音樂表現真實情感、打動人的內心外，《性自命出》還提出了「和」的音樂美學原則：「和則樂，樂則有德，有德則邦家興。」音

① 《荀子·樂記》。

第三章　儒學南漸與楚簡中的儒學思想

樂要具有和諧與協調的美學特徵，這樣的音樂才會讓人產生快樂的情感，才會培養內在的德行，才會對家國的興旺產生積極的作用。

第四章 墨家思想的南漸與踐行

第一節 墨學南漸與「南方之墨」

戰國早期，在儒家思想大規模南漸的同時，與儒家同為「顯學」的墨家也向南楚發展。楚國不僅是墨家思想的重要傳播地，同時也是墨家學說的主要實踐基地。《呂氏春秋 當染》說墨學「盛譽流於北方，義聲振於楚越」，說明墨家思想在楚國的影響是非常巨大的。

一、「墨子游楚」與墨學南傳

在春秋戰國時期的兼併戰爭中，楚國是最大的受益者。通過兼併戰爭，楚國不斷開拓疆土，由偏居一隅的蕞爾小國發展為地方千里的泱泱大國。為了阻止楚國發動戰爭，墨子多次來到楚國，宣傳其思想學說與政治主張。墨子一生曾三次成功地阻止戰事，一次是「止魯（楚國魯陽文君）攻鄭」，一次是「止楚攻宋」，一次是「止宋伐魯」，其中兩次最大的止戰行動都發生在楚國。墨子游楚，不僅將墨學帶到了楚國，而且使楚國成為了墨子及其弟子後學踐行墨家思想的重要基地。

墨子的國屬里籍問題，因涉及到墨家思想的起源、墨學發展的源流等問題，是墨學研究中不可回避的重要問題。因此，在探討墨子游楚相關問題之前，我們要先來談談墨子的國屬問題。

1. 墨子是魯國人，非楚國人

學術界關於墨子的國屬有多種說法，爭議較大的有「宋國」說、「楚國」說和「魯國」說三說。其一為「宋國」說，該說的主要依據是《史記》的記載。《史記·孟子荀卿列傳》附載墨子事蹟曰：「蓋墨翟，宋之大夫。」其二為「楚國」說，清畢沅注《墨子》時，根據《呂氏春秋》高誘注「墨子，魯人也」，以及墨子與魯陽文君的關係，提出墨子為楚國魯陽人。此說又稱為「西魯」說。其三為「魯國」說，也即「東魯」說。孫詒讓在《墨子閒詁》中附《墨子傳略》，認為漢高誘所說「墨子，魯人也」，並非指楚之魯陽邑，而是指魯國。持以上三說的學者各執一詞，眾口不一。應該說，墨子里籍問題現在仍然是一個謎，有待進一步深入研究。我們認為，在沒有找到更有說服力的確證之前，先秦兩漢的基本文獻記載是應該被尊重的。

《史記·孟子荀卿列傳》說墨子為「宋之大夫」，所說的是墨子在宋國的官職，並不涉及其里籍問題，據此定墨子為宋國人的證據不足。在關於墨子里籍的「三說」中，墨子為宋國人一說，並沒有得到學界認同，爭議較大的是「西魯」和「東魯」二說。

漢高誘注《呂氏春秋》說墨子為「魯人」，是針對墨子里籍而言的。以高誘的行文習慣而言，在涉及人名時，通常只說某國人，而不說某地人。高誘所說的「魯人」之「魯」，一定是國名，是「魯國」，而非楚國的魯陽邑。此外，從墨子對楚王自稱「臣北方之鄙人[1]」，楚國魯陽文君稱墨子為「北方賢聖人[2]」，均可說明墨子並非楚國魯陽人，而是魯陽以北的「北方」之人，即魯國人。

墨子早期的活動中心在魯國，墨子之學最早的發源地也在魯國。

---

[1] 《呂氏春秋·愛類》
[2] 〔唐〕余知古：〈渚宮舊事〉。

《呂氏春秋‧當染》篇記載說：「魯惠公使宰讓請郊廟之禮於天子，桓王使史角往。惠公止之，其後在於魯，墨子學焉。」墨子曾在魯國師從周朝史官史角的後代學習周禮，這說明墨子早年接受教育是在魯國。《淮南子‧要略訓》說：「墨子學儒者之業，受孔子之術。」墨子早年學「孔子之術」，也應該是在儒學的發源地魯國。從文獻對墨子行蹤的記載中，也可以看出墨子早期的活動是以魯國為中心的，如《墨子‧貴義》篇說：「子墨子自魯即齊。」《墨子‧魯問》篇說：「越王為公尚過束車五十乘，以迎子墨子於魯。」墨子游齊、越諸國，都是由魯國出發的，這說明墨子長時間居於魯國。總之，魯國是墨子早期的主要活動地，也是早期墨學的中心。

墨子雖不生於楚，但卻以楚國作為傳播和踐行其思想主張的主要地區；墨子晚年居於楚國，並可能最終死於楚國。孫以楷在研究墨子生平時，將墨子的一生概略地總結為：「生於魯」、「長於魯，學於魯」、「成於魯，興於魯」、「仕於宋」、「死於魯陽」[①]，大致勾勒出了墨子一生的軌跡。唯一遺憾的是「死於魯陽」四字不能概括墨子在楚國的活動與影響。墨子在楚國的活動，可以用「游於楚、用於楚、卒於楚」作概括。「游於楚」指墨子活動於楚國魯陽邑、郢都等地宣傳其學說和主張；「用於楚」指的是墨子「非攻」的主張在楚國得以實現，墨子成功地「止魯（魯陽）攻鄭」、「止楚攻宋」可為其證；「卒於楚」則指墨子晚年有可能一直居楚，並在楚國離世。

2. 墨子至楚魯陽時間略考

在《墨子》的〈耕柱〉、〈魯問〉篇中，記有7則墨子與魯陽文君的對話。從這些對話中，可以看出墨子與魯陽文君有著深厚的交誼。魯陽文君即楚平王之孫、司馬子期之子公孫寬。公孫寬在楚惠王時受封於魯陽（今河南魯山），因而有「魯陽文君」、「魯陽文子」

---

① 孫以楷：〈墨子生平考述〉，載《唐都學刊》2001年第4期。

第四章　墨家思想的南漸與踐行

之稱。據《國語　楚語下》記載，楚惠王初封公孫寬於楚國北部邊地梁地；因梁地地勢險要而又地處楚國邊境，公孫寬擔心其子孫會對楚王有二心，請求改封其他地方。楚惠王為公孫寬「不忘子孫，施及楚國」的仁德所感動，於是改封公孫寬於魯陽。

《國語　楚語》中並沒有記載公孫寬受封魯陽的時間，不過其受封時間可由相關歷史記載推測出來。何浩以為公孫寬是「繼公孫甯封於析後，進入戰國時楚國第一個受封的[①]」。據《左傳　哀公十八年》，公孫甯獲封於析（今河南西峽南）在楚惠王十二年。是年巴人伐楚，公孫甯率兵大敗巴師。公孫甯獲封應與此次征戰獲勝有關。又據《左傳》記載，公孫寬於楚惠王十一年（前478）接任司馬一職，其後又於楚惠王十三年（前476）大敗入侵楚境的越師。比照公孫甯因伐巴有功獲封析君，則公孫寬因伐越師有功而獲封魯陽文君的可能性比較大。也就是說，公孫寬封於魯陽的時間應在楚惠王十三年（前476）或稍後。墨子到楚國魯陽的時間在公孫寬封魯陽之後，即楚惠王十三年（前476）之後。

墨子具體是哪一年來到魯陽的，可以從《墨子　魯問》所記墨子止魯陽文君伐鄭的記載中推定得出。《墨子　魯問》記：「魯陽文君將攻鄭，子墨子聞而止之」，魯陽文君說：

先生何止我攻鄭也？我攻鄭，順於天之志。鄭人三世殺其父，天加誅焉，使三年不全。我將助天誅也。

以往研究者均以魯陽文君所說的「鄭人三世殺其父」一語作為推定墨子與魯陽文君對話時間的依據。各家均把「父」當做「君」，又以《史記　鄭世家》所記「哀公八年，鄭人弑哀公而立聲公弟丑」、

---

① 何浩：〈戰國時期楚封君初探〉，載《歷史研究》，1984年第5期。

「幽公元年，韓武子伐鄭，殺幽公」、「二十七年，子陽之黨共弒繻公駘」印證「鄭人三世殺其君」，由此推斷墨子見魯陽文君的時間發生在繻公被弒之後，即在西元前396年之後。魯陽文君於西元前476年後不久獲封，去西元前396年已有80年，如果魯陽文君獲封時30歲，此時也已有110歲。因此，這種推斷是難以成立的。清人孫詒讓認識到了墨子見魯陽文君不會晚到繻公被弒之後這個問題，並提出了新的解決方法。他以為《墨子·魯問》中所說的「三世」應為「二世」之誤[1]，把「三世」改為「二世」即可把魯陽文君與墨子對話的時間提前到幽公被殺之後，即西元前423年之後。但這種擅改古書的方法受到了質疑，梁啟超說：「孫氏據漢人之注以改先秦古書，甚非當也。」[2]再者，鄭幽公非為鄭人所弒，而是韓人所殺，通過改「三世」為「二世」，把墨子與魯陽文君的對話時間提到鄭幽公被殺之後，仍然是說不通的。

我們把鄭國的歷史稍加梳理，就會發現，歷史上鄭國君王因國內政變死於非命的，共有5次：

（1）西元前695年，鄭卿高渠彌弒昭公忽。

（2）西元前605年，鄭卿子公、子家弒鄭靈公夷。

（3）西元前566年，鄭相子駟弒鄭僖公。

（4）西元前455年，鄭人弒鄭哀公而立鄭聲公之弟。

（5）西元前396年，鄭相子陽之党弒鄭繻公駘。

以上5次鄭國君王被弒的時間，發生在魯陽文君獲封之後的有兩次，一次是前455年鄭哀公被弒，一次是前396年鄭繻公被弒。前面已經指出，墨子見魯陽文君的時間不可能晚到前396年鄭繻公被弒之後，唯一有可能的就是前455年鄭哀公被弒之後，此時距魯陽文君獲封只有

① 〔清〕孫詒讓：《墨子閒詁·魯問》。
② 梁啟超：〈墨子年代考〉，載羅根澤編《古史辨（四）》，上海古籍出版社1982年版，第250頁。

21年。魯陽文君所說的「鄭人三世殺其君」，實指前605年弒鄭靈公、前566年弒鄭僖公、前455年弒鄭哀公。據《墨子・魯問》，墨子與魯陽文君對話的時間是在「鄭人三世殺其君」之後又經歷了「三年不全」（三年農業歉收），其時應在前455年之後三年即前452年。由此可以推定墨子到達楚魯陽的時間是在西元前452年或稍早。

從《墨子》所載墨子與魯陽文君的對話看，墨子主要以「非攻」、「尚同」、「天志」等思想遊說魯陽文君，相關內容我們在下一節再論。

3. 墨子「獻書惠王」略考

墨子數度來到楚郢都，宣傳其學說主張。《呂氏春秋・貴因》篇云：「墨子見荊王，錦衣（當為「衣錦」）吹笙，因也。」好儉非樂是墨子的一貫主張，但為了接近楚王，順應楚王的喜好，墨子不得不暫時背離自己的主張，穿上華麗的錦衣，吹著笙去見楚王。《墨子・貴義》篇記有墨子獻書楚惠王一事，證實墨子確曾到達楚國郢都，以「獻書」的方式向楚王宣傳其學說與主張。

〈貴義〉篇所記墨子「獻書」一事，文字多有訛脫之處。孫詒讓《墨子閒詁》即說：「此文脫佚甚多」，又以為〈渚宮舊事〉、〈文選注〉所記墨子獻書事「必是此篇佚文」。孫詒讓所作《墨子傳略》中有關墨子獻書一事的內容，就是以〈貴義〉為底本，兼收〈文選注〉卷十三、《藝文類聚》卷八十一以及余知古〈渚宮舊事〉卷二中的相關資料拼接而成。今引唐余知古〈渚宮舊事〉卷二如下：

楚惠王五十年，墨子至郢，獻書惠王。王受而讀之，曰：「良書也。寡人雖不得天下，而樂養賢人。」墨子辭曰：「翟聞賢人進，道不行不受其賞，義不聽不處其朝。今書未用，請遂行矣。」將辭王而歸，王使穆賀以老辭。魯陽文君言於王曰：「墨子，北方賢聖人，君王不見，又不為禮，毋乃失士。」乃使文君追墨子，以書社五里封

之，不受而去。

　　據上文，參以其他各書所記，大略可以還原墨子「獻書惠王」一事。其一，墨子全楚郢都獻書的時間，〈渚宮舊事〉明確記為楚惠王五十年，即西元前439年，其他各書均不載。〈渚宮舊事〉記載其事，紀年如此明確，想必當有所本。其二，楚惠王接受墨子獻書，並給予高度評價，稱其為「良書」。此事不見於〈貴義〉篇，但在〈文選注〉卷三十有相同記載：「墨子獻書惠王，王受而讀之，曰：『良書也』。」這段文字應是〈貴義〉篇的脫文。其三，楚惠王雖稱其書，但不用其人，並讓穆賀以老辭墨子。穆賀與墨子的對話，以〈貴義〉篇所記最為完整。穆賀對楚惠王稱讚墨子之書而不用墨子其人的行為也不理解，猜度是因為墨子為「賤人」的原因。墨子則以草藥是「一草之本」，而天子食之順疾，農夫是「賤人」，但貴族們卻要收取他們的稅金，並拿他們生產的糧食做成酒食祭祀上帝鬼神為例說明「賤」亦可貴用的道理。墨子最後以商湯為例，希望楚王能像湯一樣用「賤人」之言。其四，魯陽文君進諫惠王，稱墨子為「北方賢聖人」，不用墨子是「無禮」而又「失士」的決定。楚惠王改變主意，決定留用墨子，並「以書社五里封之」，但墨子不受而去。這一情節不見於〈貴義〉，〈渚宮舊事〉所記當為〈貴義〉篇脫文。

　　墨子向楚惠王所獻何書？文獻中沒有明確的記載。但從《墨子·魯問》所記墨子與弟子魏越的對話中，還是可以窺其一二。

　　子墨子游，魏越曰：「既得見四方之君子，子則將先語？」
　　子墨子曰：「凡入國，必擇務而從事焉。國家昏亂，則語之尚賢、尚同；國家貧，則語之節用、節葬；國家憙音湛湎，則語之非樂、非命；國家淫僻無禮，則語之尊天、事鬼；國家務奪侵淩，則語之兼愛、非攻。故曰：擇務而從事焉。」

墨子的弟子魏越問墨子，如果有機會見到國君重臣，你首先要說的是什麼內容？墨子在回答魏越時，提出了「擇務而從事」的原則。「務」是要務、時務，是最緊要的、緊扣時宜的事。「擇務而從事」就是說根據不同的國家、不同的實際，審時度勢，有針對性地進行遊說。在這一原則之下，墨子又根據五種不同的國情，列出了尚賢與尚同、節用與節葬、非樂與非命、尊天與事鬼、兼愛與非攻等十大「綱領」。從墨子「止楚攻宋」來看，楚國的「務」便是「侵淩」小國宋國，墨子面見惠王所獻之書也一定是與「兼愛」、「非攻」有關的內容。

　　墨子獻書楚惠王，有著明確的目的性，就是希望以其「非攻」思想影響楚王，使楚國停止發動兼併他國的戰爭。而楚國發展的歷史，就是一部兼併戰爭史。歷代楚王都清醒地認識到，要在諸侯紛爭的局面中發展壯大，兼併戰爭是不可避免的。楚惠王在位五十七年，一直貫徹的是安邦定國、兼併發展的方針，在對外爭奪中，取得了重大的進展。他在位期間，先後滅掉陳、蔡、杞諸國，使楚國的疆域不斷擴大，國力大為增強。《史記　楚世家》說：「是時越已滅吳而不能正江、淮北；楚東侵，廣地至泗上。」楚惠王在位時，楚國的疆土東擴至泗水之上，占盡江淮以北之地。在這種形勢下，楚惠王即使在思想上願意接受墨子「非攻」的思想，也不可能真正地放棄兼併戰爭，這就是楚惠王對墨子只稱讚其書而不用其人的根本原因。

二、在楚的北方墨者：田鳩與田贊

　　戰國時期，在楚國傳播墨家思想的「墨者」還有田鳩、田贊等人。田鳩、田贊都是齊國的墨家傳人，後在楚國為官，在楚國具有一定的地位和影響。

　　田鳩是戰國中期齊國人，墨家弟子。因求仕於秦國而不見用，轉而來到楚國，受到楚王的禮遇。《淮南子　道應訓》載其事曰：

墨者有田鳩者，欲見秦惠王。約車申轅，留於秦，周年不得見。客有言之楚王者，往見楚王，楚王甚悅之。予以節，使於秦。至，因見。予之將軍之節。惠王見而說之。出舍，喟然而歎，告從者曰：「吾留秦三年不得見，不識道之可以從楚也。」

此事在《呂氏春秋　首時》也有記載，但較為簡略。《呂氏春秋　首時》高誘注：「田鳩，齊人，學墨子之術。」田鳩為秦惠王同時代的人。秦惠王即位時，秦國尚未稱王。秦國正式稱王，是在秦惠王十三年（前325）。秦惠王稱王更元後共在位13年時間，在此期間，在楚國執政的一直是楚懷王，因此，賞識田鳩並予將軍之節的應是楚懷王。

田鳩在楚國為官期間，曾與楚懷王討論墨學問題。《韓非子　外儲說左上》記：

楚王謂田鳩曰：「墨子者，顯學也。其身體則可，其言多而不辯何也？」曰：「昔秦伯嫁其女於晉公子，令晉為之飾裝，從衣文之媵七十人，至晉，晉人愛其妾而賤公女，此可謂善嫁妾而未可謂善嫁女也。楚人有賣其珠於鄭者，為木蘭之櫃，薰桂椒之櫝，綴以珠玉，飾以玫瑰，輯以羽翠，鄭人買其櫝而還其珠，此可謂善賣櫝矣，未可謂善鬻珠也。今世之談也，皆道辯說文辭之言，人主覽其文而忘有用。墨子之說，傳先王之道，論聖人之言以宣告人，若辯其辭，則恐人懷其文忘其直，以文害用也。此與楚人鬻珠，秦伯嫁女同類，故其言多不辯。」

在田鳩與楚懷王的對話中，楚懷王對墨子之學給予高度評價，稱其為「顯學」。針對楚懷王所說的墨子「其身體則可，其言多而不辯」的問題，田鳩進行了解釋。田鳩以「秦伯嫁女」、「楚人鬻珠」

為喻，抨擊世俗之談「皆道辯說文辭之言」的風習，進而解釋了墨子之學為何「言多而不辯」的問題。田鳩說，當今的士人向君王宣講各派學說時，注重文辭的華麗，使君王在閱讀士人的文章時「覽其文而忘有用」，因為把注意力放在了欣賞文辭之美上，而忽略了其學說的現實意義，更談不上在治理國家時運用其學說了。而墨子的學說，主要目的是要將先王之道和聖人之言傳達給世人，因為擔心人們注重言辭的美妙而忘記了其現實價值，墨子刻意使自己的語言質樸無華，不講究修飾，所以才會給人「言多而不辯」的印象。

楚懷王對墨子文風的評價，直接影響到後世學者對墨學的評價。戰國晚期，荀子評價墨子時說：「墨子蔽於用而不知文。」[1] 梁啟超說：「墨子蔽於用而不知文──此語極得墨子之癥結。蓋墨子為絕對實用主義，極端反對文飾，其蔽在但知狹義的應用，而不知涵養休息之間接有益於人心之功莫大也。」[2]

還有一位在楚國向楚王宣傳「非攻」思想的齊人田贊，也應是墨家弟子。《呂氏春秋·順說》記有「田贊衣補衣而見荊王」事。田贊「衣補衣」見楚王，楚王大惑不解，問田贊為什麼穿著如此之差？田贊說，還有比他的穿著更差的衣服，那就是兵士身上穿著的鎧甲。鎧甲穿在身上，「冬日則寒，夏日則暑」。田贊由「補衣」引出「鎧甲」，再由「鎧甲」引申出「非攻」的主題。田贊說，我很貧困，所以穿的衣服很差。現在大王您是大國的君主，富貴無比，卻喜歡拿鎧甲讓人們穿。接下來，田贊力陳戰爭「非義」、「非利」：

> 意者為其義邪？甲之事，兵之事也，刈人之頸，刳人之腹，墮人之城郭，刑人之父子也，其名又甚不榮。意者為其實邪？苟慮害人，

---

① 《荀子·解蔽》。
② 梁啟超：〈古書真偽及其年代〉，載《梁啟超全集》，北京出版社1999年版，第5007頁。

人亦必慮害之；苟慮危人，人亦必慮危之。其實人則甚不安。之二者，臣為大王無取焉。

田贊說，發動戰爭是為了行義嗎？可是兵甲之事，幹的是砍人的脖子，挖人的肚子，毀壞城池，殺人父子的事，並不是榮耀的事。發動戰爭是為了得到實際利益嗎？可是害人者，人必害之，最終是雙方都沒有安全感。田贊最後勸楚王從「義」與「利」兩個層面考慮不要發動戰爭，直到楚王無話可說為止。

從田贊遊說楚王的方式與論述角度，可以大致得出田贊是墨家學者的結論。首先，田贊勸諫楚王的方式，與墨子止楚攻宋、止魯陽文君攻鄭所用的套路如出一轍，都是以小物喻大物。田贊以「補衣」類比「鎧甲」，說楚王知「補衣」為「惡衣」，卻不知「鎧甲」更是為戰爭所用的「惡衣」，實際上是說楚王是「知小物而不知大物」的「世俗之君子」[①]。從論述角度而言，田贊從發動戰爭的「非義」與「非利」分析戰爭的弊端，與墨子的思想也是完全一致的。

三、南方之墨者：鄧陵氏之墨

戰國時期，楚國出現了「鄧陵氏之墨」，成為墨學南宗的代表。

墨子死後，墨家學派出現分化，產生了不同的派別。《韓非子‧顯學》說：「自墨子之死也，有相里氏之墨，有相夫氏之墨，有鄧陵氏之墨。」《莊子‧天下》記載墨家分化時也說：

相里勤之弟子五侯之徒，南方之墨者苦獲、已齒、鄧陵子之屬，俱誦《墨經》而倍譎不同，相謂別墨；以堅白同異之辯相訾，以觭偶不仵之辭相應，以鉅子為聖人，皆願為之屍，冀得為其後世，至今不決。

---

① 《墨子‧魯問》。

成玄英以「相里勤之弟子五侯之徒，南方之墨者」為句，並注云：「姓相里，名勤，南方之墨師。五侯，並學墨人。」顯然，成玄英以為「南方之墨者」是對上一句「相里勤之弟子五侯之徒」的說明。另一種斷句法，則是將「南方之墨者苦獲、已齒、鄧陵子之屬」連讀，這也是較為常見的一種斷句法。〈天下〉篇中的「南方之墨者」究竟是指「相里勤之弟子五侯之徒」，還是指「苦獲、已齒、鄧陵子之屬」呢？查考文獻，「相里勤」、「五侯」、「苦獲」、「已齒」等人均無據可考，唯「鄧陵子」在唐宋文獻中尚有零星線索。唐《元和姓纂》載：「鄧陵，楚公子，食邑鄧陵，因氏焉。鄧陵子著書，見《韓子》。」[①] 宋鄭樵《通志　氏族略》所記大略相同：「鄧陵，芈姓，楚公子食邑鄧陵，因氏焉。」另《廣韻》、《姓解》、《姓氏急就篇》等書也有相同的記載。這些文獻記載的文字內容大致相同，應該有更古的文獻來源，只是原始文獻已佚，現已無從查考。《元和姓纂》說《韓非子》中有「鄧陵子著書」的記載，今本《韓非子》不見這一記載，也當是在流傳過程中佚失所致。楚公族有鄧陵氏，其族人中有著書之鄧陵子，與〈天下〉篇所說的墨者「鄧陵子」當為一人。由此可見，〈天下〉篇中「南方之墨者」，應該是指楚國的鄧陵子，而不是指「相里勤之弟子五侯之徒」。

　　按〈天下〉篇的說法，墨子死後其弟子最初的分化只有兩個支派，即以相里勤及其弟子為代表的一派，和以鄧陵子為代表的「南方之墨者」一派。在《韓非子　顯學》中，在「相里氏之墨」和「鄧陵氏之墨」以外，又多出一派「相夫氏之墨」，這種區別是學派進一步細分的結果。無論是「兩分法」還是「三分法」，都以「鄧陵氏之墨」作為「南方之墨者」的代表，說明「鄧陵氏之墨」是墨家分化後在楚國出現的一個重要分支。

---

① 〔唐〕林寶：《元和姓纂》第2冊，中華書局1994年版，第1358頁。

「鄧陵氏之墨」的著作早已失傳，其他「南方之墨者」如苦獲、已齒等人更是無從查考，使得我們今天對墨學在楚國的發展難以進行深入考察。從〈天下〉篇所記來看，楚國的墨家學派「鄧陵氏之墨」所研究和討論的基本問題大致是：其一，重視《墨經》的學習和研究。〈天下〉篇云：「鄧陵子之屬，俱誦《墨經》。」《墨經》今存《墨子》書中，汪中〈墨子序〉云：「〈經上〉至〈小取〉六篇，當時謂之《墨經》。」《墨經》「六篇」是指〈經上〉、〈經下〉、〈經上說〉、〈經下說〉、〈大取〉、〈小取〉，主要討論的是認識論、邏輯學和一些自然科學方面的問題。從《墨經》中對時間、空間、運動等哲學範疇所作的探討來看，後期墨家已經擺脫了前期墨家天志、明鬼等思想的影響。其二，對「堅白」、「同異」等名辯問題有濃厚的興趣，並參與到對這些問題的爭論中。〈天下〉篇說：鄧陵子之屬「以堅白、同異之辯相訾，以觭偶不仵之辭相應」，即對公孫龍提出的「離堅白」、惠施提出的「合同異」等觀點提出不同的看法。《墨經》中保留有六條關於「堅白」問題的論說，如「堅白不相外也[①]」，「於石一也，堅白二也，而在石[②]」。這些內容可能是鄧陵子之屬針對公孫龍「離堅白」之說發表的不同觀點。其三，學派內部搞「巨子」崇拜。「巨子」是墨家學派對其學派中學有所成的重要人物的尊稱，也稱「鉅子」。〈天下〉篇云：鄧陵子之屬「以巨子為聖人，皆願為之屍」，即是說這一系墨家學派把學派內部最有影響的人物當作聖人加以崇拜，願意聽從其指令。

　　《墨子　耕柱》篇說：「能談辯者談辯，能說書者說書，能從事者從事，然後義事成也。」墨家中以談辯為職事者，後稱為「墨辯」派。從「鄧陵氏之墨」好辯「堅白同異」來看，應屬於墨家中的「墨

---

① 《墨子　經說上》。
② 《墨子　經說下》。

辯」一派。

第二節　墨子思想在楚國的傳播與踐行

　　墨子滿懷熱情，奔走天下，遊說諸侯，宣傳其政治主張，以積極入世精神踐行其學說。墨子在楚國期間，所傳播和踐行的思想主要有「非攻」、「節用」、「貴儉」、「尚同」等思想。

一、非攻思想

　　「春秋之中，弒君三十六，亡國五十二，諸侯奔走不得保其社稷者，不可勝數」[①]；進入戰國以後，諸侯爭霸更趨激烈，連年的戰爭對生產力造成極大的破壞，給人民生活帶來巨大苦痛。時逢亂世的墨子為救民於水火，從「兼愛」思想出發，提出了「非攻」的主張。墨子主張「非攻」，並非反對一切戰爭，而是反對以貪得利益為目的的不義戰爭，反對以大國欺負小國、強國欺淩弱國的侵略戰爭。墨子在楚國踐行其非攻思想，成功地阻止了兩次由楚國發動的戰爭，一次是阻止魯陽文君攻打鄭國，一次是阻止楚國攻打宋國。

　　《墨子　魯問》載：「魯陽文君將攻鄭，子墨子聞而止之。」《墨子》中的〈魯問〉、〈耕柱〉篇記載的墨子與魯陽文君的對話共有7則，其中5則與魯陽文君攻鄭有關。在墨子的勸阻下，魯陽文君放棄了攻打鄭國的計畫。墨子止魯陽文君攻鄭的時間，錢穆考證在西元前394年或前393年[②]，其說有誤。本書已在本章第一節「墨子至楚魯陽時間略考」指出：魯陽文君獲封魯陽的時間當在西元前476年後不久，西元前394年或前393年去前476年已有80餘年，魯陽文君在封君位不會如此

---

① 《史記　太史公自序》。
② 錢穆：《先秦諸子系年（上）》，中華書局1985年版，第181頁。

長久。據前文所考，墨子止魯陽文君攻鄭的時間應在西元前452年或稍前。

「止楚攻宋」是墨子「非攻」理論最成功的一次實踐。據《墨子·公輸》記，魯國工匠公輸般來到楚國，準備幫助楚國建造雲梯攻打宋國。墨子聽說後，日夜兼程來到楚郢都，一方面說服公輸般不要為楚國建造雲梯，一方面向楚惠王宣傳「兼愛」、「非攻」的思想，最後通過與公輸般進行模擬演練，並把墨家弟子禽滑釐等三百人已在宋城持械等待的事實告訴楚王，迫使楚王放棄了攻宋的計畫。墨子止楚攻宋的時間，史無明載，據錢穆考證，應在楚惠王四十五年（前444）至楚惠王五十年（前439）之間[①]。

從墨子止魯陽文君攻鄭和止楚攻宋兩次止戰遊說來看，墨子主要從「仁」、「義」、「利」三個方面進行價值判斷的推理和分析，讓對方認識到侵伐戰爭是「不仁」、「不義」、「不利」的戰爭，從而停止發動戰爭。

《墨子·魯問》篇記，魯陽文君向墨子談到南方蠻夷之國的這樣一個「惡俗」：楚國的南邊有一個名為「橋」的吃人國，家中第一個出生的長子會被吃掉，如果味道鮮美，父親會將兒子的肉獻給國君，國君高興了就會獎賞父親。墨子說：「雖中國之俗，亦猶是也。殺其父而賞其子，何以異食其子而賞其父者哉？苟不用仁義，何以非夷人食其子也？」意思是說，南方蠻族的所謂「惡俗」，在中原之國一樣存在。中原各國中，經常發生戰爭，讓父親戰死沙場後，又繼續鼓勵兒子去參與戰爭，這種「殺其父而賞其子」的事，與南方蠻族「食其子而賞其父」是同樣的性質，都是「不用仁義」的結果。墨子通過類比的方式，以魯陽文君口中的仁義，來說明他發動戰爭是不仁不義的行為。

---

① 錢穆：《先秦諸子係年》，商務印書館2001年版，第139—140頁。

第四章　墨家思想的南漸與踐行

墨子運用「同一」這個範疇去認識事物並驗證已經獲得的認識。墨子認為,具有相同特徵和屬性的小物與大物,在性質上具有同一性。比如,一片小的白色是白色,很大的一片白色還是白色。如果有人看到一片小的白色承認白色,而看到很大一片白色則說成是黑色,那麼這個人的認識與判斷一定出了問題。在現實中,在一個諸侯國和一個封地之內,諸侯和封君都會認為「大都攻其小都,大家伐其小家」是不正當的,是要受到懲罰的;而到了兼併戰爭中,當諸侯和封君以大欺小,以大國攻伐小國時,則被認為是合理的。這就是墨子所說的「小視白謂之白,大視白則謂之黑①」。有人偷竊他人的財物會被斥之為「不仁」,但大國侵占小國卻被視為「義」行,這種「竊一犬一彘則謂之不仁,竊一國一都則以為義」的看法,與「小視白謂之白,大視白則謂之黑」同樣是認識上存在著誤區所致。墨子向魯陽文君指出,「今大國之攻小國也,攻者農夫不得耕,婦人不得織,以守為事;攻人者,亦農夫不得耕,婦人不得織,以攻為事」。大國發動一場戰爭,捲入戰爭的雙方都要投入大量人力,對社會發展和經濟生產會造成嚴重破壞,對雙方而言都是「不利」。

墨子雖然主張「非攻」,但在大國進攻小國,強國欺凌弱國時,墨子主張守衛小國,打敗強國、大國的進攻。孫中原在《墨學通論》中說:「墨子的觀點,一為『非攻』,二為『救守』。『非攻』是反對『大攻小,強攻弱』(見《備城門》)。即大國、強國攻伐掠奪小國、弱國。『救守』是『守小國』。」②為了救守小國,墨家弟子組成軍事性的團體,平時過著軍事化的生活,內部有著組織紀律的嚴格約束。在戰爭爆發時,他們會組織起來參與小國小城的防禦戰,「善守禦」也成為墨家有別於其他諸子學派的一大特色。孟勝是繼墨子後

---

① 《墨子 魯問》。
② 孫中原:《墨學通論》,遼寧教育出版社1993年版,第247頁。

的墨家巨子，為了踐行墨家「救守」精神，在楚國陽城郡上演了一齣捨生取義的悲劇。孟勝和楚國封君陽城君的關係，以他自己的話說是「非師則友也，非友則臣也」，是亦師、亦友、亦臣的關係。西元前381年，楚悼王死後，陽城君夥同反對變法的眾貴族射殺吳起，因射中王屍，受到追究，其封地被沒收。陽城君逃離封地後，孟勝因不見陽城君命符，當即使人傳訊於宋國的田襄子，由田襄子繼為墨家巨子，自己則與弟子183人不惜以身踐行墨家之義，壯烈戰死陽城[①]。

二、節用、貴儉思想

「節用」、「貴儉」是墨家的重要思想，也是墨家區別於其他學派的標誌之一。司馬談《論六家要旨》談到墨家思想特點時說：「強本節用，則人給家足之道也。此墨子之所長，雖百家弗能廢也。」《漢書　藝文志》亦言：「墨家者流，蓋出於清廟之守，茅屋採椽，是以貴儉。」墨子反對統治者「暴奪民衣食之財」，將統治者在宮室、衣服、飲食、舟車、蓄私五個方面的奢侈浪費行為同國家存亡聯繫起來，提出「凡此五者，聖人之所儉節也，小人之所淫佚也。儉節則昌，淫佚則亡，此五者不可不節[②]」，從國家危亡的高度強調節用的重要性。墨家弟子秉承墨子的這一思想，在楚國的政治實踐中加以踐行。

耕柱子是墨子最為寵愛的弟子之一，頗受墨子的器重。墨子為了教育耕柱子做「一匹良馬」，曾通過「怒責」的方法，讓耕柱子領悟「良馬負重」的道理，從而使其立志成為足以駕驥上太行的御者。耕柱子學成後，墨子又推薦他做了楚國的官員。《墨子　耕柱》記載：

墨子游荊耕柱子於楚。二三子過之，食之三升，客之不厚。二三子復於子墨子，曰：「耕柱處楚，無益矣。」子墨子曰：「未可知

---

① 《呂氏春秋　上德》。
② 《墨子　節用下》。

也。」毋幾何,而遺十金於子墨子,曰:「後生不敢死,有十金於此,願夫子之用也。」子墨子曰:「果未可知也。」

耕柱子在楚國為官時,墨子的眾弟子在耕柱子那裡不僅沒有得到優厚的接待,甚至連飯都吃不飽,每天只有「三升」的口糧。戰國時期,一個人正常情況下一天的口糧至少有「五升」,《莊子　天下》篇云:「請欲固置五升之飯足矣,先生恐不得飽。弟子雖饑,不忘天下。」成玄英疏:「置五升之飯,為一日之食,唯恐百姓之饑。」一日五升,尚不得飽,如果是「三升」口糧,就遠不夠吃了。《說苑　尊賢》說:「三升之稷,不足於士」,說的就是這個意思。由此可見,耕柱子對墨家弟子的款待是不能滿足正常的一日三餐之需的。為此,墨家弟子難免對耕柱子心生怨氣。沒有過多久,耕柱子卻向墨子送來「十金」,作為墨家的活動資用,並承諾這些錢財並非違法亂紀貪贓枉法所得,這讓墨子十分高興。耕柱子自己平時節儉,對墨家弟子的接待也將費用降低到最低限度,他是用自己的實際行動踐行著墨家的「摩頂放踵利天下」的理想。

三、尚同思想

墨子說:「尚同,為政之本而治之要也」[①]。「尚同」是墨子政治思想的重要組成部分,其核心是要求下級絕對服從上級,以此來統一國家意志,實現天下大治的目的。《墨子　尚同》篇主張「選天下之賢可者立以為天子」,以天子為中心建立起嚴格的等級統治秩序,在這一政治體制下,「上之所是亦必是之,上之所非亦必非之」,最後通過「一同天下之義」實現「天下之治」的理想。

墨子游楚與魯陽文君討論「忠臣」問題時,對其「尚同」思想有新的詮釋。《墨子　魯問》載,魯陽文君對墨子說:「有語我以忠臣

---

① 《墨子　尚同下》。

者，令之俯則俯，令之仰則仰，處則靜，呼則應，可謂忠臣乎？」墨子說，這種「令之俯則俯，令之仰則仰」、「處則靜，呼則應」的大臣，只是君王的影子或回聲，不能算是「忠臣」。墨子說：

　　若以翟之所謂忠臣者，上有過則微之以諫，己有善，則訪之上，而無敢以告。外匡其邪，而入其善，尚同而無下比，是以美善在上，而怨讎在下，安樂在上，而憂戚在臣。此翟之所謂忠臣者也。

　　墨子認為，所謂「忠臣」應該做到：君主有過失，就去勸諫；自己有好的主意要主動進獻，而不隨便告訴他人；要匡正君主的偏邪，使其言行納入正道；一切統一於君王，而不私下結黨營私；要將美譽歸於君王，而讓自己承擔怨責。這段話中，墨子提到了「尚同」，但並沒有要求與君王保持絕對的一致，而是強調要勸諫君王的過失，匡正君王的偏邪。這與〈尚同〉篇中所說的「上之所是亦必是之，上之所非亦必非之」有明顯的差異。

第三節　楚簡《鬼神之明》與墨家思想

　　在楚地出土文獻中，以儒家著作居多，道家其次，而時為「顯學」的墨家著作卻極少見。1957年，在河南信陽長台關一號楚墓中出土兩組簡文，第一組是古書，第二組是遣策。在第一組簡文中，出現了「周公」、「申徒狄」等人名，以及講「君子之道」、「君子之教」的文字。李學勤將簡文與《太平御覽》所記《墨子》佚篇對比研究後發現，簡文所記正是《墨子》佚文 [1]。這是最早在楚簡中發現的墨

---

① 　李學勤：〈長台關竹簡中的《墨子》佚篇〉，載《簡帛佚籍與學術史》，江西教育出版社2001年版，第341—348頁。

家著作。直到「上博楚簡」面世後，人們才再次見到疑似墨家著述的著作。「上博楚簡」《鬼神之明》似屬「南方之墨者」的佚著，收入《上海博物館藏戰國楚竹書》第五冊，綜合各家釋文，錄其文本如下：

今夫鬼神有所明，有所不明，則以其賞善罰暴也。昔者堯舜禹湯，仁義聖智，天下瀁之。此以貴為天子，富有天下，長年有譽，後世述之，則鬼神之賞，此明矣。及桀紂幽厲，焚聖人殺諫者，賊百姓亂邦家。此以桀折於鬲山，而紂首於岐社。身不沒為天下笑，則鬼神之罰，此明矣。及伍子胥者，天下之聖人也，鴟夷而死。榮夷公者，天下之亂人也，長年而沒也。如以此詰之，則善者或不賞，而暴者或不罰。

故吾因加鬼神不明，則必有故。其力能致焉而弗為乎？吾弗智也。意者其力固不能致焉乎？吾又弗智也。此兩者岐。吾故曰：「鬼神有所明，有所不明」，此之謂乎。

作者的主要出發點，是以歷史事實驗證「鬼神之明」。所謂「鬼神之明」，是墨家學說中的一個最基本的命題，即相信鬼神是真實存在的，鬼神對人具有「賞善罰暴」的功用，凡是行善事者，必得鬼神獎賞，凡是行暴行者，必得鬼神懲罰。簡文以歷史事實來驗證「鬼神之明」的命題，得出三種不同的結論：其一，以「堯舜禹湯」等聖人事蹟驗證，其結果是堯舜禹湯以其「仁義聖智」之德而得到「鬼神之賞」。其二，以「桀紂幽厲」等暴君的事蹟來驗證，其結果是，這些人因「焚聖人殺諫者，賊百姓亂邦家」等惡行終受「鬼神之罰」。其三，以「聖人」伍子胥的事蹟驗證，伍子胥最終得到的結果是革囊沉江，沒有得到鬼神的獎賞；以「亂人」榮夷公的事蹟驗證，榮夷公最終是長壽而終，也沒有得到鬼神的懲罰。以上三組驗證的結果，前兩

種情況，說明「鬼神之明」的命題是成立的。而後兩種情況出現了「善者或不賞，而暴者或不罰」的情況，說明「鬼神之明」的命題難以成立，只能得出鬼神「有所不明」的結論。作者最後試圖對鬼神「有所不明」的原因加以探究，提出了鬼神有所不明的兩種可能性，或者是鬼神「其力能致焉而弗為」，即鬼神的力量能夠「賞善罰暴」，但鬼神沒有實施行動；或者鬼神「其力固不能致焉」，即鬼神並非萬能，並不能對一切的行為實施「賞善罰暴」。至於為什麼會出現鬼神力所能及而不作為，為什麼會出現鬼神力不能及的情況，作者以謹慎的態度表明「吾弗智（知）也」，對這些問題他也不能作出解釋。

　　《鬼神之明》自整理公佈以來，學者們對其所屬學派進行了廣泛的討論，提出了兩種絕然相反的觀點，一說是墨家學派著作，一說是「反墨」學派著作。主張《鬼神之明》是墨家學派著作的學者中，又分《墨子》佚文說與墨家後學佚文說兩種觀點。《鬼神之明》的整理者曹錦炎懷疑該篇「不知是否即為《明鬼》上、中篇散佚的一部分」。曹錦炎在〈上海博物館藏楚竹書《墨子》佚文〉一文中對他的這一觀點進行了深入的論證，並稱：「新發現的上海博物館藏楚竹書《墨子》佚文，應為《明鬼》篇散佚的一部分，內容更為豐富，對墨子思想、墨家學派的研究及在楚地的影響提供了極其珍貴的新資料。」[1]也有學者認為，《鬼神之明》並非《墨子》的佚文，而是墨子後學的作品。王中江在〈《鬼神之明》與東周的「多元鬼神觀」〉一文中說：「作者很可能是墨子的再傳弟子」，「這篇文獻從立論到論證再到結論，既簡明扼要又觀點鮮明，後面自問自答，最後以感歎結束，沒有同墨子或其他人對話的跡象，看起來是完整的一篇，當是『廣義墨家』的一篇佚文，很難說是現存《墨

---

[1]　曹錦炎：〈上海博物館藏楚竹書《墨子》佚文〉，載《文物》2006年第7期。

子》的佚文，更不可能是《明鬼》的一部分。」①

　　主張《鬼神之明》為「反墨」學派著作的學者，也存在著分歧。李銳、丁四新等人只是泛泛而提「反墨」文獻說，認為《鬼神之明》不屬於墨子及其後學，而是一篇與墨家學派觀點對立的文獻。李銳在〈論「上博簡」《鬼神之明》篇的學派性質——兼說對文獻學派屬性判定的誤區〉一文中說：「《鬼神之明》與墨學思想有重大差別，此篇提出『鬼神有所明有所不明』，與墨家『明鬼』思想相矛盾。《鬼神之明》或許屬於我們目前還不知道的某一個學派的作品，與其將之歸為墨家作品，以見墨學在戰國之時的興盛，或不如將之視為『反墨』的文獻，這同樣可以說明墨家在當時的興盛。」②丁四新也持相同的觀點，說《鬼神之明》「只可能屬於墨學異端，完全背離師說的作品③」。黃人二則懷疑《鬼神之明》是儒家學派的作品，他用「墨皮儒骨」來形容《鬼神之明》的構成，說作者「運用《墨子》書中的習語」，而在內容上「已有挑戰墨家創辦人墨子主張的意味，但其試圖游於儒墨之間的做法，以其天命觀作為補充，加諸於墨子之『明鬼』說，仍可看出，故云『疑為儒家思孟學派的文字』④」。此外，徐華提出《鬼神之明》為《董子》佚文說：「無論從語氣還是立意，都不像出自《墨子》，而似乎與另一部典籍《董子》之間存在著某種內在的聯繫。」《董子》一書，始見於《漢書　藝文志》，屬儒家類，班固自注云：「名無心，難墨子。」宋晁公武《郡齋讀書志》記：「無心在戰國時，著書辟墨子。」徐華據此認為：「《鬼神之明》似當屬

① 王中江：〈《鬼神之明》與東周的「多元鬼神觀」〉，載《中國哲學史》2008年第4期。
② 李銳：〈論上博簡《鬼神之明》篇的學派性質——兼說對文獻學派屬性判定的誤區〉，載《湖北大學學報》2009年第1期。
③ 丁四新：〈論楚簡鬼神篇的鬼神觀及其學派歸屬〉，載《新出楚簡國際學術研討會會議論文集（上博簡卷）》第110頁。
④ 黃人二〈上博楚簡第五冊鬼神之明與《墨子　明鬼》——兼論竹簡墓主的學派問題〉，載《諸子學刊》（第2輯），上海古籍出版社2009年版，第277頁。

《董子》而非《墨子》佚文，簡文裡的這段話更有可能是纏子而不是墨子說的。」①

應該注意到，《鬼神之明》的討論是以鬼神的存在為基礎的，全篇對鬼神的存在沒有提出任何的懷疑。文章以歷史事實驗證「鬼神之明」的命題，其主要結論對「鬼神之明」的命題是肯定的，這與墨子的思想是完全吻合的。而作者在討論鬼神「有所不明」時，也並沒有對鬼神的存在或「鬼神之明」的命題直接進行否定。作者指出鬼神「有所不明」的情形存在時，雖然對於鬼神為什麼會「有所不明」的原因進行了分析，但作者承認自己在這一問題上存在著認知的缺陷，不能作出深入的解釋。由此看來，《鬼神之明》的基本思想與墨家「明鬼」說是一致的。《鬼神之明》提出鬼神「有所不明」的出發點，並非為了否定墨家基本思想，而是對墨家基本思想的一個發展。這種情況的出現，應視為墨學的合理發展，而非「反墨」。

墨子相信，鬼神是能明察萬事萬物的。《墨子　明鬼下》說：「故鬼神之明，不可為幽閒廣澤，山林深谷，鬼神之明必知之。鬼神之罰，不可為富貴眾強，勇力強武，堅甲利兵，鬼神之罰必勝之。」這段文字的意思是說：鬼神是明察的，不能倚恃幽暗偏僻或寬闊的湖澤、山林深谷去做見不得人的事，以鬼神的英明，必定能夠知曉。鬼神的懲罰，不因為你富貴人眾、勇力強武，有堅甲利兵就能躲開，鬼神必定能戰勝並施以懲罰。但對於墨子的這一說法，墨子在世時就多次受到質疑，至少在《墨子　公孟》中就有兩次記載。一次是名為跌鼻的人，在墨子染疾時質問墨子說：「先生以鬼神為明，能為禍福，為善者賞之，為不善者罰之。今先生聖人也，何故有疾？」墨子在回答時，沒有明確說鬼神「有所不明」，但卻強調染疾有「百門」（各種管道），而鬼神責罰只是其中「一門」，即已承認鬼神「有所不

① 　徐華：〈上博簡《鬼神之明》疑為《董子》佚文〉，載《文獻》2008年第2期。

第四章　墨家思想的南漸與踐行

能」。另一次質疑來於「游於子墨子之門者」，也即是墨子的入門弟子。這位墨子的入門弟子質問墨子：「先生以鬼神為明知，能為禍人哉福？為善者富之，為暴者禍之。今吾事先生久矣，而福不至，意者先生之言有不善乎？鬼神不明乎？我何故不得福也？」這位弟子以自己從學墨學而沒有得到福佑而懷疑「鬼神不明」。對於這一問題，墨子則「顧左右而言他」，沒有明確給出回答。可見，在墨子提出「鬼神之明」的命題時，已有墨家內部學人提出「鬼神不明」的質疑，只是墨子不願意承認這種質疑的合理性。墨子死後，其後學開始正視這一問題，承認鬼神「有所不明」，這是理性精神覺醒的一種表現。

墨子死後，墨家的分化導致「墨離為三」。分化後的墨家各派在繼承墨家原典精神的同時，也對墨家思想進行了改造和發展，這就是《莊子‧天下篇》所說的「俱誦《墨經》而倍譎不同」。《鬼神之明》一方面繼承了墨家的「明鬼」思想，同時也指出了鬼神「有所不明」，與墨家分化後墨學發展的實際情況是相吻合的。《鬼神之明》在楚地出土的竹簡中保留下來，應與從墨家分化出來的「南方之墨者」有著一定的聯繫，由此，我們相信《鬼神之明》是「南方之墨者」的佚著。

第五章　法治思想與民本政治思想

第一節　楚國的法律制度與法治思想

春秋戰國時期，楚國已出現系統的成文法，刑罰種類繁多，建立起相對完備的司法制度，這表明楚國已擁有了較為系統的法律體系。

楚國是春秋時期較早制定成文法的國家①。成文法的出現，標誌著楚國法律制度的形成。楚國有記錄的最早的成文法出現在春秋早期。《左傳　昭公七年》記楚大夫申無宇說：「吾先君文王，作僕區之法：曰『盜所隱器，與盜同罪』。」杜預注：「《僕區》，刑書名。」陸德明《經典釋文》引服虔曰：「僕，隱也；區，匿也。為隱匿亡人之法也。」可見，《僕區》之法是春秋早期楚文王時制定的一部法律，其基本內容包括懲治逃亡的奴僕，懲治隱匿逃犯和窩藏贓物等行為。楚文王在位時間是在西元前689年至前671年之間，《僕區》之法的制訂成文應該在這期間。這是文獻記載中楚國最早的一部成文法，這部法律比西元前536年鄭國子產「鑄刑書於鼎」要早100多年。楚靈王時，楚國大夫申無宇的「閽人」（守門人）逃亡後，被收入靈王所建的章華宮用作苦力。申無宇即以《僕區》之法的規定，索回「閽人」。可見，春秋中期，《僕區》之法仍然有著法律效應。

---

① 李交發，唐自斌主編：《中國法制史》，湖南大學出版社2001年版，第44頁。

春秋中期，楚莊王頒佈的《茅門之法》是一部有關王宮禁區的法令。《韓非子‧外儲說右上》記載：「荊莊王有《茅門之法》曰：『群臣大夫諸公子入朝，馬蹄踐霤者，廷理斬其輈，戮其御』」，「楚國之法，車不得至於茅門」。這部法律對群臣大夫諸公子入朝時的活動範圍和行為進行了嚴格的規定，違反法令者將受到嚴屬的懲罰，其目的是為了維護封建等級制的權威性和保護國君的安全。

　　到春秋晚期，更為完備的法律大典在楚國出現，這就是《雞次之典》。《戰國策‧楚策一》載，吳國攻打楚國，五戰入郢，楚大夫蒙谷「負雞次之典，以浮於江，逃於雲夢之中。昭王反郢，五官失法，百姓昏亂。蒙谷獻典，五官得法而百姓大治」。楚國法典《雞次之典》又稱《離次之典》，劉向《別錄》云：「楚法書曰《雞次之典》，或曰《離次之典》。離次者，失度之謂也。秦滅楚，書遂亡矣。」《後漢書‧李通傳》注引《國策》亦作「離次」。從《雞次之典》失而復得對楚國的影響來看，若失之則「五官失法，百姓昏亂」，若得之則「五官得法，而百姓大治」，可見，《雞次之典》並非《僕區》之法、《茅門之法》之類的一般性法律條規，而是一部完備的楚國國家大法。

　　刑罰是法律的重要組成部分。春秋中期，楚國刑罰苛嚴，種類繁多，頗受非議。不僅一般臣民動輒觸禁受刑，甚至令尹等重臣，「少自償事，旋即誅死[①]」。《左傳‧襄公二十六年》載，蔡大夫聲子至楚對令尹子木說：「今楚多淫刑，其大夫逃死於四方，而為之謀主，以害楚國，不可救療。」見諸文獻記載的楚國刑罰有墨刑、劓刑、刖刑、宮刑等。

　　戰國時期，楚國已建立起比較完備的司法制度。在湖北荊門出土的《包山楚簡》中，其中的文書類竹簡多是司法案例記錄，為我們研

---

① 〔明〕董說：《七國考》。

究楚國的司法制度、司法程式、司法職官等提供了第一手的資料。包山楚簡中的司法文書有〈集箸〉、〈集箸言〉、〈受期〉、〈疋獄〉四個標題。〈集箸〉是查驗名籍的記錄,〈集箸言〉是關於名籍糾紛的訴訟,〈受期〉是楚國司法在案件受理階段的文書,主要記錄案件受理時間和初審結論,〈疋獄〉即疏獄、記獄,是司法機關審獄的記錄。規範化的司法文書的出現,標誌著楚國司法制度與司法程式日漸成熟。

春秋時期,楚國雖然尚未形成系統的法學理論,但在楚國君臣的治國思想中體現出來的法治觀念和法治精神,已經達到了一定的思想高度,主要表現在如下幾個方面:

一、「法者,所以敬宗廟、尊社稷」

李達說:「關於法律與國家的關係之正確的認識,是理解法律的本質之重要的關鍵。」[1]以現代法學理論的觀點來看,法律是表達國家意志和實現國家職能的工具,因而對法律權威性的維護就是對國家安全的維護。早在春秋時期,楚國君王對法律與國家的關係就已有深刻的認識。

西元前678年,楚文王出兵討伐鄧國,王子革、王子靈在奉命外出採摘野菜時,因搶奪一位老人拾菜的筐子而被文王治以死罪。群臣均以為搶奪老人的菜筐有罪,但罪不至死。楚文王說:「討有罪而橫奪,非所以禁暴也;恃力虐老,非所以教幼也;愛子棄法,非所以保國也;私二子、滅三行,非所以從政也。」[2]楚文王從「禁暴」、「教幼」、「保國」三個方面,指出懲罰兩位王子的必要性,其中「愛子棄法,非所以保國也」一句,講的就是法律和國家的關係問題,強調維護法律的尊嚴,就是維護國家的神聖性,只有不徇私情,

---

① 李達:《法理學大綱》,法律出版社1983年版,第93頁。
② 《說苑 至公》。

實行法治，才能使國家長治久安。

楚莊王時，太子違反了楚國《茅門之法》，執法官依照法律規定「斬其輈，戮其御」。太子不服，上告楚王，請求誅殺執法官。楚莊王說：「法者，所以敬宗廟、尊社稷。故能立法從令、尊敬社稷者，社稷之臣也，焉可誅也？夫犯法廢令、不尊敬社稷者，是臣乘君而下尚校也。臣乘君則主失威，下尚校則上位危。威失位危，社稷不守，吾將何以遺子孫？」[①] 楚莊王對太子指出，法律是為維護宗族、國家而設，這是制定法律的根本目的。對於法律的冒犯與違背，不僅會導致國家管理上的失範，而且會從根本上危害到國家的安全。由此可見，楚莊王對法律的本質已有了較為深刻的認識。

二、刑德並用，德主刑輔

西周統治者在重視德治的同時，又將「以德配天」具體落實到法制領域，提出了「明德慎罰」的思想，即要求統治者實施德政，用刑寬緩。「明德慎罰」思想強調「德」是前提和根本，「刑」只是「德」的補充，實施刑罰時應當寬緩、謹慎，而不應一味地用嚴刑重罰來迫使臣民服從。西周統治者把「德」與「刑」結合起來，形成了西周時期的法制特色。至春秋時期，如何處理刑、德關係，成為治國從政者經常提及的話題。

西周統治者「刑德並用」、「明德慎罰」的思想對楚人影響很深。春秋早期，楚武王夫人鄧曼說：「撫小民以信，訓諸司以德，而威莫敖以刑」，以信、德、刑並舉，強調取信於民，刑德並重的重要意義。春秋中期，在列國爭霸中，楚莊王以刑、德作為爭霸的主要手段。《左傳 宣公十二年》記載，晉大夫隨武子曾指出：「德刑、政事、典禮不易，不可敵也。」並認為楚莊王在刑、德二術的運用上已十分成熟。西元前597年，鄭國歸順晉國，楚莊王率師圍鄭，鄭國不得

---

① 《韓非子 外儲說右上》。

不向楚求和。鄭襄公言辭懇切，表示願意將鄭國置為楚縣。在這種情況下，楚莊王下令退師三十里，與鄭國重新結盟。當鄭國心懷二心、背叛楚國時，楚莊王出兵討伐鄭國，而當鄭國表示臣服楚國後，楚莊王又既往不咎，重與鄭國結盟。隨武子對此議論說：「楚軍討鄭，怒其貳而哀其卑，叛而伐之，服而舍之，德、刑成矣。伐叛，刑也。柔服，德也，二者立矣。」隨武子高度評價楚莊王在處理楚與鄭國的關係時運用刑德並用的手段，達到了理想的效果。楚莊王將要攻打陳國時，楚申公巫臣用「明德慎罰」的理論來說服楚莊王，他說：「《周書》曰：『明德慎罰。』文王所以造周也。明德，務崇之之謂也；慎罰，務去之之謂也。若興諸侯，以取大罰，非慎之也。」[1]申公巫臣對周人所說的「明德慎罰」提出了自己的理解，強調對「德」要「務崇之」，對「罰」則要「務去之」，把「德」的重要性提到主導的層面，而把「罰」的作用降到最低的限度，已經接近於後世所說的「德主刑輔」的思想。

三、方正公平，法不避親

「法」，字本作「灋」，從「水」，標記法律、法度公平如水，可見公平是法治應有的基本精神。楚人崇尚「方正公平」的法治精神，在司法實踐中堅持「法不避親」的原則，在歷史上留下不少佳話。

在執法中，要做到方正公平，首先要正確處理情與法的關係。在楚國上層社會中，對「法不避親」的法治觀念有著普遍的認同。當親情倫理與法律產生衝突時，是以法為重，還是以情為重，這是古今司法實踐中都不可回避的問題。在楚人的法治觀念中，普遍存在以法為重，法不避親的觀念，這與儒家強調血親之愛，主張「親親相隱」正好是相對立的。孔子南游楚國時，曾與葉公子高討論「直躬攘羊」

---

① 《左傳　成公二年》。

的問題。楚人直躬的父親偷了人家的羊，他作為兒子去指證父親，這一行為受到了葉公的讚賞。而孔子則主張「父為子隱，子為父隱」，主張在情與法之間，要以血親之情為重。可見，在對待情與法的關係上，孔子與葉公的態度是完全相反的。

春秋時期，令尹子文因「法不避親」，成為執法「方正公平」的典型代表。令尹子文的親屬中，有人因觸犯法律而被拘捕，而當執法官聽說此人為令尹子文的親屬後，又將他釋放了。令尹子文為此召見執法官，要求公正執法，他說：「夫直士持法，柔而不撓，剛而不折。今棄法而背令而釋犯法者，是為理不端，懷心不公也。」子文提出「柔而不撓，剛而不折」的執法原則，意即執法要有剛有柔，但同時要「不折」、「不撓」，即不可偏離法律的常軌。令尹子文指出，釋放其親屬是「棄法背令」，是執法不公的行為。在令尹子文的強烈要求下，執法官最後對他的族人依法進行了懲處。令尹子文公正執法，不徇私情，贏得了國人的擁戴，百姓因此作歌稱讚子文曰：「子文之族，犯國法程；廷理釋之，子文不聽；恤顧怨萌，方正公平。」[①]《說苑　至公》還記載，虞丘子曾舉薦孫叔敖為令尹，但當虞丘子的家人犯法後，孫叔敖照樣依法嚴懲。虞丘子自豪地對楚莊王說：「臣言孫叔敖，果可使持國政，奉國法而不党，施刑戮而不骫，可謂公平。」可見，公平執法作為法治的基本精神，在楚國君臣中具有高度的認同度。

在楚國也發生過當情與法發生嚴重衝突時，執法官廢法徇情的案例。楚昭王時大夫石奢在楚國素有「堅直廉正，無所阿避」的美譽。有一次他在追捕兇犯時，發現兇手竟是自己的父親。石奢所面臨的是「兩難」的困境，如果他抓捕自己的父親，就會招致「以父立政」的責難，這是「不孝」之舉；如果他放走自己的父親，就要承擔「廢法

---

① 《說苑　至公》。

縱罪」的罪責，這是對君王和國家的「不忠」。在父孝與國法發生衝突時，石奢作出的選擇是先盡父孝，放走了自己的父親，然後由自己承擔「廢法縱罪」的責任，主動向楚王請罪，自刎而死。以儒家的觀點來看，石奢為父盡孝道肯定是值得稱道的；而從法家的觀點來看，石奢的做法顯然是違背了「法不避親」的原則。但石奢最終主動以自刎而死來承擔徇情枉法的罪責，這說明他對「方正公平」的法治精神是有著深刻的理解的。

第二節　變法運動中的道、法之爭

　　戰國前期，楚國內政外交陷入停滯不前的困境。一方面，楚國國內由於官僚體制陳舊，貴族封君勢力龐大，導致政治僵化，國力貧弱。另一方面，楚國在列國爭霸中無所建樹，特別是楚悼王即位後，接連遭到中原新興強國的進攻而又無力抵擋。正在楚國陷入內政外交困局的時候，其他各國掀起了改革浪潮，如魏國實施的李悝變法、吳起軍事改革，趙國實施的公仲連改革，都不同程度取得成功，並使魏、趙兩國國力大增，這使陷入困境的楚國看到了希望。正當楚悼王在尋找改革出路的時候，在魏國受到排擠的改革家吳起來到了楚國。西元前382年，楚悼王任命吳起為令尹，主持變法。吳起是戰國變法運動中法家的先驅之一，曾在魏國任河西守23年，主持變法革新，「辟土四面，拓地千里[①]」，為魏國的強大奠定了堅實的基礎。吳起在楚國變法的主要內容，首先要改革的是楚國「大臣太重，封君太眾」的政治格局，因而從一開始，吳起的改革就遭遇到了來自楚國貴族與社會各方面的強大阻力。吳起變法是一場政治與社會變革運動，更是一場

---

① 《吳子・圖國第一》。

思想領域的革新運動。

　　法家作為戰國初期為適應經濟、政治、思想領域全面變革的需要而產生的新興學派，在變法運動中面臨著與傳統思想的對立與衝突。如在率先實行變法的魏國，魏文侯尊奉儒家，向子夏學習儒學，接受儒家的仁義和王道思想。《呂氏春秋　察賢》說：「魏文侯師卜子夏，友田子方，禮段干木，國治身逸。」魏文侯師承儒門，儼然已是儒門學人。但魏文侯又倚重李悝、吳起等法家人物，遵照「食有勞而祿有功，使有能而賞必行、罰必當」和「奪淫民之祿，以來四方之士」的「為國之道」進行社會與政治的變革，引起儒、法之間的對立與衝突。在楚國，吳起要實施法家的思想主張，在思想領域面對的阻力來自於兩個方面，其一是舊貴族勢力刻板、守舊的政治思想，其二是在楚國具有廣泛影響的道家思想。

　　楚國自春秋以來，執掌政治、軍事大權的中央重臣如令尹、司馬等職，一般均由公子（君王子弟）和世家大族擔任。令尹、司馬和其他貴族官吏，以世襲的方式占有俸祿和「賞田」，享有政治、經濟和軍事特權。春秋末戰國初，楚國實施「封君制」以後，封君成為了「一種特殊的更為尊榮高貴的爵稱 ①」，占有大量的土地和人口，王室宗親壟斷著政治，形成了「上逼主而下虐民」的局面 ②。在這種情況下，僵化守舊的政治思想，成為楚國上層社會的主流思想，也成為阻礙吳起變法的最大的思想阻力。

　　楚國統治者在政治上僵化守舊，已成為一種可怕的思想定勢，影響到楚國政治、軍事和楚人日常生活的方方面面。《呂氏春秋　察令》一章主要講因順時勢實行變法的思想，作者列舉了「循表夜涉」、「刻舟求劍」兩個反面的例證來說明「世易時移，變法宜矣」

---

① 　何浩：〈戰國時期楚封君初探〉，載《歷史研究》1984年第5期。
② 　《韓非子　和氏》。

的思想，這兩個反面的例證都出自楚人。《呂氏春秋　察令》載：

> 荆人欲襲宋，使人先表澭水。澭水暴益，荆人弗知，循表而夜
> 涉，溺死者千有餘人，軍驚而壞都舍。向其先表之時可導也，今水已
> 變而益多矣，荆人尚猶循表而導之，此其所以敗也。

　　楚人襲擊宋國時要渡過澭水作戰，他們事先在河中較淺的地方
用木杆設置標記，以便軍隊渡河。由於天雨，導致澭水暴漲，河水加
深，但楚人並未細察這一變化，而讓軍隊在黑夜裡按原有標記渡河，
結果被淹死者達一千多人。因循守舊、死守成法的思想直接導致了楚
人在軍事上的失利。《呂氏春秋　察令》列舉的另一個反面例證是
「刻舟求劍」的故事。「刻舟求劍」也許只是一個精心杜撰的寓言故
事，但故事的編撰者把這個故事的主人公設定為一個沒有姓名的楚
人，其主觀意圖顯然是為了嘲笑楚人僵化守舊的集體意識。在〈察
令〉篇的最後，有兩句話值得注意：「荆國之為政，有似於此。」這
說明作者列舉楚人「循表夜涉」、「刻舟求劍」的故事，其用意是批
評楚國政治上因循守舊的思想。
　　吳起變法的主要內容是消滅世卿世祿制，「封君之子孫，三世而
收爵祿，絕滅百吏之祿秩①」，同時還要「令貴人往實廣虛之地②」，
這對於世襲貴族的政治、經濟特權是極為沉重的打擊，因而遭到貴族
勢力的激烈反對。在這種情況下，守舊思想最終轉化為實際的行動，
並直接導致了吳起變法在楚悼王死後即告結束。
　　吳起變法除了遭遇到舊貴族守舊守成的思想阻力外，還要面對
法家思想與楚國道家思想的對立與衝突。吳起實施變法前，巡視到

---

① 《韓非子　和氏》。
② 《呂氏春秋　貴卒》。

楚國息縣，向楚國大夫屈宜臼請教施政之策。以下是屈宜臼與吳起的對話：

屈公曰：「子將奈何？」

吳起曰：「將均楚國之爵而平其祿，損其有餘而繼其不足，厲甲兵以時爭於天下。」

屈公曰：「吾聞昔善治國家者不變故，不易常。今子將均楚國之爵而平其祿，損其有餘而繼其不足，是變其故而易其常也。且吾聞兵者凶器也，爭者逆德也。今子陰謀逆德，好用凶器，殆人所棄，逆之至也，淫泆之事也，行者不利。且子用魯兵不宜得志於齊而得志焉；子用魏兵不宜得志於秦而得志焉。吾聞之曰：『非禍人不能成禍。』吾固怪吾主之數逆天道，至今無禍。嘻！且待夫子也。」

吳起惕然曰：「尚可更乎？」

屈公曰：「不可。」

吳起曰：「起之為人謀。」

屈公曰：「成刑之徒不可更已！子不如敦處而篤行之，楚國無貴於舉賢。」

對話中，吳起對屈宜臼闡明了兩項變法的基本主張，其一是「均楚國之爵而平其祿」，即廢除世卿世祿的世襲制，剝奪那些前輩有功而後世無功者的爵祿，把無功者的爵祿拿過來獎給有功者。其二是「厲甲兵以時爭於天下」，即實施強兵戰略，使楚國在列國爭霸中取得優勢地位。吳起的這兩項變法主張，是春秋戰國時期法家的代表性思想。廢除世卿世祿制是法家變法的首要任務。早期法家的代表人物李悝在魏國主持變法時，就提出要「奪淫民之祿以徠四方之士」，他所說的「淫民」，就是指無能為官、無功受祿的舊貴族。李悝主張剝奪淫民的俸祿，實行嚴格的獎懲制度，按照功勞大小，授予爵位和俸

祿，按照才能大小，授予職位。繼吳起變法之後在秦國主持變法的商鞅，也把廢除世卿世祿制作為改革的重要內容。富國強兵是法家立國的基本思想。《商君書　壹言》云：「故治國者，其專力也，以富國強兵也。」

針對吳起提出的變法主張，屈宜臼站在道家的立場上進行了批駁和責難。屈宜臼所說的「吾聞昔善治國家者不變故，不易常」一段話來自於今本《文子　下德》：

善治國者，不變其故，不易其常。夫怒者逆德也，兵者兇器也，爭者人之所亂也，陰謀逆德，好用兇器，治人之亂，逆之至也。

和《文子·下德》相比，屈氏的第一句「吾聞」中，增一「家」字，少兩個「其」字；第二句「吾聞」中，「兵者兇器」照抄，「爭者逆德」由「爭者人之所亂也，陰謀逆德」簡化而來；第三句「吾聞」照抄《文子》。屈氏在與吳起的對話中整句引用《文子》的還有「損其有餘而繼其不足」一語。此外，屈氏的一些語彙也來源於《文子》，如「逆天道」見於《文子　上義》；「逆之至」見於《文子　下德》；「淫佚」見於《文子　精誠》；「成形之徒」的「成形」見於《文子》的〈道德〉、〈道原〉、〈精誠〉、〈九守〉；「舉賢」見於《文子》的〈符言〉和〈上禮〉；「行者」一詞更是見於《文子》中的七篇，在此不一一列出。不難看出，屈氏的整個思想基調和語彙都出自《文子》各篇，特別是對《文子　下德》整段的引用，更能說明屈氏見到了今本《文子》的部分內容。屈宜臼能夠較為完整地引用《文子》，說明他的思想受到《文子》中道家思想的影響，而他對吳起的責難，也正是從道家的思想立場出發的。

針對吳起提出的廢除世卿世祿制的變法主張，屈宜臼以道家所謂治國者「不變故，不易常」的觀點進行批駁，認為廢除世卿世祿制

是變故易常的行為。「變故易常」是道家和法家在歷史觀上的一個根本分歧點，屈宜臼和吳起的思想交鋒，代表著道家和法家兩種不同的歷史觀。道家以「道」為出發點，反對「變故易常」，《老子》十六章：「歸根曰靜，是謂覆命」，「覆命曰常，知常曰明，不知常，妄作，凶」。道家認為，世界萬物均由道產生，又復歸於道。這個宇宙運動的總規律就是「常」。道家主張「守常」而不「易常」，認為「易常」就是「妄作」（胡作非為），會導致凶災。《逸周書　史記》所言「好變故易常者亡」，與《老子》所說的是同一個意思。「不變其宜，不易其常[①]」，正是道家從道的本原推導出來的一個基本觀點，將這個觀點運用到政治中，就是強調一切陳規舊制都不可輕易改變。

與道家保守的歷史觀正好相反，法家從與時俱變的進步歷史觀出發，對道家「不變故，不易常」的觀點進行針鋒相對的反駁。《韓非子　南面》說：「不知治者，必曰：『無變古，毋易常。』變與不變，聖人不聽，正治而已。」韓非子認為，道家說「無變古，毋易常」，其實是不懂得治理國家，對以往舊法，究竟是變還是不變，真正的聖人是不會聽別人怎麼說的，而是要看舊法是否對治國更有利。

在戰爭觀上，道家與法家持有不同的觀點。道家認識到戰爭給社會生產力和人民生命造成極大的損害。「師之所處，荊棘生焉；大軍之後，必有凶年。[②]」基於對生命的尊重和對蒼生的悲憫，道家認為戰爭對人類而言是「兇器」和「不祥之器」，強調戰爭只能是「不得已而用之」，即只有到萬不得已的情況下才使用戰爭的手段解決紛爭。法家雖然也認識到戰爭的巨大破壞性，主張「慎戰」，但法家更強調要正視封建兼併戰爭的事實，通過富國強兵的戰略，保證國家的穩定

① 《淮南子· 原道訓》。
② 《老子》三十章。

和發展。吳起在魏國主持變法時，曾提出「要在強兵」的主張；他離魏到楚後，更明確地提出了「厲甲兵以時爭於天下」的主張。這與屈宜臼的道家兵學思想是相對的，因而受到屈宜臼的責難。

吳起與屈宜臼的爭論，其實質是楚國變法運動中道家與法家在思想上的交鋒。在激烈的思想交鋒中，道家與法家在思想上也在一步一步走向交匯與融合。應該注意到，吳起在向屈宜臼闡述變法主張時，也曾試圖運用道家的思想解釋法家的變法主張。吳起說：「將均楚國之爵而平其祿，損其有餘而繼其不足」，前一句「均楚國之爵而平其祿」是法家的變法主張，而後一句「損其有餘而繼其不足」則是道家的理論，如《老子》就明確說：「天之道，損有餘而補不足，人之道，損不足以奉有餘。孰能有餘以奉天下，唯有道者。」從吳起引用道家名言解釋法家主張，可見吳起試圖用道家的理論為法家的變法找到合理的解釋。吳起這樣做的根本目的，是試圖尋求受道家思想影響至深的楚國上層貴族對其變法的理解和支持。在道家與法家的思想對立和衝突中，一部分道家學者得以更多的接觸和瞭解法家的思想與主張，開始以開放的姿態接納法家的先進與進步思想，由此，在道家學派中，產生了一個新的有影響力的分支，這就是黃老道家。

第三節　黃老道家對法家思想的接受與改造

道家的各個支派對於法家的思想，持有不同的態度。法家主張「任法而治」，以法治國，對此，早期道家以及由早期道家分化出來的莊子學派和黃老學派有著不同的看法。早期道家主張「道法自然」，強調「道」是萬事萬物的法則，對於「人定法」是持否定態度的。《老子》二十五章說：「人法地，地法天，天法道，道法自然。」這裡所說的「法」是「效法」的意思，或者解釋為「以……為

法則」。「道法自然」的「自」是指「道」自身，「自然」即「道」自身形成的法則。老子認為，人類的法則是以天地的法則為法則，天地的法則是以道的法則為法則的，而道的法則是以其自身的法則為法則的。由此推論，人類是以道的法則為法則的，道的法則是超越人類而存在的，是人定法則所不能取代的。《老子》三十七章說：「道常無為而無不為」，道家認為只有順應自然的法則（「無為」），就沒有事是做不成功的（「無不為」）。人類要取法於道，就要以「無為而治」作為基本原則。老子認為，社會管理的最高境界就是「我無為，而民自化；我好靜，而民自正；我無事，而民自富；我無欲，而民自樸」，這種思想決定了老子強調「道法自然」的同時，一定是反對人定法的。

莊子學派在繼承老子思想的同時，對於法家的法治思想進行了更為激烈的批判和否定。《莊子‧天道》篇說：「賞罰利害，五刑之辟，教之末也；禮法度數，刑名比詳，治之末也。」莊子學派認為，禮制與刑法，是教民與治國的下策，同時也是產生社會禍亂的根源。《莊子‧天地》篇說：「昔堯治天下，不賞而民勸，不罰而民畏。今子賞罰而民且不仁，德自此衰，刑自此立，後世之亂自此始矣。」在堯舜時代，沒有法律來對人民進行賞罰，而百姓卻能自覺行事。而有了法令制度之後，百姓卻沒有了仁愛之心，道德敗壞；刑罰建立之後，亂世也就開始了。由此可見，莊子學派把法治視為道德衰敗、社會動亂的根源。

楚國的黃老道家一系對法家採取了相容並蓄的態度，援法入道，對法家思想進行改造，形成了道法結合的思想體系，黃老道家也因此有了「道法家」的稱謂。黃老道家對待法律的態度，與老、莊學派完全不一樣。黃老道家強調了法律對判斷是非和治理國家的重要性。《經法‧名理》說：「是非有分，以法斷之。靜虛謹聽，以法為符」，法律是處理是非紛爭的標準，因此要求統治者予以高度重視，

要求做到「生法而弗敢犯（也），法立而弗敢廢（也）①」。

值得注意的是，黃老道家在接受法家思想的同時，並沒有對其進行全盤接納，而是從道家理論體系出發，對其進行改造，建立起了具有自身特色的法律思想體系。

一、以「道生法」替代「法自君出」

關於法律的起源，諸子百家從各自的理論體系出發，作出了不同的解釋。儒家強調聖人之治，他們認為法律是由聖人訂立的。《荀子　性惡》云：「聖人化性而起偽，偽起而生禮義，禮義生而制法度。然則禮義法度者，是聖人之所生也。」荀子相信人性本惡，認為為了約束人性，於是聖人制定了禮義和法律。法家強調君權至上，提出了「法自君出」的觀點。《商君書》說：「人主為法於上，下民議之於下。」這裡所說的「人主」就是國君，強調國君是法律的制定者。在《管子　任法》中更是明確指出：「夫生法者，君也；守法者，臣也；法於法者，民也。」提出了君主立法、官吏執法、百姓守法的法制體系。與儒家和法家不同的是，黃老道家從道家的理論體系中為法的產生尋找源頭，提出了「道生法」的觀點。

最早提出「道生法」這一命題的是《黃帝帛書　經法　道法》。至於「道」是如何「生法」的，《經法　道法》中並沒有進行論證。在楚國黃老學著作《鶡冠子》中，可以看到黃老道家對「道生法」這一命題的論證過程。《鶡冠子　環流》云：

有一而有氣，有氣而有意，有意而有圖，有圖而有名，有名而有形，有形而有事，有事而有約。約決而時生，時立而物生。故氣相加而為時，約相加而為期，期相加而為功，功相加而為得失，得失相加而為吉凶，萬物相加而為勝敗。莫不發於氣，通於道，約於事，正於

① 《經法　名理》。

第五章　法治思想與民本政治思想

時，離於名，成於法者也。

在這段關於法的起源的論述性文字中，法的產生是一個異常複雜的生成過程。這個過程是從「道」開始的，「有一而有氣」的「一」就是「道」。道生成陰陽二氣，然後依次有了「意」、「圖」、「名」、「形」、「事」、「約」。由「事」而生成的「約」，不是人們通常理解的人為的「條約」或「約定」，而是事物內部的規律性制約。正是事物內部的規律性的制約，才產生了時令；時令產生了，萬物亦隨之生成。萬事萬物的存在都離不開法，所以說萬物「莫不發於氣，通於道，約於事，正於時，離於名，成於法者也」。關於道與法的關係，《鶡冠子》中還有一些說法，如《環流》：

一之為法，以成其業，故莫不道。一之法立，而萬物皆來屬。

「一之為法」可以理解為「以一為法」；「一之法立」，則可以理解為「以一而立法」，這裡表述的是兩個層面的意思，前一說強調「一」（道）本身就具有法的精神實質。後一說強調「法」的確立是以「一」為依據和準則的。「一之為法」、「一之法立」將道與法的關係整合為一體，是真正「道法結合」，比「道生法」更強調道、法二者的整合關係。明代解縉在解讀這一章時說：「一者，法也，法即道也。」[1] 認為鶡冠子是主張道、法一體的。鶡冠子道、法一體觀是對黃老學派「道生法」學說在理論上的一個發展和突破。

由此可以看出，鶡冠子所說的「法」並不完全是人為的「法」，更多的是指自然的「法」，是「根據道所生的天道、地道、人道的律則」，「這種自然的律則是自然的且是不成文的用於天地萬物自然界

---

① 〔明〕陳深：《諸子品節》。

的」①。《環流》說：「故生法者，命也；生於法者亦命也。命者，自然者也。」這裡明確地說明了法與自然的相互關係，法產生於自然，為自然的存在和運行提供依據，因而法其實就是宇宙自然的法則和定律。《鶡冠子》中〈天則〉這一標題，能夠準確表述書中所說的「法」的內涵，「天則」就是「天之則也」。鶡冠子對「法」的表述與天相關的還有「天節」、「天道」等，如〈天則〉云：「法章物而不自許者，天之道也。」又說：「生殺，法也。循度以斷，天之節也。」更為明確的表述見於《泰鴻》：「法者，天地之正器也。」這裡對天地之法、自然之法的觀念表述得更為明確。

綜上所述，黃老道家所說的「法」，首先是由道家的最高哲學範疇「道」所衍生出來的法則、規則，是自然之法。道家本著推天理以明人事的思維方法，認為人類社會是以「道」作為最高準則的，也應依據道的法則、規則制定人類行為的規範和準則，由此才產生人類政治制度中的「法」，這就是黃老道家所說的「道生法」的基本內涵。

二、以「法寬刑緩」替代「嚴刑峻法」

法家認為人性本「惡」，單靠道德教育是不能改變人「惡」的本性的，只有通過嚴刑峻法才能收到「止惡」的效果。法家極力誇大法治的作用，強調用嚴法重刑治理國家。商鞅是法家嚴刑峻罰思想的代表人物，他提出過「明刑不戮」的思想。《商君書 賞刑》說：「故禁奸止過，莫若重刑；刑重而必得，則民不敢試，故國無刑民。國無刑民，故曰：『明刑不戮』。」他認為，重刑可以使百姓不敢以身試法，從而免遭殺身之禍。商鞅主張輕罪重判、小罪重罰，認為只有通過「重罰」、「嚴刑」才能達到「禁奸止過」的目的。《商君書 靳令》說：「行罰，重其輕者，輕其重者，輕者不至，重者不來，此謂

① 李增：〈品書《黃帝四經》道生法思想之研究〉，載《哲學與文化》，1999年5月。

以刑去刑，刑去事成。」商鞅認為，只有「重其輕者」即輕罪重罰，才能收到「以刑去刑」的效果，使百姓畏懼而不敢犯法，最終達到不用刑罰的目的。

黃老道家雖然接受了法家的法治思想，但並不贊成法家通過嚴刑峻罰達到「以刑去刑」的目的。黃老道家對法家的法治思想明確提出批評和反對。《文子　原道》說：「夫法刻刑誅者，非帝王之業也；箠策繁用者，非致遠之御也。」刑法嚴苛，動輒殺伐，是不能建立起帝王的基業的，這與高舉鞭策，不停鞭打奔馬，也不能行致遠方的道理是一樣的。《文子　道德》說：「法煩刑峻，即民生詐」，《文子　下德》說：「嚴刑峻法，不足以為威。」《文子》認為，法度煩多，刑法峻苛，就會使老百姓生奸詐之心；實行嚴刑峻法，會使統治者在百姓心目中失去威信，因此，《文子》主張以「法寬刑緩」代替法家的「嚴刑峻法」。

《文子》主張「法寬刑緩[①]」，與《文子》對法的認識有著密切的聯繫。在《文子》的治國思想中，「法」只是德、仁、義、禮等治國方法的一種輔助，而不是治國的根本所在。在《文子》的治國之策中，「法」並沒有高於道德、禮義。《文子　上禮》說：「民無廉恥，不可以為治；不知禮義，不可以行法。」禮義廉恥之心是治國的基礎，人如果沒有了廉恥之心，國家是不可能治理好的。因此，在禮義與法的關係上，禮義是法制的基礎。《文子》認為法的作用是有限的，「法能殺不孝者，不能使人孝；能刑盜者，不能使人廉[②]」。因此，法的運用要與德、仁、義、禮等治國方法結合在一起，才能發揮治國的作用。

與《文子》一樣，《鶡冠子》也不贊成法家嚴刑峻法的主張，明

---

① 《文子　精誠》。
② 《鶡冠子　度萬》。

確反對「法猛刑頗[①]」，提倡「文武交用[②]」，通過刑賞並處、剛柔並用的手段來達到治理社會的目的。《鶡冠子》認為，理想的社會，應該是「刑設而不用，不爭而權重[③]」。

三、引入陰陽學說對「刑德」思想進行合理性論證

在楚系黃老著作《黃帝帛書》中，對刑德治國問題進行了深入的探討。《黃帝帛書》認為「善為國者，太上無刑[④]」。治理國家的最高境界是只用德治，而不用刑罰。但在現實中，這種理想的政治是不可能出現的。「姓生已定，而適（敵）者生爭[⑤]」，氏族社會形成後，對立勢力的紛爭是不可避免的，由此就可能引起社會的動亂。對社會亂象的治理，僅用德治的手段是不可能達到治亂的目的的。《十大經　觀》云：「凡諶之極，在刑與德。」[⑥]強調平定社會動亂的最好方法應該是刑德並用。《十大經　姓爭》說：「天德皇皇，非刑不行，繆（穆）繆（穆）天刑，非德必頃（傾）。刑德相養，逆順若成。」[⑦]這裡明確提出了「刑德相養」的思想，強調刑與德是相互依存和相互補充的關係。

在黃老學思想中，陰陽學說占有重要地位。黃老學派將一切矛盾現象用陰陽來概括，認為宇宙間的一切事物和現象，都是陰和陽的統一體，陰陽是一切事物變化的基本規律。黃老學派將陰陽學說引入刑德思想，以陰陽學說來論證刑德思想，有「刑陰而德陽」之說[⑧]。黃老學派將刑德思想與陰陽學說結合起來，從而將刑德思想提高到了自然哲學的高度。

---

① 《鶡冠子·度萬》。
② 《鶡冠子·天則》。
③ 《鶡冠子·王鈇》。
④ 《黃帝帛書·稱》。
⑤ 《經法·觀》。
⑥ 《十大經·觀》。
⑦ 《經法·姓爭》。
⑧ 《十大經·姓爭》。

《黃帝帛書》中經常將刑德與日月、四時進行比附，並推導出具有明顯自然哲學色彩的刑德思想。在黃老學派的陰陽學說中，日屬陽，主德；月屬陰，主刑，如《鶡冠子　夜行》云：「月，刑也；日，德也。」《十大經　觀》云：「刑德皇皇，日月相望。」這是以日月比附刑德；《十大經　觀》云：「春夏為德，秋冬為刑。」這是以春夏、秋冬比附刑、德關係。春夏兩季是萬物萌發生長的季節，是「德」的表現，秋冬兩季是萬物枯萎凋謝的季節，是「刑」的表現。根據四時的順序，春夏兩季在秋冬兩季之前，也即自然界中四時的規律是「德」在先而「刑」在後，由推天理以明人事的思維方式，推導出人類社會的治理原則也應是「先德後刑」，這就是所謂的「先德後刑順於天[①]」。

　　《黃帝帛書》認為，陰陽刑德規律是不可違背的自然規律，如果違背了這一自然規律，就會遭到自然的懲罰。《十大經　觀》曰：

　　其時贏而事絀；陰節復次，地尤復收。正名修刑，執（蟄）蟲不出，雪霜復清，孟穀乃蕭（肅），此災□生。如此者舉事將不成。其時絀而事贏，陽節復次；地尤不收。正名施（弛）刑，執（蟄）蟲發聲。草茸復榮。已陽而有（又）陽，重時而無光。如此者舉事將不行。

　　「贏」與「宿」是先秦哲學中一對對立統一的範疇。「贏」指發展、生長；「宿」則指停止、衰敗。黃老學派將四時歸結為贏與宿兩種狀態，並有「孟春始贏，孟秋始宿」的說法。「時贏而事絀」、「時絀而事贏」是兩種違反陰陽刑德自然規律的狀況，前者是指在春夏萬物生長的時節，實行秋冬殺生的刑罰；後者是指在秋冬行刑的時

　　　　　　　　　　　　　　　　　　　　

① 《十大經　觀》。

節，實行春夏的德政，這兩種做法都會使自然界出現反常的現象。按照前一種做法，會導致在春秋兩季昆蟲蟄伏不出、霜雪再現、穀物凋敝等現象；而按照後一種做法，又會導致天氣炎熱、蟄蟲不伏、草木復榮等反常現象。這裡除了將陰陽、刑德相結合外，還糅合了神秘的天人感應思想，使得黃老學派的法治和政治思想染上了一層神秘的色彩。

第四節　楚國的民本政治思想

中國古代文獻中，對「民本」思想有著精闢的闡釋。《尚書　夏書　五子之歌》云：「民惟邦本，本固邦寧」，這8個字已將民本思想的核心內容及其意義深刻地揭示出來。「以民為本」是中國傳統政治思想的特色之一，「戰國以降，幾乎所有的思想家和政治家都承認民為國本，民本成了一個超越學派的命題」[1]。春秋戰國時期，楚國執政者和士人階層繼承商周以來的民本思想，總結出了信民、愛民、因民、富民等治國理念，在中國古代民本政治思想史上寫下了光輝的一頁。

一、信民思想

先秦時期，各國政治家與思想家都講「信民」。所謂「信民」，就是要求統治者取信於民。子貢向孔子「問政」，孔子回答說做到「足食、足兵、民信」就可以了。子貢接著問，如果三者去其一，先去哪一項？孔子回答說先「去兵」，其次「去食」。「去食」不就要挨餓嗎？孔子解釋說：「自古皆有死，民無信不立。」由此可見，孔

---

① 　盧向國：《溫情政治的烏托邦──中國古代民本思想的機理研究》，天津人民出版社2008年版，第1頁。

第五章　法治思想與民本政治思想

子認為對於執政者來說，最重要的是取信於民。齊國政治家晏子也講「信民」。《晏子春秋　內問上》云：「故及義而謀，信民而動，未聞不存者也。」強調取信於民是攸關國家存亡的大事。

楚國政治家和思想家對「信民」不僅賦予了新的內涵，而且提出了更高的要求。《鬻子》說：「民不求而得所欲，謂之信。」儒家經典《禮記》的〈經解〉篇引此語作：「民不求其所欲而得之，謂之信。」意思是說，在老百姓沒有向執政者提出欲求的情況下，執政者就主動滿足了老百姓的需求，這樣就能夠取信於民了。讓執政者主動作為，讓老百姓不求而得，這是《鬻子》對執政者提出的最高要求。應該說，《鬻子》的「信民」主張，只是一種理想的民本政治思想，在封建時代，執政者是很難達到這一要求的。

春秋初期，楚武王夫人鄧曼也明確提出「君撫小民以信」的主張①，要求君王以誠信來安撫百姓。鄧曼所說的「撫小民以信」和《尚書　無逸》篇載周公說祖甲「知小人之依」，雖然強調的重點不同，但蘊含著相同的民本思想。《尚書　無逸》篇載：「爰知小人之依，能保惠於庶民，不敢侮鰥寡。」強調為人君要能夠體察民生隱痛，愛護百姓，惠及窮苦無依的人。《尚書　康誥》中明確提出「保民」的政治主張，後來成為周人德治思想的精髓，對後世歷代德治思想起到了積極的作用。鄧曼所說的「撫小民以信」比「知小民之依」提出了更高的要求。

戰國時期的黃老道家從自然規律的角度論證「信」的合理性。自然規律中周而復始、循環往復的現象，都是始終如一的。黃老道家認為，這種週期現象正是大自然「信」的表現。《經法　論》云：「日信出信入……信者，天之期也」，正是從天道的角度為「信」找到存在的依據。在此基礎上，《黃帝帛書》進一步強調「言必行，行必

---

① 《左傳　桓公十三年》。

果」，以實際行動取信於民的重要性。《經法　明理》云：「諾者，言之符也；已者，言之絕也。已諾不信，則知大惑矣；已諾必信，則處於度之內也。」執政者對老百姓應允的事，要積極兌現承諾，否則就會使思想陷入混亂；只有毫無保留地兌現承諾，才能使事態的發展處於掌控之內。

二、愛民思想

中國古代民本思想的核心內容之一是「親民」、「愛民」。儒家重「仁」，「仁者，愛人①」，「愛人」即是「愛民」。儒家學者荀子把「愛民」視為君王治國的首要條件，他說：「君人者，欲安則莫若平政愛民矣；欲榮則莫若隆禮敬士矣；欲立功名，則莫若尚賢使能矣，是君人者之大節也。」②荀子提出君王治國的三項基本原則，其一是「平政愛民」，其二是「隆禮敬士」，其三是「尚賢使能」，可見，在儒家政治思想中，「愛民」的重要性是排在首位的。

楚國具有「愛民」的思想傳統，歷代君臣都認識到執政者應以「愛民」作為治國的重要原則。《鶡子》一書匯集了早期楚人的政治思想精華，其中提出了建立良性政治生態系統的理論。《鶡子》把社會結構分為三個階層，即「為人下者」的「民」、「為人上者」的「吏」、「為人君者」的「君」。這三者的關係是，民是「為人下者」，所以要「上忠於主」，這個「主」包括位居其上的「吏」與「君」。相對於民而言，吏與君都是「為人上者」，所以要「下愛其民」，此外，君作為「為人君者」還要「中敬其士」。《鶡子》認為，在一個社會體系中，如果做到了民忠主（包括吏與君）、吏愛民、君敬士愛民，就會形成一個良性的政治生態循環系統。「愛民」作為君王治國的重要原則，成為構成良性政治生態的重要組成部分。

---

① 《孟子　離婁下》。
② 《荀子　王制》。

楚國政治家認識到，「愛民」首先要關注民生的疾苦，因此，自春秋以降，楚國君臣多能關注民生、體恤生民。《左傳　宣公十二年》記，春秋中期，晉國大夫欒武子說：「楚自克庸以來，其君無日不討國人而訓之於『民生之不易，禍至之無日，戒懼之不可以怠』。」此語出自晉人之口，從一個側面說明楚國君王重視民生，具有強烈的憂患意識。楚莊王說：「無德以及遠方，莫如惠恤其民而善用之。」①

要求為政者施惠於民，體恤百姓的苦難。楚莊王「惠恤其民」的思想在他的執政實踐中得到了充分的體現。據《藝文類聚》五引《屍子》記：「天雨雪，楚莊王披裘當戶曰：『我猶寒，彼百姓賓客甚矣！』乃遣使巡國中，求百姓賓客之無居宿、絕糧者賑之，國人大悅。」楚莊王在風雪天能心憂百姓，出糧賑饑，表現了一位封建君王的愛民風範，同時也體現了楚莊王以民為本的治國思想。

戰國時期，楚國政治家和詩人屈原把「民生各有所樂」作為其美政思想的重要內容。由於統治者的昏庸無能，使得國破家亡，百姓背井離鄉，「皇天之不純命兮，何百姓之震愆？民離散而相失兮，方仲春而東遷②」。民生的艱難，讓屈原深深為之勞心憂苦，他在〈離騷〉中發出了「長太息以掩涕兮，哀民生之多艱」的慨歎。屈原在他的詩文中，反復勸諫楚王為政要「覽民德」、「察民心」、「覽民尤」，如〈離騷〉云：「皇天無私阿兮，覽民德焉錯輔」、「怨靈修之浩蕩兮，終不察夫民心。」《九章　抽思》云：「原搖起而橫奔兮，覽民尤以自鎮」，這些詩句說明愛民思想對於屈原來說，不只是一句理論上的口號，而是融入了他的生命之中。

在楚國的士人階層，道家學者具有強烈的親民、愛民情結。道

---

① 《左傳　成公二年》。
② 《九章　哀郢》。

家創始人老子提出了「愛民治國」的政治主張[1]，明確將「愛民」提高到治理國家的高度來認識。道家的黃老學派在繼承老子「愛民治國」思想的同時，吸收儒家的「仁義」思想和墨家的「兼愛」思想，並以此發展和充實黃老道家的民本思想。儒家宣導以血緣為基礎的「仁愛」，墨家宣導無等級差別的「兼愛」，這些內容都在《黃帝帛書》中有所表現。如《十大經 順道》論「仁」、「慈」云：「體正信以仁，慈惠以愛人，端正勇，弗敢以先人。」《經法 君正》論「兼愛」云：「兼愛無私，則民親上。」黃老道家在天、地、人為一體的思想體系中，兼採儒、墨民本思想精華，提出了「畏天」、「愛地」、「親民」的思想。《黃帝帛書 十大經 立命》云：「吾畏天、愛地、親〔民〕，□無命，執虛信。吾畏天、愛〔地〕、親民，立有命，執虛信。吾愛民而民不亡，吾愛地而地不兄（曠）。吾受民□□□□□□□死，吾位□。吾句（苟）能親親而興賢，吾不遺亦至矣。」這段話中數言「親民」、「愛民」，使其成為黃老道家政治思想中的一個閃耀光輝的亮點。

《黃帝帛書》所提出的愛民思想，其出發點和思維方式都與儒家「仁政」思想有著不同的特點。孟子說：「親親而仁民，仁民而愛物。」[2]孟子的「仁民」思想是從「親親」出發的，也即是從血緣情感出發的。他是把「親親」的原則、血緣的感情運用到政治上來，從而使統治與服從的政治關係上蒙上一層溫情脈脈的面紗。黃老道家的親民思想，與孟子的仁民思想的歸宿雖然是一樣的，但其出發點正好相反。《黃帝帛書》宣導「畏天」、「愛地」、「親民」，是基於「天、地、人一體觀」的認識，由天、地的全尊，推及「民」的全親，又由「親民」、「愛民」推及「親親」、「興賢」。可列表比照如下：

① 《老子》第十章。
② 《孟子 盡心上》。

第五章 法治思想與民本政治思想

《孟子》：親→民→物

《黃帝帛書》：物（天地）→民→親

　　孟子的思想體系中，始於對人的自然親情的確認，然後提升到「仁民」政治倫理，最後實現「愛物」，超越具體的社會歷史情景，復歸於大自然的懷抱。這一思想體系在《中庸》中也有表述：「君子之道，造端乎夫婦；及其至也，察乎天地。」而《黃帝帛書》的思想體系中，始於對天地的認同，然後由天地推及人事，具體到「親民」的政治理想，最後才落實到自然親情。

三、因民思想

　　因民思想是要求執政者在施政過程中充分體察民情，順應民心有所作為的政治主張。因民思想是中國古代民本政治思想的重要內容，受到古代政治家和士人階層的高度重視，楚國執政者和道家學者，對因民的政治主張也多有論述。

　　《鬻子》一書提出了在選拔官吏時尊重民意、順從民心的政治主張。《鬻子》說：「王者取吏不妄，必使民唱，然後和。」[1]要求君王在選拔人才時民「唱」於前，王「和」於後，即在決策時將民意放在首要考慮的位置。對此，《鬻子》還有更進一步的論述：「明主撰吏焉，必使民興焉。士民與之，明上舉之；士民苦之，明上去之。」[2]這裡強調君王選吏要充分考慮民意，以士民的好惡為取吏的標準，而非以君王的好惡取吏。由此我們隱約可以看到，《鬻子》中已具有「還政於民」的思想以及「民選」意識。

　　春秋戰國時期，「國之大事，在祀與戎[3]」，戰爭與祭祀是國家的頭等大事，各諸侯國為此耗費了大量的人力與物力，使得百姓不堪

---

① 《鬻子　撰吏五帝三王傳政乙第三》。
② 《鬻子　撰吏五帝三王傳政乙第三》。
③ 《左傳　成公十三年》。

其苦。在這種情況下，楚莊王、伍舉、觀射父等人都從「因任民力」的角度出發，提出「因民」的政治主張。《國語　楚語下》記楚大夫伍舉說：「先君莊王為匏居之臺，高不過望國氛，大不過容宴豆，木不妨守備，用不煩官府，民不廢時務，官不易朝常。」楚莊王反對大興土木，主要是基於民力的考慮，這是「因民」思想的一種表現。春秋時期，楚國大夫觀射父針對祭祀規模不斷升級加碼的現象，提出了祭祀只「求備物，不求豐大」的主張，他基於「民力」的考慮，提出「敬不可久」的觀點，強調祭祀的時間不可太久，否則會消耗民力，使百姓不堪承受。

　　道家學者從道的基本原理出發，對因民思想也多有論及。道家宣導因順民心、民情的因民思想，主要是從其「道法自然」、無為而治的思想衍生而來的。《老子》說：「聖人常無心，以百姓心為心。」[①]意思是說，聖人永遠沒有自己的主觀意志，而只以百姓的意志作為自己的意志，要求統治者像聖人那樣做到「無心」，一切聽任百姓意願，將民心、民意作為執政之本，使執政理念實現從「官本位」向「民本位」的轉變。

　　楚系黃老道家從「因天」推及「因民」，要求執政者不僅要尊重自然規律，還要順應民心民意。黃老道家強調「因自然」、「因天」，要求執政者尊重自然的客觀規律，按客觀規律辦事。如《文子　道原》說：「故天下之事不可為也，因其自然而推之」，意即要因順客觀自然的規律來做事，而不可以人力強行為之。此外，在《黃帝帛書　十大經　稱》中也有「因天之則」的說法，這裡的「因天」與「因自然」表達的是同樣的意思。

　　黃老道家從「推天地以明人事」的思維方式出發，以天地自然推及人事，提出了「因民」的政治主張。《文子·自然》說：「因

----

① 《老子》第四十九章。

民之欲，乘民之力，為之去殘除害。」《文子　上義》也說：「故聖人因民之所喜以勸善，因民之所憎以禁奸」，要求執政者依順民眾願望，以「民之所喜」、「民之所憎」作為是非標準，依賴民眾力量「勸善」、「禁奸」，為他們消除禍患。《黃帝帛書　稱》還提出了「因民以為師」的主張，要求執政者把百姓當作自己的老師，以開放的心態虛心聽取百姓的意見。《鶡冠子　天則》認為，執政者對百姓的教化也要「因民」而教：「田不因地形，不能成穀；為化不因民，不能成俗。」以種田要因地制宜才有所收穫比喻教化百姓也要因順民心才能形成良好的民風民俗。總之，黃老道家所提倡的「因民之欲」、「因民之所喜」、「因民以為師」等政治主張，要求執政者充分重視民眾的意願、喜好以及民眾的意見，對提高百姓在政治中的作用和地位有一定的積極作用。不過，我們也應清醒地認識到，黃老道家提倡「因民」，其根本目的是為了使執政者更好地「牧民」。《文子　自然》說：「聖人之牧民也，使各便其性，安其居，處其宜，為其所能，周其所適，施其所宜，如此即萬物一齊，無由相過。」從這裡我們不難看出，黃老道家提倡「因民」，其根本目的是為了「因其能而條暢之」，通過「因民」達到「治民」的目的。

四、富民思想

富民思想在我國有極早的淵源。從《周書　洛誥》所說的「彼裕我民」，《大克鼎》所說的「惠於萬民」，反映出「裕民」、「惠民」思想已成為西周政治家的治國理念。我國古代的富民思想較為集中的出現在春秋戰國時期，這一時期諸子百家從不同角度闡發其富民思想，如儒家認為「富與貴，是人之所欲也[①]」，承認追求富貴是人的本性，具有其合理性，因此在儒家的政治理念中，以「養生喪死無

① 《論語　里仁》。

憾」為「王道之始」①，並提出了「因民之所利而利之」的主張②。墨子主張「兼愛」，要求執政者「摩頂放踵利天下」③，實現「國家富，財用足，百姓皆得暖衣飽食便寧無憂」的政治理想④。墨家還以節儉為富民之道，提倡通過「節用」、「節葬」、「節喪」達到富民的目的。法家的富民思想在不同時期有所變化，早期法家以富國與富民兼重，提出「凡治國之道，必先富民」的主張⑤，而到後期法家又主張「國富民貧」。這些不同的富民思想，反映了不同學術派別的政治主張與經濟思想。

春秋時期，以鬭子文、楚莊王、伍舉等為代表的楚國政治家們高度重視民生，他們要求執政者勤政為民，大力發展社會生產力，改善百姓的物質生活條件，使其衣食富足。

春秋前期楚國令尹鬭子文清廉勤政，律己恤民，他提出「從政者以庇民」的政治主張，強調執政者要以蔭庇百姓為神聖職責，使其生活富足，衣食無憂。子文身為令尹，卻不願領受令尹等秩的爵祿，有人對子文說：「人生求富，而子逃之，何也？」他說：「夫從政者，以庇民也。民多曠者，而我取富焉，是勤民以自封也，死無日矣。」⑥

子文不取爵祿以致富，是因為百姓不富有，他認為，民不富而執政者取富，其根本原因是因為執政者沒有做到勤政為民，這樣的執政是不能長久的。

春秋中期的楚莊王重視民生，提出了「民生在勤，勤則不匱」的

---

① 《孟子·梁惠王上》。
② 《論語·堯曰》。
③ 《孟子·盡心上》。
④ 《墨子·天志中》。
⑤ 《管子·治國》。
⑥ 《國語·楚語下》。

思想[1]，鼓勵百姓勤勞致富，同時也強調發展生產，振興經濟對於國家的重要性。楚莊王還說：「無德以及遠方，莫如惠恤其民，而善用之。」[2]意思是對於邊遠地區的百姓，執政者要施以恩惠，善待他們。楚莊王在位時，他的民生思想得到了很好的貫徹，楚國社會經濟保持安定和繁榮，即使在戰爭頻仍的情況下，仍能「使商、農、工、賈不敗其業[3]」。

楚莊王認識到，輕徭薄賦的惠民政策可以減少百姓的怨憤，從而使國家政治安寧。《說苑 權謀》載，楚莊王在攻伐陳國前，派人前往陳國打探情況。打探情況的人回來報告說，不能攻打陳國，理由是「其（陳國）城郭高，溝壑深，蓄積多，其國寧也。」楚莊王卻說：「陳可伐也。夫陳，小國也，而蓄積多；蓄積多則賦斂重，賦斂重則民怨上矣。城郭高，溝壑深，則民力罷矣。」楚莊王認為，蓄積、賦斂和民怨是聯繫在一起的。蓄積多，是重賦斂的結果，而重賦斂必然會導致民心怨上。楚莊王雖然說的是陳國的情況，但也從一個側面反映了他的「薄賦斂」主張。楚莊王薄賦斂的經濟思想對於後世楚國政治家產生了積極的影響。楚靈王時，楚大夫伍舉批評楚靈王的執政措施，他指出：如果統治者為了自己的私欲搜括百姓，就會造成百姓貧困，國家窮竭，從而危害到執政者的統治地位。伍舉對楚靈王說：「夫君國者，將民之與處，民實瘠矣，君安得肥？」[4]他對楚靈王說了一個極為簡單的道理：君王與百姓同處一國，百姓如果不富有，君王的財富又從哪裡來呢？由此可以看出，伍舉認識到「民富」與「國富」的關係是先「民富」後「國富」，「民富」是「國富」的基礎。同樣意思的話，也曾出自

① 《左傳 宣公十二年》。
② 《左傳 成公元年》。
③ 《左傳 宣公十二年》。
④ 《國語 楚語上》。

孔子：「百姓不足，君孰與足？」[1]

在楚國的士人階層中，道家的富民思想與儒家、墨家、法家都有所不同。一方面，道家並不反對百姓致富，主張執政者因順自然，無為而治，讓百姓自由地取得財富，從而達到「我無事而民自富[2]」的目的。另一方面，道家認為「多藏必厚亡[3]」，主張人們「見素抱樸，少私寡欲[4]」，要求百姓做到「無知無欲[5]」。道家所說的「民富」與「寡欲」、「無欲」並不是矛盾的，道家反對的是對財富過度地攫取，認為財富的多少應以主觀上自我滿足為度，這就是所謂的「知足者富也[6]」。應該說，道家的這種財富觀對於經濟尚不發達，生活水準較為低下的時代而言，對於解決社會財富的合理分配問題，是有一定的現實意義的。

楚系黃老道家受早期法家的影響，主張富國與富民兼重，如帛書《經法 六分》就提出了「國富而民昌」的主張。《經法 君正》篇對於如何「富民」提出了一系列行之有效的措施。《經法 君正》云：

人之本在地，地之本在宜，宜之生在時，時之用在民，民之用在力，力之用在節。知地宜，須時而樹，節民力以使，則財生，賦斂有度則民富，民富則有佴（恥），有佴（恥）則號令成俗而刑伐不犯；號令成俗而刑伐不犯，則守固戰勝之道也。

這裡提出的「富民」措施中，主要有強本、節用、「賦斂有度」

---

① 《論語 顏淵》。
② 《老子》第五十七章。
③ 《老子》第四十四章。
④ 《老子》第十九章。
⑤ 《老子》第三章。
⑥ 《老子》第三十三章。

第五章 法治思想與民本政治思想

等主張。首先是「強本」，即重視農業生產。從「人之本在地」一句可見黃老道家接受了法家以農業為立國之本的思想。法家以農業為本，以工商業為末，《韓非子‧詭使》即云：「倉廩之所以實者，耕農之本務也」。其次是節用，要求統治者節用民力，毋奪民時。其三是「賦斂有度」，即執行合理的賦稅政策，減輕百姓的賦稅負擔。

由於歷史的局限性，楚國的政治家和思想家們所提出的民本思想和主張，不可避免地打上了那個時代的烙印。古代民本思想中的「民」，是相對於「君」、相對於統治者而言的，其本質是為了維護封建統治者的統治地位。但是，應該承認楚國思想家們提出的「親民」、「愛民」、「信民」、「因民」、「富民」等民本思想，體現了樸素的重民價值取向，這些思想在一定程度上起到了緩和階級矛盾、減輕人民負擔的作用。隨著時代的發展，民本思想也不斷在發展。我們今天強調的以人為本、以民為本，雖然是對中國古代傳統民本思想的繼承，但與古代民本思想也有著實質上的區別。我們今天更多的是強調把人民的利益放在首位，體現人民當家作主的歷史地位，體現執政為民的政治理念。

第六章　南方兵學中心及其兵學思想

第一節　楚系兵學著作鈎沉

　　20世紀70年代，在山東臨沂銀雀山一號漢墓出土的兵法竹簡《孫子兵法》、《孫臏兵法》、《尉繚》、《六韜》等兵學著作面世後，學者們在考察先秦兵學時，一般都會把注意力集中在北方的齊國和魏國。李桂生〈先秦兵家流派初探〉指出：「先秦兵家，基本上可以為齊、魏兩大系統。」[①] 張豈之主編的《中國思想學說史》（先秦卷下冊）在論述先秦兵學時，設專章論述了「齊兵家孫武和孫臏」、「魏兵家吳起和尉繚」，也是以齊兵學和魏兵學作為先秦兵學代表的。李零的〈齊國兵學甲天下〉一文顯然有更為宏觀的視野，將先秦兵學分為三個子系統，其一為齊、燕系統，以《司馬法》、《吳孫子》、《齊孫子》以及〈太公〉和〈管子〉中的有關部分為代表；其二是晉、秦系統，以《尉繚子》、《吳子》為代表；其三是楚、吳、越系統，以楚國的《鶡冠子》為代表[②]。這裡儘管只是將楚兵學與吳、越兵學合論，但已承認楚兵學在先秦兵學中占有一席之地。

　　查《漢書　藝文志》，在「兵形勢類」著錄的兵學著作中有《楚

---

① 李桂生：〈先秦兵家流派初探〉，載《社會科學戰線》2005年第1期。
② 李零：〈齊國兵學甲天下〉，載錢伯城主編《中華文史論叢》第50輯，上海古籍出版社1991年版，第193頁。

兵法》一書：「《楚兵法》七篇，圖四卷。」在《漢書　藝文志》著錄的兵學著作中，沒有「齊兵法」和「魏兵法」，以國名名兵法者唯有《楚兵法》一書，這說明楚國兵學在先秦兵學體系中是自成一系且有著述傳世的。因此，在講先秦兵學時，如果只講北方齊、魏兵學，不講南方楚兵學，對於先秦兵學的認識是不全面的。事實是，先秦時期的兵學有兩個中心，即北方齊國兵學中心和南方楚國兵學中心。

據李零按國別和時代對《七略》所錄兵書進行的分類統計，先秦時期各諸侯國兵書數量大致是：齊國5部，燕國1部、晉國3部、魏國4部、趙國2部、秦國3部、楚國4部、吳國1部、越國2部，國別不詳者11部。以上所列兵書數量，齊國5部居首，其次是魏國和楚國各4部。在李零按國別所作的分類中，《五子胥》劃歸吳國，《范蠡》和《大夫種》劃入越國，如以國籍和學術背景而論，伍子胥、范蠡、大夫種（文種）都是楚國人，此三人都是在楚國接受的教育，其學術背景為楚學，因此這三人的著作應歸入楚國兵學。此外，《公勝子》一書，李零歸入「國別不詳」類，該書據考是楚國白公勝所作兵書，也應歸入楚國兵學。依此而論，《七略》中列入的楚國兵學著作就不是4部，而是8部，僅就數量而言，就居齊國之上了。

現將《漢書　藝文志》所錄楚兵學著作分述如下：

1.《范蠡》二篇。《漢書　藝文志》「兵權謀」類中著錄「《范蠡》二篇」，班固注云：「越王勾踐臣也。」范蠡的籍貫，古代文獻多記為「楚宛三戶人」。《史記正義》引《會稽典錄》曰：「范蠡，字少伯，越之上將軍也。本是楚宛三戶人。」又引《吳越春秋》云：「蠡字少伯，乃楚宛三戶人也。」漢高誘注《呂氏春秋　當染》云：「范蠡，楚三戶人，字少伯。」范蠡為楚人，早年在楚求學，所學亦為楚學。後仕越，為越王勾踐臣。范蠡仕越20餘年，助越滅吳。功成名就之後，他毅然隱退，「浮海出齊」。雖然范蠡將其所學運用到政治、軍事與經商實踐不在楚國，而在越、齊二國，但就籍貫和學術背

景而言，范蠡的思想體系應歸入楚學，因此，其兵學著作也應歸於楚兵學之列。

2.《大夫種》二篇。《漢書　藝文志》在「兵權謀」類「《范蠡》二篇」之後著錄「《大夫種》二篇」，班固注云：「與范蠡俱事勾踐。」大夫種即文種，楚人。孫詒讓《墨子間詁》云「《文選　豪士賦序》李注引《吳越春秋》云：『文種者，本楚南郢人也，姓文，字少禽』」文種在楚平王時任楚宛縣縣令，在任時結識范蠡，後被范蠡遊說離楚仕越，與范蠡同為越王勾踐臣。文種「勇而善謀[1]」，為越王獻「伐吳七術」（一說「九術」），為越國最終打敗吳國立下赫赫功勞。文種因不聽范蠡「功成身退」的勸說，留任越國，終不為越王勾踐所容，被賜劍自刎而亡。從文種的籍貫和學術背景而言，文種的兵學著作也應歸於楚兵學之列。

文種所著兵書《大夫種》二篇今已亡佚。東漢會稽人袁康等編纂的《越絕書》載有文種「伐吳九術」，其主要內容是：「一曰尊天地，事鬼神；二曰重財幣，以遺其君；三曰貴糴粟槁，以空其邦；四曰遺之好美，以為勞其志；五曰遺之巧匠，使起宮室高臺，盡其財，疲其力；六曰遺其諛臣，使之易伐；七曰強其諫臣，使之自殺；八曰邦家富而備器；九曰堅厲甲兵，以承其弊。」這些內容應該與兵書《大夫種》有關聯。

3.《鶡冠子》一篇。《漢書　藝文志》中著錄「《鶡冠子》一篇」，歸於道家類，班固自注云：「楚人，居深山，以鶡為冠。」又在兵家「兵權謀」類說：「省《伊尹》、《太公》、《管子》、《孫卿子》、《鶡冠子》、《蘇子》、《蒯通》、《陸賈》、《淮南王》二百五十九種，出《司馬法》入禮也。」可見，「《鶡冠子》一篇」原在劉歆《七略》中是歸入兵家類的，班固將其從兵家類別出，歸入

---

[1]《國語　吳語》。

道家類。

《漢書　藝文志》著錄《鶡冠子》僅一篇，今本《鶡冠子》為三卷十九篇。可見班固所見《鶡冠子》並非全本，而只是其中涉及兵家學說的一篇而已。今本《鶡冠子》中，涉及兵學的有《天權》、《近迭》、《兵政》等諸篇，班固所見或許只是其中的某一篇。《鶡冠子　學問》篇以道德、陰陽、法令、天官、神徵、伎藝、人情、械器、處兵為治國之「九道」，「處兵」雖位於「九道」之末，但足可見鶡冠子是重視兵道的。

4. 《楚兵法》七篇，圖四卷。《楚兵法》是《漢書　藝文志》中唯一一部被冠以國名的兵法書。《楚兵法》已失傳，今天只能從古代文獻對楚兵法的記載中管窺楚兵法的部分內容。春秋早期，楚武王創立名為「荊屍」的陳兵之法，並在列國爭霸的實戰中廣泛應用。《左傳　莊公四年》記：「楚武王荊屍，受師孑焉，以伐隨。」杜預注云：「屍，陳也。荊亦楚也，更為楚陳兵之法。」孔穎達疏：「楚本小國，地狹民少，雖時復出師，未自為法式。今始言『荊屍』，則武王初為此楚國陳兵之法，名曰『荊屍』，使後人用之。」「荊屍」是春秋早期楚武王所創立的一種排列兵陣的方法，應是《楚兵法》中的內容之一。楚國還有《令典》，也是講排兵佈陣的兵書。據《左傳　宣公十二年》載，春秋中期，孫叔敖為楚令尹，「擇楚國之令典」，據之排兵佈陣。其主要陣法是：「軍行，右轅，左追蓐，前茅慮無，中權，後勁。百官象物而動，軍政不戒而備，能用典矣」。這段文字比較簡略，理解起來頗多異議。據日本竹添光鴻《左氏會箋》說，「蓋楚分其軍為五部，而各有所任也」。「五部」即左右軍、前茅、中權、後勁，各部軍吏各司其職。「五部」軍陣的排列大致是，「前茅」是先鋒部隊，負責開路或偵探敵情，左軍負責輜重、糧草等後勤物質的運輸（「左追」），右邊是車戰的部隊（「右轅」），居於中間的是負責指揮作戰和制定作戰方案的人員（「中權」），兵陣的後

部是由精兵組成的後衛部隊（「後勁」）。整個軍陣排布先鋒與後衛前後呼應，步兵與戰車左右策應，指揮系統位居中間統帥全域，構成一個完整的體系。從《令典》的內容來看，也應是《楚兵法》中的主要內容。

　　5.《景子》十三篇。《漢書　藝文志》「兵形勢」類著錄有「《景子》十三篇」。顧實曰：「儒家《景子》三篇，蓋非同書。或曰此景子即景陽也。見《楚策》及《淮南子　泛論》篇。」[1]景陽是戰國時楚國著名將領，史載其人行為放縱，但有勇有謀，威震諸侯。《淮南子　泛論訓》載：「景陽淫酒，被髮而禦於婦人，威服諸侯。」《戰國策　燕策》「齊、韓、魏共攻燕」章對楚將景陽用兵戰術略有記載。齊、魏、韓三國攻燕，燕使太子求救於楚，楚王命景陽為將救燕。從景陽救燕的過程來看，景陽用兵講地利，重謀略。楚軍宿營時，景陽派左右二司馬各自選地安營紮寨，立木表為界。景陽視察兵營後發現楚軍營地地勢太低，山洪襲來時會有全軍淹沒的危險，即下令遷往地勢高處駐營。第二天天下大雨，山洪暴發，原先安營的地方，木表都被洪水淹沒了。由此可見，景陽用兵十分注重對天時、地勢的觀察。在救燕時，景陽並沒有直接迎擊齊、韓、魏三國主力，而是轉而攻取魏國的雍丘，並把它送給宋國，迫使齊、韓、魏三國停止圍攻燕國。景陽運用避實擊虛的戰術，成功解救了燕國之圍。在撤軍的過程中，因魏軍駐紮在楚軍的西邊，齊軍駐紮在東邊，楚軍面臨左右夾擊的威脅，景陽又使用「離間計」成功脫險。景陽下令打開楚國軍營的西門，讓楚軍營西門白天車馬來來往往，晚上燭火照得通亮，還經常派使者到魏軍駐地去，此舉讓齊軍感覺到楚軍正和魏軍密切往來，因擔心燕、楚兩軍要聯合魏軍算計合擊齊軍，齊軍主動撤離了戰

① 　顧實〈漢書藝文志講疏〉，引自張舜徽《漢書藝文志通釋》，湖北教育出版社1990年版，第243頁。

場。魏國因失去了盟軍齊軍的支持，也連夜撤退了。在救燕和撤軍過程中，景陽均以謀略取勝，這也是景陽兵學的一個特色。從景陽救燕一例，即可說明景陽是戰國時期楚國的著名軍事家，顧實以《景子》為景陽的兵學著作，是有一定依據的。

6.《五子胥》十篇，圖一卷。《漢書　藝文志》「兵技巧」類著錄有「《五子胥》十篇，圖一卷」。五子胥即伍子胥，名員，字子胥。伍子胥出身於伍氏公族世家，其祖父伍舉、父親伍奢是春秋中晚期楚國的重要佐臣。伍子胥因父兄在楚國遭讒被殺，出奔至吳國。伍子胥早年在楚國受到良好的教育，兼備文韜武略，其父伍奢稱讚說：「胥為人少好於文，長習於武，文治邦國，武定天下，執綱守宦，蒙垢受辱，雖冤不爭，能成大事。」其兄伍尚則稱其「勇於策謀[1]」。《漢志》所載兵書《五子胥》今已不存，只賴六朝古注保留隻言片語。《史記　南越列傳》云：「故歸義越侯二人為戈船、下厲將軍。」《集解》注引臣瓚曰：「《伍子胥書》有戈船，以載干戈，因謂之『戈船』也。」又，《漢書　武帝紀》云：「甲為下瀨將軍，下蒼梧。」臣瓚注曰：「瀨，湍也；吳越謂之瀨，中國謂之磧。《伍子胥書》有『下瀨船。』」清洪頤煊以為，西晉學者臣瓚注引中所說的《伍子胥書》即《漢書　藝文志》中著錄的《五子胥》，洪頤煊在其《讀書叢錄》中說：「《武帝紀》臣瓚曰：《伍子胥書》有戈船，又曰《伍子胥》有下瀨船，此當在兵技巧家十篇中。」[2]

《伍子胥書》中多言戰船如戈船、下瀨船，可見該書的內容與水戰有關。伍子胥是古代水戰兵法的開創者，在中國兵學史上具有重要地位。近代學者余嘉錫《四庫提要辯證》卷七云：「蓋古之兵書，言水戰者，自子胥始，故其書有『戈船』『下瀨船』」，又引

① 《吳越春秋　王僚使公子光傳》。
② 〔清〕洪頤煊《讀書叢錄》卷二〇。

《太白陰經　水戰具篇》云：「水戰之具，始自伍員，以舟為車，以楫為馬。」以下三則佚文，據信是伍子胥《水戰兵法》的內容，十分珍貴。

李善《文選注》三十五引《越絕書　伍子胥水戰占領法內經》曰：「大翼一艘長十丈，中翼一艘長九丈六尺，小翼一艘長九丈。」

《太平御覽　兵部四十六　水戰》引《越絕書》載：「《越絕書》曰：伍子胥《水戰兵法》：『大翼一艘，廣丈六尺，長十二丈，容戰士二十六人，櫂五十人，舳艦三人，操長鉤矛斧者四吏，僕射長各一人，凡九十一人，當用長鉤矛長斧各四，弩各三十四，矢三千三百，甲兜鍪各三十二。』」

《太平御覽》卷七七〇引《越絕書》記伍子胥對闔閭曰：「船名大翼、小翼、突冒、樓舡、橋舡。今舡軍之教，比陵軍之法，乃可用之。大翼者，當陵軍之車；小翼者，當陵軍之輕車；突冒者，當陵軍之沖車。樓舡者，當陵軍之行樓車也。橋舡者，當陵軍之輕足剽定騎也。」

由上可見，伍子胥《水戰兵法》根據江南湖泊眾多，水網密佈的地理條件，將陸戰戰車的配備經驗運用於水戰戰船，對戰船的裝配，兵種、兵力的配置均有詳細的論述，對中國古代水戰軍事理論具有開創性的意義。

7.《公勝子》五篇，圖一卷。《漢書　藝文志》「兵技巧」類著錄有「《公勝子》五篇，圖一卷」。《公勝子》的作者有兩說，一說是楚大夫白公勝。王先謙《漢書補注》曰：「葉德輝曰，次《伍子胥》後，疑《左傳》楚昭王時之白公勝也。」另一說以為「公勝」即「公乘」，《公勝子》為公乘氏所作。楊樹達《漢書窺管》稱：勝、乘古音同，「公勝疑即公乘」，並引《說苑　善說篇》記魏文侯欽酒，公乘不仁為觴政，又引《漢書　張耳傳》記公乘氏以女妻陳余為證。以上兩說之中，以白公勝所作之說為優。白公勝，楚平王嫡孫，楚太子

建之子。早年隨父太子建出逃鄭國、吳國。楚惠王二年（前487），應召回國，封在白地（今河南息縣東），號白公。前479年，白公勝以獻戰利品為名，帶兵入郢，劫持楚惠王，殺楚國諸大臣，史稱「白公之亂」。楚大臣葉公子高入郢平亂，白公勝兵敗，自縊而死。倉修良等纂《漢書辭典》說：「葉說更為可信。因白公勝為楚太子建之子，建被害死，勝為報害父之仇，曾練武起兵，欲奪取政權，史稱白公之亂，故作兵書亦在情理之中。」[1]白公勝好兵法，其後世代為名將，據白居易《楚王白勝遷神碑》：白公之亂後，「四子奔秦，咸為名將」。戰國時期「四大戰神」之一、秦國名將白起即為白公勝九世孫。白起拔郢後，曾到白公勝殞身之處的荊山之谷祭拜先祖[2]。

8.《蒲苴子弋法》四篇。《漢書　藝文志》「兵技巧」類著錄有「《蒲苴子弋法》四篇」。蒲苴子，亦作蒲且子，楚國著名的弋射者。《淮南子　覽冥訓》：「蒲且子之連鳥於百仞之上，而詹何之鶩魚於大淵之中。」高誘注：「蒲且子，楚人，善弋射者。」《列子　湯問》記詹何對楚王言曰：「蒲且子之弋也，弱弓纖繳，乘風振之，連雙鶬於青雲之際，用心專，動手均也。」依此而論，《蒲苴子弋法》為楚人蒲苴子論弋射技法的兵書。

《漢書　藝文志》把兵家的著作劃分為「兵權謀、兵形勢、兵陰陽、兵技巧」四大類，其中所著錄的楚兵書歸入「兵權謀」的有《范蠡》、《大夫種》、《鶡冠子》（《七略》歸入兵家，《漢書　藝文志》歸入道家）3種，歸入「兵形勢」的有《楚兵法》、《景子》2種，歸入「兵技巧」的有《五子胥》、《公勝子》、《蒲苴子弋法》3種。

---

① 　倉修良等：《漢書辭典》，山東教育出版社1996年版，第131頁。
② 　張乃翥：〈記洛陽出土的兩件唐代石刻〉，載《河南科技大學學報》2005年第1期。

第二節 「武有七德」與「戰之六器」

武德是對戰爭參與者提出的倫理道德上的規範和要求，是用兵的道德操守和準則。「武德」一詞在先秦文獻中已出現，如《國語　晉語九》云：「有孝德以出在公族，有恭德以升在位，有武德以羞為正卿，有溫德以成其名譽。」《尉繚子　兵教》云：「所以開封疆，守社稷，除患害，成武德也。」最早對「武德」進行全面闡述的，是春秋中期的楚莊王。

《左傳　宣公十二年》記載，楚國在楚、晉邲之戰中大獲全勝，楚大夫潘党建議楚莊王把晉兵屍體收集並堆積起來，壘成高大的「京觀」，以告示子孫。楚莊王明確表示反對潘黨的建議，提出了「武有七德」的思想。他說：

> 夫武，禁暴、戢兵、保大、定功、安民、和眾、豐財者也，故使子孫無忘其章。今我使二國暴骨，暴矣；觀兵以威諸侯，兵不戢矣；暴而不戢，安能保大？猶有晉在，焉得定功？所違民欲猶多，民何安焉？無德而強爭諸侯，何以和眾？利人之幾，而安人之亂，以為己榮，何以豐財？武有七德，我無一焉，何以示子孫？

所謂武之「七德」，是指禁止暴行、消弭戰爭、保居高位、鞏固功業、安定民心、和諧百姓、增加財富。楚莊王把「禁暴」作為「武德」的首要之德，它所強調的是兩個層面的意義：其一，戰爭是禁止一切暴虐行為的最有效手段；其二，只有在「禁暴」的名義下發動的戰爭才是正義的戰爭。楚莊王強調「禁暴」這一前提，既反對無端地發動戰爭去侵犯其他國家，又反對有能力發動戰爭的人利用戰爭去實現個人野心，魚肉人民。楚莊王兩次率兵攻伐鄭國。第二次攻入鄭國都城後，鄭襄公行臣服之禮，「肉袒牽羊」迎接楚莊王進城。此時，

楚國眾臣力主滅掉鄭國，但楚莊王認為不可，他說：「所謂伐，伐不服也，今已服，尚何求乎？」意思是說，戰爭攻伐的目的是使敵方臣服，一旦敵國臣服了，攻伐的目的也就達到了。攻入鄭國的都城，已經達到了「禁暴」的目的，若再滅其國，就偏離了「禁暴」的戰爭宗旨了。

諸子百家興起後，各家試圖對戰爭的性質作出理性的解釋，這些解釋多以「禁暴」作為戰爭的根本出發點。孔子說：「聖人之用兵也，以禁殘止暴於天下也。」他認為戰爭的目的，是禁止殘殺和暴虐老百姓的行為，以維持天下的治安和太平。孔子在「用兵」二字之前加上了「聖人」二字，強調他所說的戰爭是正義的戰爭。荀子師承孔子「禁殘止暴」的思想，提出「彼兵者，所以禁暴除害也[1]」，顯示和發揚以仁義為本的儒家思想。兵家尉繚子也認為戰爭的目的在於「誅暴亂，禁不義[2]」，同樣是強調戰爭的作用和目的是誅暴禁亂。

楚莊王的「武德」思想中，第二「德」是「戢兵」。《左傳》孔穎達疏：「戢干戈，櫜弓矢，戢兵也。」「戢兵」的本義為收藏兵器，引申為停止戰爭。楚莊王認為，戰爭是無法避免的，只有通過武力才能阻止戰爭、消弭戰爭。楚莊王提出了「止戈為武」的著名論斷，意即以武力止息干戈，保衛和平。楊伯峻說：「止戈為武」乃「春秋時人因賦予以哲學意義，所謂『戰以止戰』，亦猶『刑期無刑』、『殺以止殺』之意，而造字之初固未必能瞭此。[3]」「武」的本義並非止息戰爭之義，而是「某種軍事性舞蹈，兼含祭神、祈福、誇兵、記功和實際操兵演練的所謂戰舞[4]」。楚莊王用「拆字」法，將「武」字拆分為「止戈」二字，又以「止戈」之義釋「武」，賦予了

① 《荀子·儀兵》。
② 《尉繚子·武議》。
③ 楊伯峻：《春秋左傳注》，中華書局1981年版，第744頁。
④ 唐諾：《文字的故事》，上海人民出版社2010年版，第142頁。

「武」字全新的意義，也是對「戢兵」武德思想的一種新的闡釋。

楚莊王的「武德」思想中，第三「德」是「保大」。「保大」一詞，有人望文釋義，認為「保大」是「保持強大」的意思，也有人認為是「安於大位」之意，如《文選　陸機〈漢高祖功臣頌〉》有「保大全祚」之語，呂延濟注曰：「安於大位而能全福者，非德不可也。」這兩種解釋與「武德」不符。「保大」之「大」應是「土」字，土、大因形近而訛。唐黃滔《多寶塔碑記》云：「至如戢兵、保土，安民、和眾之類，亦猶川陸之徂秦適洛焉。」「戢兵、保土，安民、和眾」即引自楚莊王「武之七德」，「戢兵」之後，即作「保土」，而不作「保大」。「土」字訛為「大」字，在古文獻中可以找到例證。如《漢樂府　孤兒行》：「面目多塵，大兄言辦飯」，逯欽立所編的《先秦漢魏南北朝詩》中說：「詩中大兄之大，為土之訛字。當屬上句，作面目多塵土。」「保土」意即保衛國家疆土，這也是「武德」應有之義。

其餘武之四德為「定功、安民、和眾、豐財」，均與民生有關。「定功」，即鞏固功業；「安民」，即安定民心；「和眾」，即和諧百姓；「豐財」，即增加財力。可見楚莊王的武德思想中，集中體現了他重視民生的思想。

與楚莊王同時的楚國教育家與軍事家申叔時在「武有七德」的基礎上提出了「戰之六器」的思想，進一步對楚莊王的武德思想進行了豐富和完善。申叔時說：

德、刑、詳、義、禮、信，戰之器也。德以施惠，刑以正邪，詳以事神，義以建利，禮以順時，信以守物。民生厚而德正，用利而事節，時順而物成。上下和睦，周旋不逆，求無不具，各知其極。[1]

---

[1] 《左傳　成公十六年》。

申叔時的戰爭觀是一種全面的戰爭觀，他認為，戰爭不是孤立的軍事行為，它與政治、經濟、倫理等有著密切的關係。申叔時從戰爭與「六器」（德、刑、詳、義、禮、信）、戰爭與經濟、戰爭與民心三個方面闡述了他的軍事思想。

　　申叔時認為「德、刑、詳、義、禮、信」與兵器一樣，在戰爭中發揮著作用，能成為戰爭取勝的武器。「戰之六器」中，德與刑居於首位。德與刑是春秋時期政治思想與法律思想中經常使用的一對概念，申叔時將其運用到軍事上來，主張在戰爭中「德以施惠，刑以正邪」，對敵方刑德並用，恩威並施，達到瓦解敵軍和打擊敵軍的目的。

　　「義」與「不義」是春秋時期衡量戰爭合理性的根本標準。何謂「義」，古代兵家的解釋是：「禁暴救亂曰義。」[1]申叔時的軍事思想中也強調了「義」，即主張「義戰」。申叔時強調「義」的同時，也不否認「利」，並提出了「義以建利」的命題，即強調戰爭中獲得利益應該是建立在「義」的基礎上，背離「義」而獲「利」是他所反對的。《左傳　宣公十一年》記，楚莊王滅陳，並置陳為楚縣。群臣皆賀，唯獨申叔時不來祝賀，楚莊王問：「夏征舒為不道，弒其君，寡人以諸侯討而戮之，諸侯、縣公皆慶寡人，汝獨不慶寡人，何故？」楚莊王認為，陳國司馬夏征舒殺了陳侯，他出兵滅掉陳國正是「禁暴救亂」的義舉，但申叔時卻提出了不同的看法，他說：

　　夏征舒弒其君，其罪大矣，討而戮之，君之義也。抑人亦有言曰：「牽牛以蹊人之田，而奪之牛。」牽牛以蹊者，信有罪矣；而奪之牛，罰已重矣。諸侯之從也，曰討有罪也。今縣陳，貪其富也。以討召諸侯，而以貪歸之，無乃不可乎？

----

① 《吳子　圖國》。

234

申叔時肯定楚莊王出兵伐陳是「義」的表現，同時他又認為，討伐有罪之人後又取其國占為己有，正如牛踐踏了他人的莊稼後，莊稼受損的人將牛收歸為己有一樣，其性質已經發生了變化。為「貪其富」發生戰爭是為「利」而戰而不是為「義」而戰，因而戰爭的性質也就發生變化了。由此可見，申叔時提出「義以建利」的命題，是強調在整個戰爭中，始於「義」而終於「義」，「利」只能建立在「義」的基礎之上，而不能違背「義」。楚莊王接受了申叔時的勸說，取消陳縣，恢復陳國。

申叔時的「六器」理論中，提出「禮以順時，信以守物」，強調在戰爭中要信守禮與信的原則。《左傳 成公十五年》記，楚國司馬子反要違反晉、楚兩國既定的盟約，向中原出兵。申叔時說：「信以守禮，禮以庇身，信、禮之亡，欲免得乎？」申叔時認為，戰爭中，作戰雙方要信守盟約、遵循軍禮；如果在戰爭中不講「禮」，也不講「信」，那麼戰爭的失敗就不可避免。

申叔時的軍事思想中雖然強調信用和誠信，但並不排除使用「詭道[①]」，以謀略取勝。他首創的「築室反耕」的兵法，就是在戰爭中運用「詭道」以謀取勝的明證。《左傳 宣公十五年》記載：楚莊王圍打宋國，久攻不克。城內的宋人易子而食，城外楚軍也僅剩下數日之糧。正當楚莊王準備退兵的時候，申叔時向楚莊王獻計說：「築室反耕者，宋必聽命。」讓楚莊王在宋國都城外建造房舍，墾地耕作，以示不攻下宋城決不撤圍的決心。楚莊王採納了申叔時的計策，宋人大恐，主動要求媾和，並與楚國簽訂「城下之盟」。申叔時的「築室反耕」之計，既動搖了敵方的軍心，也鞏固了己方的士氣，從而達到了「不戰而屈人之兵」的目的。

---

① 《孫子兵法 計篇》。

第六章 南方兵學中心及其兵學思想

第三節　楚道家的兵學思想

　　在學術史上，關於《老子》一書的性質，存在著該書是否為兵書的討論。有學者認為，《老子》一書本質上是一部兵書。這種觀點在宋代以前尚不十分明確。如唐代王真《道德經論兵要義述》說「五千之言」的《老子》一書「未尚有一章不屬意於兵也」。王真認為，《老子》五千言的字裡行間多有涉及兵學的內容，但並沒有明確說《老子》就是兵書。宋代鄭樵在《通志略》中首次將《老子》一書收錄於兵家兵書類，明確認定《老子》就是一部兵書。通觀《老子》全書，直接談論兵道的內容並不多。號稱為「中國第一部兵學巨著」的《中國兵學集成》並沒有全部收入《老子》一書，只收入了《老子》第三十章、第三十一章、第三十六章、第三十七章、第五十七章、第六十七章、第六十八章、第六十九章，共計8章，收入該書的內容還不到《老子》全書八十一章的10%。至於唐代王真從《老子》五千言中的每一章都讀到了「屬意於兵」的內容，其實是由《老子》這部書的性質所決定的。《老子》一書本質上是討論天地自然與人類社會規律的一部哲理書，《老子》的最高的哲學範疇是「道」，其他的一切思想都是從「道」作為根本出發點引申和闡發出來的。《老子》試圖由「道」出發，探尋解決人類社會一切問題的總規律。戰爭在《老子》一書產生的年代是極其頻繁的社會現象，也可以說戰爭是那個特定時代的思想家不可能回避的社會問題。因此《老子》一書中從道的高度來談論對戰爭的各種看法，也自然會形成在道家思想體系之下的兵學思想。因此，《老子》一書，本質上是哲學，而不是兵學。

　　《老子》的本質雖然並不是一部兵書，但其在中國古代兵學思想發展史上仍具有重要價值。老子的後學大都繼承了從道的哲學根本出發探討兵學規律的傳統，如屬於楚系黃老學派著作的《文子》、《黃帝帛書》、《鶡冠子》等書，都涉及兵學的內容。不僅如此，這些著

作所反映的兵學思想，與《老子》一書的兵學思想保持著高度的一致性。道家的主要兵學思想可以歸納為如下幾個方面：

一、「儉武」、「偃武」的非戰思想

在《老子》一書中，談及對戰爭的態度的內容集中在第三十章和第三十一章：

以道佐人主者，不以兵強天下，其事好還。師之所處，荊棘生焉。大軍之後，必有凶年。善有果而已，不敢以取強。果而勿矜，果而勿伐，果而勿驕，果而不得已，果而勿強。物壯則老，是謂不道，不道早已。[①]

夫兵者，不祥之器，物或惡之，故有道者不處。君子居則貴左，用兵則貴右。兵者不祥之器，非君子之器，不得已而用之，恬淡為上。勝而不美，而美之者，是樂殺人。夫樂殺人者，則不可得志於天下矣。吉事尚左，凶事尚右。偏將軍居左，上將軍居右，言以喪禮處之。殺人之眾，以悲哀泣之，戰勝以喪禮處之。[②]

河上公注《老子》將第三十章命題為《儉武》，將第三十一章命題為《偃武》。應該說河上公用「儉武」和「偃武」來概括《老子》這兩章的主旨是非常精到的，反映了老子對戰爭的根本態度。「儉武」的「儉」有「約束」、「限制」和「節制」之意，所謂「儉武」，就是約束戰爭、限制戰爭和節制戰爭。「偃武」的「偃」是停止、停息的意思，「偃武」即停止戰爭。老子一方面反對戰爭，但同時他也意識到在當時的時代條件下，完全止息戰爭是不可能的，所以退而求其次，主張約束戰爭的頻率，限制戰爭的規模，盡可能減少戰

①　《老子》第三十章。
②　《老子》第三十一章。

第六章　南方兵學中心及其兵學思想

爭給人們帶來的痛苦和災難。老子的「儉武」、「偃武」論，是基於對生命的尊重和對蒼生的悲憫而提出來的。在現實中，他認識到，戰爭給社會生產力和人民生命造成極大的破壞。「師之所處，荊棘生焉；大軍之後，必有凶年。[①]」他認為，戰爭對人類而言是「不祥之器」，只能「不得已而用之」。以兵為「不祥之器」，是老子後學黃老學派的一致觀點。如《文子‧微明》說：「故兵者，不祥之器也，非君子所寶也。」《黃帝帛書‧經法‧七論》則稱統治者危害國家有三大「凶器」，戰爭是其一，「三凶，一曰好凶器，二曰行逆德，三曰縱心欲」。正因為道家學者認為戰爭為「不祥之器」，是「凶器」，所以道家主張在戰爭不可避免的情況下，要最大限度地對戰爭進行約束和限制，除非「不得已」的情況下，才使用戰爭的手段解決問題。

二、「守柔曰強」的戰略思想

老子談兵學和兵家談兵學的最大不同在於，老子是從哲學的角度、以「道」為最高範疇和法則談軍事戰略與戰術，即是用道家的理論來指導軍事實踐。

老子的哲學思想中具有樸素的辯證法思想，他認為事物的發展是陰陽兩種相反相成的力量互相作用的結果，並提出「萬物負陰而抱陽」、「反者道之動」等著名哲學命題。在陰、陽兩個對立面中，老子更注重陰柔所具有的價值和意義。老子從一些直觀的、經驗的認識中，發現了柔弱勝剛強的道理。比如人初生之時，身體是柔弱的，死了以後就變得僵硬了，草木初生之時也是柔弱的，秋天時就變成了枯槁。由此他得出一個結論：「故堅強者死之徒，柔弱者生之徒。[②]」將這一結論運用到軍事上，就是「弱之勝強，柔之勝剛」，由此，老

---

① 《老子》第三十章。
② 《老子》第七十六章。

子提出了「守柔曰強」的軍事謀略。強調柔中有強，柔能克剛，是老子兵學思想中的重要戰略思想。

從「守柔曰強」的戰略思想出發，老子強調在戰爭中要對一系列矛盾對立的因素作出反向的取向，也就是要在主與客、進與退、攻與守、強與弱等各種關係中作出負向的取值。《老子》六十九章說：「用兵有言：『吾不敢為主，而為客；不敢進寸而退尺』，是謂行無行，攘無臂，扔無敵，執無兵。」所謂「主」，是主動進攻的一方，所謂「客」，是被動防禦的一方。所謂「進寸」，是指小幅度的進攻，所謂「退尺」，是指大幅度的撤退。老子主張，在軍事行動中，不要成為主動進攻的一方，而要成為被動防守的一方，表面上看起來，是一種消極的逃跑主義，但老子接下來把這樣做的戰略意圖說得很清楚了。他說：「禍莫大於輕敵，輕敵幾喪吾寶。故抗兵相若，哀者勝矣。」[1]意思是說，「客」方的退守很容易讓「主」方滋生輕敵的心理，而一旦主方嚴重輕敵，作為「客」方的「哀者」取勝的機會就到來了。由此可見，「守柔曰強」的戰略思想表面上是在消極退守和防禦，但實際上卻是一種「以退為進」的謀略。

此外，老子還提出了「不爭而善勝」、「善為士者不武，善戰者不怒，善勝敵者不與」等一系列論斷[2]，他認為，「不武」、「不怒」、「不與」都是「守柔」的「不爭之德」，是克敵制勝的重要法寶。

《文子 道原》繼承《老子》「守柔曰強」的戰略思想，提出了「積柔即剛，積弱即強」的主張：

欲剛者必以柔守之，欲強者必以弱保之；積柔即剛，積弱即強，

---

① 《老子》第六十九章。
② 《老子》第六十八章。

觀其所積，以知存亡。強勝不若己者，至於若己者而格，柔勝出於己者，其力不可量，故「兵強即滅，木強即折」。[①]

　　和《老子》「守柔曰強」思想相比，《文子》中的思想應該還是有所不同的。《文子》重視「柔弱」向「剛強」轉化的過程，重點強調一個「積」字。所謂「積」，就是積累、積蓄。從柔轉剛、從弱轉強，是一個不斷「積柔」、「積弱」的過程，這是一個由量變到質變的轉化過程，柔弱的力量只有通過不斷積累產生質變，最後才能積柔成剛，積弱成強。因此，在軍事實踐中，必須學會「觀其所積，以知存亡」。

　　老子「守柔曰強」的戰略思想，在後世兵學中還有不同的解讀。如《淮南子　兵略訓》說：「用兵之道，示之以柔而迎之以剛，示之以弱而乘之以強，為之以歙而應之以張」。這裡所說的「柔」與「剛」、「弱」與「強」的關係，已不是從柔轉剛、從弱轉強，而是表面上示以弱小欺騙對方，轉而以強大痛擊對方。

三、「以奇用兵」的戰術原則

　　在用兵謀略方面，《老子》提出了「以正治國，以奇用兵」的思想。老子認為，治國與用兵要有不同的策略，前者用「正」，後者用「奇」。關於軍事上「奇」的戰術原則，古人有各種不同的理解。

　　其一，「奇」指奇譎和權詐。《管子　小問》云：「〔桓〕公曰：『野戰必勝，若何？』管子對曰：『以奇』」。房玄齡注：「奇，謂權譎以勝敵也。」又，《史記　田單傳》：「太公曰：『兵以正合，以奇勝。』」司馬貞《索隱》：「奇，謂權詐也。」

　　其二，「奇」指非常規的手段與方法。《淮南子　修務》云：「喻於道者不可動以奇」，高誘注：「非常曰奇。」

---

① 《文子·道原》。

其三，以出兵時機先後而論，後出兵為「奇」。《孫子兵法‧勢》云：「奇正是也」，曹操注：「先出合戰為正，後出為奇。」

其四，以出兵迎戰的正面或側面方位而論，從側面出兵迎敵為「奇」。《孫子兵法‧勢》李筌注：「當敵為正，傍出為奇。」

其五，以軍陣進攻或後退而論，軍陣後退為「奇」。《孫子兵法‧勢》張預注引李衛公曰：「兵以前向為正，後卻為奇」。

其六，出其不意，擊其不備為「奇」。《後漢書‧袁紹傳》李賢注：「正者當敵，奇者擊其不備。」

以上諸說，哪一種符合《老子》書中的本意呢？河上公、王弼注《老子》「以奇用兵」，均以「詐」釋「奇」。這一解釋似不盡符合老子的本意。就老子的思想體系而言，老子是主張「道法自然」，順應人的本性，而反對各種機巧和偽詐的。今本《老子》和郭店楚簡《老子》在文本上有一個重要的不同之處，就是今本《老子》第十九章作：「絕聖棄智，民利百倍；絕仁棄義，民復孝慈；絕巧棄利，盜賊無有。」在郭店楚簡《老子》中一些關鍵性的文字發生了變化，作「絕智棄辯，民利百倍。絕巧棄利，盜賊亡有。絕偽棄慮，民復季子。」顯然，今本《老子》有後人篡改的跡象，這段文字應以簡本《老子》為准。簡本《老子》明確反對「智」、「辯」、「巧」、「利」、「偽」、「慮」，與道家主張順應自然的思想是相吻合的。「權詐」是「心巧」與「偽詐」的產物，是《老子》明確反對的。由此可見，《老子》所說的「以奇用兵」，是不能用「詐」、「權譎」、「權詐」來解釋的。

以上諸說中，其三、其四、其五、其六都出自後世兵家或注家對《孫子兵法‧勢》中所說「奇正是也」一語的解釋。《孫子兵法‧勢》所說的「奇正」，是指針對打仗時軍陣運動的不同變化而言的，具體而言是指軍陣前進與後退、出兵的正面與側面，以及出兵時間的先後等等，這裡所說的「正」與「奇」是兵家調兵的術語，與《老

子》所說的「以奇用兵」的戰術原則並不吻合。以上諸說中，唯有「其二」說中，高誘注《淮南子》所說的「非常曰奇」最接近《老子》「以奇用兵」的本義。所謂「非常」，就是指在戰爭中使用敵方預想不到的、非常規的戰術與手段制敵，以取得戰爭的最後勝利。

老子也認識到，在兵戰實踐中，「正」與「奇」、常規與非常規並不是一成不變的，二者是可以互相轉化的，故而《老子》第五十八章又提出了「正復為奇」的思想，強調「正」與「奇」是相對而存在的，在一定條件下，「正」也可以轉化為「奇」。《文子 上禮》中有一段文字，對「正復為奇」作了很好的解釋。

故以異為奇。奇，靜為躁奇，治為亂奇，飽為饑奇，逸為勞奇，正之相應，若水火金木之相伐也，何往而不勝。

《文子》認為，所謂「奇」，就是相「異」，是指矛盾的對立面。靜躁、治亂、飽饑、逸勞都是相反相成的對立面，而每一組對立面，躁、亂、饑、勞是「正」的話，則靜、治、飽、逸就是與之相應的「奇」。與上引《文子 上禮》大致相同的文字還見於《孫臏兵法 奇正》、《淮南子 兵略》。《淮南子 兵略》引《文子 上禮》最後一句作：「奇正之相應，若水火金木之代為雌雄也。」這裡已明確說，所謂「奇正」，與「雌雄」一樣，是陰陽對立面的不同表述。《老子》和《文子》都以為，在戰爭中，要注重敵我對立的各種情勢，抓住有利時機，使情勢朝有利於我方方向發展，最後達到以奇制勝的目的。

後世兵家所說的「欲擒故縱」的戰術，就是「奇」的戰術的具體運用。《老子》云：「將欲歙之，必固張之；將欲弱之，必固強之；將欲廢之，必固興之；將欲取之，必固與之。」意思是說，想要收攏合圍敵方，必先張開大網；想要使敵方削弱，必先放任敵方的強大；

想要消滅敵方，必先使敵方興盛；想要從敵方有所獲取，必先對敵方有所給予。這種在《老子》中稱為「微明」的戰術，就是運用辯證法的思想武器，反其道而行之，使敵方的勢力達到一個極點後，發生「物極必反」的質的轉變，然後借機消滅敵方。老子把這種「奇」的戰術視為「國之利器」。

四、「天地人相參」的取勝之道

道家認為，道是宇宙萬物和人類的本原，而宇宙萬物和人類又是相互關聯和統一的。《老子》第二十五章說：「故道大、天大、地大、人亦大。域中有四大，而人居其一焉。人法地，地法天，天法道，道法自然。」天、地、人作為宇宙萬物中重要組成部分，與作為本源的道，共同構成宇宙中的「四大」。莊子繼承了老子的思想，進而提出：「天地與我並生，而萬物與我為一。」[①] 這裡所說的「我」就是《老子》所說的「人」。莊子認為天、地與人同生於道，是統一的整體。道家學者將這一思想運用到軍事領域，提出「天地人相參」是戰爭取勝最重要的條件。范蠡指出，天時、地利、人和在戰爭中具有決定性的作用。范蠡說：「夫人事必將與天地相參，然後乃可以成功。」[②] 韋昭注：「天地人事三和，乃可以成大功。」范蠡認為，天、地、人是統一整體，在謀劃軍事時，要將三者緊密聯繫在一起進行考慮，才能最後走向成功。

產生於戰國中期的《黃帝帛書》中，也有「天地人相參」的明確表述。帛書《經法　大分》云：「王天下者之道，有天焉，有人焉，又（有）地焉。參（三）者參用之，□□而有天下矣。」《經法　四度》云：「參於天地，合於民心。」《十大經　前道》云：「合於天地，順於民（心）」，以上三處都是帛書對「天地人相參」思想的一

---

① 《莊子·齊物論》。
② 《國語　越語下》。

般性表述。具體到軍事上,《十大經　兵容》說:

> 兵不刑天,兵不可動;不法地,兵不可昔(措)。刑法不人,兵不可成。

「刑天」之「刑」有「效法」之意,如《尚書　文侯之命》:「汝肇刑文武。」毛傳:「言汝今始法文武之道矣。」上引《十大經　兵容》的意思是:用兵不效法天,軍隊不可輕舉妄動;用兵不效法地,軍隊不可隨意妄為;用兵效法天地而不注重人謀,也不能取得成功。

在天地人相參的整體思維的影響下,戰國晚期楚國黃老道家著作《鶡冠子》提出了「天勝、地維、人成」的觀點。

古代兵家以天、地、人論兵,所論最多的是天時、地利、人和。如孟子曰:「天時不如地利,地利不如人和。」[1]認為戰爭取勝的因素首先是「人和」,其次是「地利」,再次是「天時」。《孫臏兵法　八陣》云:「知道者,上知天之道,下知地之理,內得其民之心。」強調將兵者要懂得天道、地理、民心的重要性。在《鶡冠子》論兵的文字中,也間接反映了天時、地利、人和的觀念。《鶡冠子　兵政》說:「天不能以早為晚,地不能以高為下,人不能以男為女。」這裡說的是天分早晚,各盡其時;地分高下,各盡其利;人分男女,陰陽調和,與「天時」、「地利」、「人和」表述的思想是完全一致的。

《鶡冠子》以天、地、人論兵,但不只停留在天時、地利、人和的傳統思路上,而是從戰爭最終取勝的角度,提出了「天勝」、「地維」、「人成」的軍事戰略思想。《天權》說:

---

① 《孟子　公孫丑下》。

彼兵者，有天、有人、有地。兵極人，人極地，地極天，天有勝，地有維，人有成。故善用兵者慎。以天勝，以地維，以人成。王者明白，何設不可圖？

陸佃在「有天、有地、有人」下注：「天時、地利、人和」。兵事以人和為最高境界，人和後就可占盡地利，地利占盡後則可得天道相助。這與孟子所說的「天時不如地利，地利不如人和」的意思大致相近，強調天時、地利、人和三者的關係應以人和為先。鶡冠子在這段話中所說的「天勝、地維、人成」，其意思是「依靠天道天時可以取得勝利；因就地理優勢可以把握和維繫戰局，但最終取得成功的還是人心」。鶡冠子說，古代軍事家對此十分重視，而當今君王只要理解了這條原則，就沒有什麼戰略計畫不可以變成現實的了。

第四節　楚系兵陰陽家學說

「兵陰陽」一派將陰陽五行理論及各種術數運用於軍事，以求取得軍事上的勝利。《漢書　藝文志》說「兵陰陽」云：「陰陽者，順時而發，推刑德，隨鬥擊，因五勝，假鬼神而為助者也。」可見，兵陰陽家講究順時、刑德、鬥擊、五勝等手段的運用，甚至於借助鬼神的超自然力來達到戰爭取勝的目的。兵陰陽學說在戰國時期的楚國盛極一時，客觀上對當時的軍事理論與實戰產生過一定的影響。

《漢書　藝文志》所收錄的楚兵學著作中，沒有「兵陰陽」類著作。但20世紀70年代以來出土過多部楚人的「兵陰陽」類作品，如長沙馬王堆漢墓出土帛書《天文氣象雜占》和湖北荊州張家山漢墓出土漢簡《蓋廬》都是楚系兵陰陽家著作，可補充《漢志》著錄之缺。

《天文氣象雜占》於1973年11月出土於長沙馬王堆三號漢墓，是記

錄在絲織物上的有文有圖的帛書，其中講的內容是利用星象和雲氣變化來占驗災異變故和戰爭勝敗。該書雖然出土於西漢墓葬中，但從文字內容來判斷，學者們一致認為，該書應是戰國時期楚人的作品。如《天文氣象雜占》的占文不避漢高祖劉邦的名諱，這說明該書不會成書於漢代，應由漢代往前推。秦代的國祚不長，且把陰陽術數之學歸入「妖言①」，頒《妖言令》明令禁止，因此秦代不會出現類似於《天文氣象雜占》之類的著作。由此可以推出該書的產生應該早於秦代，繼續向上推到戰國時代。《天文氣象雜占》一書中將象徵諸國的雲氣一一排列時，將「楚雲」排於第一位，綜合多種因素可以推斷該書應該是楚人的作品。關於《天文氣象雜占》的性質，多數學者認為，應該屬於兵陰陽一類的佚書。陳松長說：「該書的性質乃是兵陰陽之類的古佚書，它與《通典》卷一百六十二《風雲氣候雜占》、《漢書 藝術志 數術略》中所列的《漢日旁氣行事占驗》、《史記 天官書》、《淮南子 天文訓》、《開元占經》等書所記載的兵家所用天文氣象占驗的內容可以互證。帛書詳列雲、氣、星、彗四大部分，說明當時的繪製編著者已是非常擅長此道的兵陰陽家。②」

《蓋廬》現存竹簡55枚，簡長30.5公釐。全書共分九章，採用的是蓋廬與申胥一問一答的問答體。蓋廬即吳王闔閭，在銀雀山漢簡《孫子》佚篇《見吳王》中，「闔閭」即寫作「蓋廬」。申胥是楚人伍子胥。伍子胥因父兄被楚平王陷害，出逃吳國，受到吳王闔閭重用，以為將相，並封於申地，所以又有申胥之名。《蓋廬》的主要內容除涉及治理國家和用兵作戰的理論外，有著濃厚的兵陰陽家色彩，如強調「天之時」、陰陽、刑德、「用日月之道」、「用五行之道」等，是一部兵陰陽家佚書。從全書的內容來看，該書通過蓋廬與伍子胥論兵

---

① 《漢書 刑法志》。
② 陳松長：《帛書史話》，中國大百科全書出版社2000年版，第50、51頁。

問對形式，重點記述伍子胥的對話，反映的是伍子胥的軍事思想。由此可見，《蓋廬》其實是記錄楚人伍子胥軍事思想的一部兵書。

在現存文獻中，運用於軍事的陰陽家學說主要有「五行相胜」、「望氣術」、辟兵巫術等，以下分別述之。

一、「五行相勝」說與軍事

我國古代的五行學說以金、木、水、火、土五種元素，作為構成宇宙萬物及各種自然現象變化的基礎。戰國時期，隨著五行學說漸趨成熟，這一理論被廣泛地運用到社會生活的各個領域。五行學說在軍事上也得到廣泛應用，成為兵家陰陽學派的主要理論。《蓋廬》云：

> 彼興之以金，吾擊之以火；彼興以火，吾擊之以水；彼興以水，吾擊之以土；彼興以土，吾擊之以木；彼興以木，吾擊之以金。此用五行勝也。

這裡所說的「五行勝」即五行相勝，即火勝金，水勝火，土勝水，木勝土，金勝木。五行相勝的原理具體在軍事上是如何運用的，《蓋廬》說得較為抽象，在實際的戰爭中，只有更具體化才具有可操作性。《鶡冠子・世兵》：「昔善戰者，舉兵相從，陣以五行，戰以五音。」「陣以五行」，即以五行的原理排兵佈陣，後世又稱為「五陣」或「五行陣」。關於「五陣」，在諸葛亮《便宜十六策：教令第十三》說：「直陣者，木陣也；銳陣者，火陣也；方陣者，土陣也；圓陣者，金陣也；曲陣者，水陣也。」所謂「五陣」，乃是軍隊隊列排成直、銳、方、圓、曲五種不同的陣形，再將五種陣形配伍五行中的木、火、土、金、水，就是木陣、火陣、土陣、金陣、水陣。在戰場上，根據敵方軍陣的變化，己方選擇與敵方陣形相勝的隊形應對。如《蓋廬》說「彼興之以金，吾擊之以火」，即敵方排列金陣即圓形陣列，我方則以火陣即銳陣攻擊對方，其餘依此類推。軍陣的快速變

化，通過擊鼓的鼓點次數和不同顏色的旌旗為信號進行指揮。諸葛亮《便宜十六策·教令第十三》：「一鼓，舉其青旗，則為直陣；二鼓，舉其赤旗，則為銳陣；三鼓，舉其黃旗，則為方陣；四鼓，舉其白旗，則為圓陣；五鼓，舉其黑旗，則為曲陣。」已將指揮陣形變化的旗語說得非常清楚了。

利用五行相勝的學說排列軍陣作戰，顯然是一種僵化和程式化的作戰模式。在春秋戰國風雲變幻的戰場上，是否真正地用於實戰，這是令人懷疑的。唐代著名軍事家李靖認為，以陰陽家學說為指導而形成的「五行陣」並不具有實戰意義。他認為，所謂「五行陣」只是兵法中的一種「詭道」。《唐太宗李衛公問對》是一部記錄唐朝名將李靖軍事思想的兵書，書中記有一段唐太宗與李靖談及「五行陣」的對話。唐太宗問：「五行陣如何？」李靖回答說：「本因五方色立此名，方、圓、曲、直、銳，實因地形使然，凡軍不素習此五者，安可以臨敵乎？兵，詭道也。故強名五行焉，文之以術數相生相剋之義，其實兵形象水，因地制流，此其旨也。」李靖以為，所謂「五行陣」按五行相勝的原理排列的方陣、圓陣、曲陣、直陣、銳陣說法，只不過是一個打著「五行相勝」旗號的「障眼法」。在實戰中，這些陣勢依照戰場所處的地形特徵布排，是因地制宜的產物。而以「五行陣」的名目出現，其實是兵法中的「詭道」。李靖的這一說法，在先秦楚國兵法書中也有提到。如《鶡冠子·天權》篇寫道：「下因地利，制以五行，左木右金，前水後火，中土營軍」，這裡說到依金、木、水、火、土排布「五行陣」。但「制以五行」有一個前提條件是「下因地利」，即充分考慮地理條件，具體情況具體分析。

楚人的著作《鶡冠子》中，提到一種名為《天權》的兵書，其內容是將五行體系運用到戰爭中。《天權》篇云：

故所肄學兵，必先天權，陳以五行，戰以五音，左倍宮角，右挾

商羽，徵君為隨，以瞽無素之眾，陸溺溺人。

何謂「天權」，《鶡冠子》中沒有給予解釋說明。在《天權》一章中除上述一段論「天權」是學習兵道中首先應該學習的內容外，還有一句與「天權」相關：「天權、神曲，五音術兵」，術，通「述」。「術兵」即「講述用兵之法」，由此可見，《天權》與《神曲》都是講如何運用五音作戰兵法的兵書。宋陸佃注即說《天權》「疑若兵法一書之名」。《天權》這部兵法所講的主要內容是如何按五行佈陣，按五音作戰。從《天權》兵法的內容來看，應歸入「兵陰陽」類。

二、「望氣術」與軍事

兵陰陽家的「望氣」之術，是指根據雲氣的形狀、顏色以及與日、月的關係來占卜兵事的吉凶。《天文氣象雜占》採用圖文相配的形式，在雲氣圖狀的下方標明出師吉凶的占語。如在繪有城牆形狀的雲氣圖像下，其占文是「在師上，歸」；在繪有虎狀雲氣的圖像下，其占文是「在城上，不拔」；在繪有豬的雲氣圖像下，其占文是「在師上，大將死」；在繪有犬的雲氣圖像下，其占文是「在師上，勝」；在繪有牛的雲氣圖像下，其占文是「在師上，敗」；在繪有馬的雲氣圖像下，其占文是「在師上，取」。從《天文氣象雜占》來看，多是用類比思維的方式，把大氣中的雲氣形狀與某一種人們熟悉的動物、植物或無生命的物體聯繫在一起，再根據人們對被聯繫在一起的動物、植物或無生命物屬性的理解來推斷吉凶。如虎為猛獸，占人多以虎來象徵威武勇猛。當虎狀的雲氣出現在守城的上方時，預示著守城有如虎踞龍盤，堅不可摧，由此就得出虎狀雲氣「在城上，不拔」的占語。但實際上，雲氣的形狀與虎沒有內在的直接關係，虎狀的雲氣出現與守城的勝敗也沒有任何內在的邏輯聯繫，占語的結論都是非理性的表像思維的結果。

相比於《天文氣象雜占》的「望氣」占卜而言，《蓋廬》中的「望氣」是通過觀察大氣中雲氣和塵埃的「清」與「濁」來作出靈活的軍事活動安排，則是有一定的現實依據的。如《蓋廬》云：

旦望其氣，夕望其埃，清以如雲者，未可軍也。埃氣亂攣，濁以高遠者，其中有壇（動）志，戒以須之，不去且來。

這裡講究「望氣」（觀察天空的雲氣），也講究「望埃」（觀察天空中的塵埃）。如果敵軍上方的雲氣清爽，塵埃稀少，可能是敵軍靜伏以待，則不可輕舉妄動。如果敵軍上方的塵埃渾濁高遠，則說明敵軍在頻繁運動，我方則要加強警戒。這種「望氣」其實已不屬於占卜了，而是根據軍隊的動靜對大氣環境的影響作出的合理的推斷，是有一定現實依據的。

三、辟兵巫術與軍事

辟兵是使人遠離刀兵之禍的巫術。殘酷的戰爭殺戮，使古人幻想找到一種使人刀槍不入的方法，由此產生了辟兵巫術。《漢書　藝文志》「兵陰陽」類著錄有《辟兵威勝方》七十篇，說明「辟兵」也是兵陰陽家所使用的方術之一。

先秦時期，楚道家相信這種辟兵巫術的存在。《老子》第五十章即說：

蓋聞善攝生者，陸行不遇兕虎，入軍不被甲兵。則兕無所投其角，虎無所措其爪，兵無所容其刃。夫何故？以其無死地。

所謂「善攝生者」是指掌握辟兵之術的人。《老子》相信這類具有「特異功能」的人是真實存在的，他們在陸地上行走，不會遇到兕、虎等野獸，因此兕、虎的利爪是傷害不到他們的，而當他們深入

敵軍作戰時，即使不穿鎧甲不拿兵器，敵人的兵器也傷害不到他們。《文子　上德》還記載了一種辟兵巫術：「蟾蜍辟兵，壽在五月之望。」宋代杜道堅引《淮南子　萬畢術》作注：「蟾蜍五月中殺，塗五兵，入軍陣而不傷。」古人相信在五月時以蟾蜍血塗抹在兵器上，就可以起到辟兵的作用，能使人刀槍不入。在《山海經》中，還記有一些通過食用某種動物達到辟兵效果的方術，如《西山經》云：「其名曰駮，是食虎豹，可以御兵。」《北山經》云：「其鳥多寓、狀如鼠而鳥翼，其音如羊，可以御兵。」此外，《中山經》還記有可以御兵的魚曰「飛魚」、御兵的草曰「牛傷」等等。

在出土文物中，也時有辟兵巫術的實物發現。在湖北荊門車橋戰國墓出土有一件銅戚，因器上銘文有「大武辟兵」四字而得名「大武辟兵戚」。戚正反面浮雕著相同的圖像，均為頭飾羽飾，腳踏日月，胯下乘龍，雙手舞蛇的神人形象。這件兵器是通過「大武」的表演達到辟兵目的的。長沙馬王堆漢墓出土的帛畫《太一將行圖》中，有「莫敢我鄉（向），百兵莫敢我〔傷〕」、「百刃毋敢起」、「弓矢莫敢來」的文字，顯而易見，這件帛畫作品也是兵陰陽家的「傑作」。

第七章 宗教思想與宗教文化

第一節 祭祀與占卜中的理性精神

在楚文化研究中，曾有「巫楚文化」一說，將巫文化視為楚文化的重要組成部分。持此種觀點的學者由此也相信，楚文化具有非理性的特點。但從現存文獻記載來看，楚國上層統治者在宗教活動中，主張祭品「不求豐大」，主張「卜以決疑」，反對「淫祀」等等，表現出鮮明的理性精神。

一、堅持「正祀」，反對「淫祀」

《漢書　地理志》說：楚地「信巫鬼，重淫祀」。何謂「淫祀」？《禮記　曲禮下》云：「凡祭，有其廢之，莫敢舉也。有其舉之，莫敢廢也。非其所祭而祭之，名曰淫祀。」清孫希旦《集解》：「淫，過也。或其神不在祀典，如宋襄公祭次睢之社，或越分而祭，如魯季氏之旅泰山，皆淫祀也。」依孫希旦的說法，「淫祀」指的是兩種情況，其一是「神不在祀典」，即所祀神靈不屬於依禮祭祀的範圍，在「祀典」中沒有列入。如在祭祀山川神靈時，《禮記　祭法》有「諸侯在其地則祭之，亡其地則不祭」的規定，諸侯所祭山川神靈應是其所統治地域內的神靈，超出其所統治的地域，則不屬諸侯祭祀的對象，這就是所謂的「祭不越望」。如果諸侯「越望而祭」，那就是「淫祀」了。其二是「越分而祭」，即僭越禮制、超越名分而進行的

祭祀。周朝禮制規定不同社會地位的人，享用的祭品品質和數量是有嚴格的等級區別的，如果不按禮制的規定，超越等級供奉祭品就是「越分而祭」。在楚人的早期歷史上，一度出現過「夫（人）人作享，家為巫史」的局面，但這種狀況在楚先祖顓頊進行「絕地天通」的宗教改革後，就不復存在了。在楚國南下江漢之後，楚地民間有淫祀的情況出現，王逸《楚辭章句 九歌》即云：「昔楚國南郢之邑，沅、湘之間，其俗信鬼而好祠。」但從文獻記載來看，楚國上層貴族總體而言是堅持正祀、反對淫祀的。

春秋戰國時期，楚國君臣都較好地遵守了「祭不越望」、「祭不越分」的祭法。《左傳 僖公二十八年》記載，楚令尹子玉做了一個夢，夢見河神（黃河之神）向他索要「瓊弁玉纓」（以玉為飾的冠帶），並許諾賜予他「孟諸之麋」。子玉只要祭祀河神，並以「瓊弁玉纓」作為祭品沉河，就算是答應了河神的要求，在戰爭中就能得到河神的佑助。但子玉堅決反對向河神貢獻祭品，這其中的原因，一方面可能是子玉珍愛「瓊弁玉纓」，捨不得用以沉河祭神；另一方面的原因，則是黃河不在楚境，河神並非楚國「祀典」中規定祭祀的神靈，子玉為了堅守「祭不越望」的祭祀規則而反對向河神獻祭。另一個與楚昭王有關的例證，更有說服力。《左傳 哀公六年》記載：

初，（楚）昭王有疾。卜曰：「河為崇。」王弗祭。大夫請祭諸郊，王曰：「三代命祀，祭不越望。江、漢、雎、漳，楚之望也。禍福之至，不是過也。不穀雖不德，河非所獲罪也。」遂弗祭。

楚昭王染疾後，巫師占卜的結果是河神作崇，朝臣都一致要求祭祀河神來禳除病災。楚昭王說，他只祭楚國境內的名川，如江、漢、雎、漳等江河神靈，黃河不在楚境，不會加罪於他，他以「祭不越望」為由拒絕了祭祀河神的請求。

考諸文獻，楚人祭祀河神的例證並非沒有，如楚莊王就曾經祭祀過河神。《左傳　宣公十二年》記，楚國在邲之戰獲勝後，楚莊王「祀於河，作先君宮，告成事而還」。楚莊王祭河，並沒有違背祭不越望的原則。楚莊王在與晉國的爭戰中取勝，占領黃河岸邊的土地，以古人的戰爭規則，這些被占領的土地就屬於楚國的領土了，若按「諸侯在其地則祭之」的祭法來看，楚莊王祭祀河神就是符合禮制和祭法的了。

「越分而祭」也是「淫祀」的表現之一，在楚國受到抵制。春秋晚期楚大夫觀射父極力維護祭祀的等級制度，強調在祭祀對象和祭品數量上，自天子、諸侯到卿、大夫及至士、庶人，不同身分的人，祭祀的對象不同，有著不同的等級差別。觀射父說：「天子遍祀群神品物，諸侯祀天地、三辰及其土之山川，卿大夫祀其禮，士、庶人不過其祖。」這是通過對祭祀對象的限定體現等級差別。不僅如此，在祭品數量上也存在等級差別，觀射父說：「天子舉乙太牢，祀以會；諸侯舉以特牛，祀以太牢；卿舉以少牢，祀以特牛；大夫舉以特牲，祀以少牢；士食魚炙，祀以特牲，庶人食菜，祀以魚。」[1]嚴格執行這些對祭祀對象與祭品數量的規定，就是做到了「祭不越分」。

楚人「祭不越分」最典型的例證，便是「屈建祭父不薦芰」一事。屈建，字子木，屈到之子。屈到是楚國大夫，嗜好吃芰（菱角），臨死前仍不忘叮囑家臣「祭我必以芰」。屈到死後，家臣在祭祀時要用芰作為祭品祭祀他，卻受到了屈建的阻撓。芰在楚國是極易得到的食物，屈建為什麼不讓家臣為其父「薦芰」呢？屈建的理由是，按照《祭典》的規定，「大夫有羊饋[2]」，其父屈到應以羊為祭品，而不應另外加上芰，不能因為其父的「私欲」而阻礙國家祭典的

---

① 《國語　楚語下》。
② 《國語　楚語上》。

執行。屈建堅持「祭不越分」的成規，是為了維護國家《祭典》的嚴肅性。唐宋時期，柳宗元和蘇軾曾對「屈建祭父不薦芰」一事發表不同的看法。唐柳宗元指斥屈建「非禮」：「屈子以禮之末，忍絕其父將死之言。且《禮》有『齋之日，思其所樂，思其所嗜』。子木去芰，安得為道？」而蘇軾則撰〈屈到嗜芰論〉一文專為屈建辯說：「父子平日之言，可以恩掩義。至於死生至嚴之際，豈容以私害公乎？」①

楚蔿尹堅持「正祀」，對「越分而祭」的「淫祀」進行了堅決的抵制。「上博楚簡」《楚簡王泊（迫）旱》記載：楚國大旱，楚簡王要袚除旱災，占卜的結果是夏水之神作怪。楚簡王要親自到郢都郊外的夏水邊舉行袚祭，遭到了大臣蔿尹的堅決反對，他說：「楚邦有常故，焉敢殺祭？以君王之身殺祭，未嘗有。」所謂「殺祭」，是指君王降低身分去祭祀。蔿尹認為，國家有大旱，君王應該以身為牲向上帝悔過，而不應自降身分祭祀夏水之神，因而堅決反對②。楚簡王若以君王的身分去祭祀夏水之神，就是「越分而祭」了，儘管楚簡王自己並不覺得有失身分，但仍因蔿尹的反對而未果。

楚國君臣遵守「祭不越望」、「祭不越分」的祭法，堅持「正祀」，反對「淫祀」，體現了楚人在宗教祭祀活動中的理性精神。

二、祭祀「不求豐大」，節省民力

楚令尹屈建不僅反對「越分而祭」，他還主張祭祀要「不羞珍異，不陳庶侈③」，反對以奇珍異物和奢華的物品作為祭品。其後，又有楚大夫觀射父提出了祭祀「不求豐大」的主張。

---

① 〔宋〕蘇軾：〈屈到嗜芰論〉，孔凡禮點校：《蘇軾文集（全六冊）》，中華書局1986年版，第130頁。
② 周鳳五：〈上博四《柬大王泊旱》重探〉，載武漢大學簡帛研究中心編《簡帛（第一輯）》，上海古籍出版社2006年版，第119—134頁。
③ 《國語 楚語上》。

從西周到春秋時期，祭祀的規模不斷升級。西周時期天子祭社稷用「太牢」（牛、羊、豕三牲全備），而春秋末期，天子朔望盛饌殺牲即用「太牢」三牲，天子祭祀則要用到三個「太牢」的犧牲作祭品，後者較前者提高了兩倍。西周時期諸侯祭祀社稷用「少牢」（用羊、豕二牲），春秋末諸侯祭祀用「太牢」，祭品數量也有所增加。針對這種祭祀規模不斷升級加碼的現象，觀射父提出了祭祀只「求備物，不求豐大」的主張，他說：「夫神以精明臨民者也，故求備物，不求豐大。」意思是說，神靈憑藉其超自然的精神和智慧統領人民，故而神靈向百姓所索求的不是肥厚豐大的犧牲，而只要求祭品完整、潔淨，用以表示人對神的虔誠與肅敬，而神對人的要求僅此而已；祭祀的要義在於向神靈奉獻出自己的忠心。他接著說：

是以先王之祀也，以一純、二精、三牲、四時、五色、六律、七事、八種、九祭、十日、十二辰以致之；百姓、千品、萬官、億醜、兆民經入畡數以奉之，明德以昭之，和聲以聽之，以告徧至，則無不受休。毛以示物，血以告殺，接誠拔取以獻具，為齊敬也，敬不可久，民力不堪，故齊肅以承之。①

他以「先王之祀」為例，把「一純」放在「二精」、「三牲」等等一切之首，為的是強調這個「一純」在祭祀中的重要意義。所謂「一純」，是指「心純一而潔也」。觀射父對「一純」還有更為明確的解釋：

聖王正端冕，以其不違心，帥其群臣精物以臨監享祀，無有苛慝於神者，謂之一純。②

①《國語　楚語下》。
②《國語　楚語下》。

對於「聖王」來說，「一純」主要表現在率領群臣親臨祭祀時，要心思端正，不「苟慝」神靈。觀射父認為，在祭祀活動中，拔毛取血的根本目的是為了「接誠拔取以獻具，為齊敬也」。也就是說，通過祭祀者懷著虔誠之心拔毛取血這一系列活動，向神靈供奉身體完整而潔淨的犧牲，由此顯示祭祀者對神靈的忠心。

應該指出的是，觀射父之所以能在祭祀之風日益升級的春秋末期提出祭祀「不求豐大」的主張，一方面是基於觀射父對祭祀的實質有著深刻的認識，明白祭祀的意義在於「齊肅」事神；另一方面與觀射父民本思想的萌生有密切關係。春秋末期，在北方各國先後出現了重民輕神的思潮，對神靈至上的傳統神學觀念給予了有力的衝擊。這股思潮在某種程度上也影響了觀射父的思想。他提出祭祀「不求豐大」的主張，意在使百姓節省大量的人力物力，其進步意義不可低估。他告誡楚昭王：「敬不可久，民力不堪，故齊肅以承之。」認為祭祀時間不可太久，否則會消耗民力，使百姓不堪承受，只有齊肅事神才是祭祀的根本目的。

三、卜以決疑，反對唯卜是從

作為溝通鬼神的一個重要途徑，占卜在楚人的社會生活中運用相當廣泛，滲透到國家政治、社會生活中的各個領域。從占卜內容上看，主要有卜戰、卜官、卜嗣、卜疾、卜居、卜婚等。楚人重卜筮，這一點從地下出土的文獻中不斷得到證實。在湖北江陵望山一號楚墓、湖北荊州天星觀一號楚墓、湖北荊門包山二號楚墓、河南葛陵新蔡楚墓都出土過戰國時期楚人的卜筮祭禱竹簡。這些竹簡詳細記載了占卜事由、占卜過程、占卜方法、占卜工具等內容。

楚人雖重占卜，但並不唯卜是從。在占卜中，楚人的理性精神表現得尤其突出。楚人通常只有在人不能作出決定的時候，才去選擇占卜的手段求問神靈的意志。春秋時期，楚大夫鬥廉就有「卜以決疑，不疑何卜」之論，表現出楚人對占卜的理性態度。《左傳　桓公十一

年》記鄖軍將伐楚，鬬廉向莫敖、屈瑕獻破敵之計，莫敖猶疑不決，欲卜問吉凶。鬬廉對曰：「卜以決疑，不疑何卜？」有學者評論說，這句話顯示出了鬬廉的「無神論者的見解」，更進而論定鬬廉是中國「早期無神論者①」，這種說法似有拔高之嫌。鬬廉的「卜以決疑，不疑何卜」之論，並沒有否定神的存在，他也不是無神論者。但鬬廉反對任何事都依賴於神、都由「神意」來決定，對「神是萬能的」這一命題帶來了極大的衝擊。鬬廉強調要充分發揮人的主觀能動性，洞察時勢，權衡利弊，只有在人沒有辦法對形勢作出準確判斷時，才求助於神，借助於占卜的手段進行預測。「卜以決疑，不疑何卜」之論反映了鬬廉以人事為主，以神意為輔的思維方式，彰顯出了理性精神。

　　古代卜筮之官占卜之前，先要瞭解人的意志，然後再通過占卜瞭解神的意志。《左傳　哀公十八年》引《夏書》曰：「官占，唯能蔽志，昆命於元龜。」杜預注云：「官占，卜筮之官。蔽，斷也。昆，後也。言當先斷意，後用龜也。」意即卜筮之官首先應判斷人的意願，然後才去卜筮。《左傳　哀公十八年》又引《志》曰：「聖人不煩卜筮」，意即聖人不在求神問卜方面耗費精神，而是發揮人的主觀能動性進行觀察和判斷。以上《左傳》兩次沿引他書，都是意在讚賞楚惠王對占卜的態度。楚惠王卜選右司馬，占卜的結果是子國可以出任。卜尹觀瞻說「如志」，意思是這一占卜結果是符合楚惠王的意願的。後來，楚國與巴國發生戰爭，按照常理應該卜選領軍的統帥，但楚惠王並沒有進行占卜，而是直接任命子國為統帥，並說：「寧如志，何卜焉？」意即「子國已經合乎我的意願，無需再占卜了」。時人為此評論云：「惠王知志。」②讚賞楚惠王重人而輕神的態度。從楚惠王用卜筮的情況看，楚惠王對占卜的態度，首先強調的是人的意志，

① 邵炳軍，梅軍：《〈左氏春秋〉文系年注析（上冊）》，廣西師範大學出版社2008年版，第42頁。
② 《左傳　昭公十八年》。

第七章　宗教思想與宗教文化

而神的意志則退居其次。

由於制度規定或社會習俗的約定，人們不得不進行占卜時，為了避免人的意志與神的意志發生衝突，楚人會「以人定卜」，即通過人為的方式使占卜的結果符合人的意志。楚國發生白公之亂時，陳國憑藉豐厚的積蓄侵襲楚國。楚國安定後，打算出兵報復陳國。西元前478年，楚惠王向太師子谷和葉公子高徵詢選派何人作為統帥。當太師子谷與葉公子高的意見相左時，楚惠王採取了占卜的方法來確定人選：「王卜之武城尹，吉。」①隨後，令武城尹公孫朝帥師攻陳。其實，這個占卜的結果是楚惠王調和太師子谷和葉公子高二人意見的結果。太師子高舉薦的人雖然有能力，但因有被俘的經歷，葉公子高擔心他難以服眾。而葉公子高推薦的公孫朝是能得到太師子谷和葉公子高共同認可的人，由他來作統帥是朝臣統一的意見。占卜的結果，雖然在程式上是由神來決定的，但其實並不代表神的意志，而是楚惠王調和朝臣不同意見的結果。

當占卜的結果顯示神的意志和人的意志發生衝突時，楚人的對應方式有兩種，其一是「棄卜」，即放棄占卜的結果，不用神意，而以人的意志作出決斷；其二是「改卜」，即找出合適的理由重新占卜，通過人為的方法使占卜的結果符合人的意志，實際上是人為地使神的意志服從人的意志。第一種應對方式最典型的例證是楚靈王占卜王位。楚靈王通過占卜預測能否獲得王位，占卜的結果是「不吉」，楚靈王「投龜詬天而呼曰：『是區區者而不余畀，余必自取之②』」。應該說，楚靈王並非無神論者，否則，他就不會選擇占卜的方式去預測能否獲得王位了。從占卜行為本身，已能說明他是一個有神論者。但當占卜的結果不能滿足自己的欲求時，楚靈王對神意產生了懷疑，並

① 《左傳　哀公十七年》。
② 《左傳　昭公十三年》。

進而通過「投龜」（拋棄占卜所用的工具）對神靈進行褻瀆，以至於破口大罵，發誓要通過自己的努力獲得王位。在楚靈王那裡，神靈的權威性已蕩然無存。「投龜訴天」的舉動顯示了楚靈王狂妄自大的品性，也預示了龜卜筮占這一套把戲的衰落。

在文獻的記載中，因為占卜的結果不符合人的意志而「改卜」的事也發生過多次。楚惠王與葉公子高通過枚卜的方法確定令尹的人選，占卜的結果是楚惠王的弟弟子良為令尹。這個結果同時引起了朝臣沈尹朱和葉公子高的擔心，他們認為，子良出任令尹超出了他自己的意願，身為王子的他擔任令尹後會更加得寸進尺，產生覬覦王位的想法。最後，楚惠王聽從了沈尹朱和葉公子高的意見，重新進行了占卜，讓子國出任令尹。如果占卜是神的意志，如果神的意志是不可以被隨意改變的，那麼，理應由子良出任令尹。楚惠王改卜令尹，事實上是違背了神的意志，最終由人的意志起了決定性的作用。由此可以看到，占卜對於楚惠王而言，只是神權社會中一種形式上的需要，並無實質上的意義。

《左傳　昭公十七年》記，吳楚長岸之戰前，楚令尹陽丐卜戰，占卜的結果是「不吉」。楚司馬子魚說：「我得上流，何故不吉？」他以楚國卜戰的慣例是由「司馬令龜」為由，請求「改卜」。司馬子魚重新「令龜」後得到「吉」占，楚軍於是大戰吳軍於長岸，結果大勝。這又是一例楚人「改卜」的例證。表面上看，司馬子魚在卜戰不吉的情況下請求「改卜」，其理由是說令尹陽丐卜戰不符合楚人卜戰由「司馬令龜」的慣例，而真正的原因是司馬子魚通過對戰時敵我雙方地理位置的分析看到，楚軍處於河水的上流，地勢於楚有利，於吳不利，由此獲得了必勝的信心。司馬子魚在占卜的命辭中說：「鮒也以其屬死之，楚師繼之，尚大克之。」[1]意即他和他的部卒甘願效

---

① 《左傳　昭公十七年》。

第七章　宗教思想與宗教文化

死，以死相拼，為楚師後續攻擊創造條件。司馬子魚「以必死之心，求必勝之道」的命辭並非說給神靈聽的，而是說給楚軍將士們聽的，意在鼓舞士氣。這種心理戰術也是楚軍在對吳作戰的初期能夠取勝的原因之一。由此看來，司馬子魚一方面通過對地理位置的分析找到了於楚軍取勝有利的地利條件，另一方面通過「命辭」鼓舞士氣，他更相信地利和士氣對於戰爭勝負的影響，而對占卜的結果是並不相信的。

表面上看，占卜之風在楚國極為盛行，對楚國的政治也產生著影響，楚國朝中大事如將帥的選定和官員的任命等，都要通過占卜決定。但結合具體事例來看，在楚國政治中，起主導作用的並非神的意志，而是人的意志。由此可見，楚人在占卜中，理性精神發揮著主導的作用，一方面使人的主觀能動性得到了更多的張揚，另一方面，也減少了非理性的占卜活動對事態發展的影響。

第二節 「民神同位」與「民神異業」

人與神的關係問題，是宗教觀的核心問題，也是我國古代社會思想中的重要範疇。楚國宗教受到來自兩種不同人神觀的影響，一是「民神同位」的人神觀，一是「民神異業」的人神觀。

所謂「民神同位」，是指原始宗教中，人們在思想觀念中將人與神置於同等位元次，沒有等級區別。這種宗教觀念帶來的後果是，「夫（人）人作享，家為巫史[①]」，即人人都可以舉行祭祀，家家都設立巫史，對神靈喪失肅敬與虔誠的態度。楚國思想家觀射父認為「民神同位」導致的直接後果是「民瀆齊盟，無有嚴威；神狎民則，不蠲

---

① 《國語　楚語下》。

其為；嘉生不降，無物以享；禍災薦臻，莫盡其氣」。由於人對神沒有了恭敬和敬畏，神也失去了應有的威嚴。神因此不再降福人間，致使五穀不豐；五穀不豐又使得人沒有財物敬獻神靈，形成惡性循環。觀射父站在維護神權統治的立場上，以「九黎亂德，民神雜糅，不可方物」作為反面例證，反對「民神同位」的人神觀。

「民神同位」的人神觀，對戰國時期楚國民間宗教和宗教題材的文學作品有著極大的影響。戰國時期的楚國民間宗教中，神的人格化和世俗化傾向十分明顯，神具有人的稱謂、人的外形、人的意志、人的品格與人的喜好，出現了「人神同稱」、「人神同形」、「人神同好」等特徵。古代「君」是尊者的稱謂，字「從尹口」，「口以發令」[1]，其本義是指發號施令的掌權者。先秦時期，「君」多用於稱呼天子、諸侯、卿大夫，後引申為有賢德者的尊稱，如《書　大禹謨》云：「奄有四海，為天下君」，這裡的「君」即指周天子；《詩　大雅　假樂》云：「宜君宜王」，此處的「君」指諸侯；《左傳　莊公十一年》：「君次於郊郢以御四邑」，此處的「君」是指楚國大夫屈瑕。在楚國宗教中，「君」這一人間掌權者或有德者的尊稱，也成為了神的稱謂。在屈原《九歌》中，多以「君」稱神，如將雲神稱為「雲中君」，太陽神稱為「東君」，湘水之神稱為「湘君」等等。「伯」在先秦時期最早是排行詞，後也用作稱謂詞。在楚國，這一用於人的稱謂也成為了神的稱謂，如土地神稱為「土伯[2]」，河神稱為「河伯[3]」等等。神與人使用相同的稱謂，即所謂「民神同稱」。神的稱謂的變化，說明神在人們的心目中，不再是至高無上的存在，而是具有人的特徵的神，是人格化的神，而這一現象正是受「人神同位」人神觀影響的結果。

---

① 〔漢〕許慎：《說文解字》。
② 《楚辭　招魂》。
③ 《九歌　河伯》。

「民神同位」觀念對楚國宗教與神話的影響，還表現在神靈的形體由動物形向「半人半獸」形轉變。據統計，《山海經　山經》所記山神共有352個，其中75個神靈是由各種動物身體部件組成的合體形象，如龍首鳥身、龍首馬身、鳥首龍身、彘身八足蛇尾等，而更多的神靈形象是由人與動物的身體部件組成的「半人半獸」的合體形象，共有277個，如有人面龍身、人面馬身、人面羊身、人面蛇身、人面獸身、人面鳥身、人面豕身、人面牛身、羊角人身、龍首人身等，這些有著人的外形特徵的神靈形象，主要集成的是「人面」，只有少數集成的是「人身」，這是因為「人面」是人區別於其他動物的最主要的特徵。「人面神」的大量出現，是在「民神同位」觀念影響下，神靈形象人格化的具體表現。

在「民神同位」觀念影響下，神不僅具有了人的稱謂、人的外形，而且具有了人的意志、情感和喜好。姜亮夫說：「凡楚之神，在男則莊肅靜穆，在女則輕盈飄渺，與人世之生活性習相調遂，而非劍拔弩張，面目獰猙，橫眉髯額，與人世風習大不相調之凶神，則楚人之所謂巫風，正所以欽動民情之歌舞樂劇。」[①]《九歌　少司命》寫男神與女巫之戀：「滿堂兮美人，忽獨與余兮目成」、「悲莫悲兮生別離，樂莫樂兮新相知」。《九歌　山鬼》寫女神與男覡相思：「怨公子兮悵忘歸，君思我兮不得閒」，神靈具有了人世的情愛和欲念，演繹著世俗男女的故事。

在楚人看來，神靈是具有親和力的，也有人的需求和願望，只要對神靈施以恩惠，就可以受到神的庇護。在這種世俗的宗教觀念的影響下，很難產生具有絕對權威的「天命」觀念。早期楚人受殷周思想的影響，是存在「天命」觀念的。但是「天命」在楚人那裡並不是絕

---

① 姜亮夫：〈三楚所傳古史與齊魯三晉異同辨〉，載《楚辭學論文集》，上海古籍出版社1984年版，第112頁。

對的、不可侵犯的權威。

「民神同位」的人神觀是世俗化的人神觀，在宗教神學家的眼中，這種人神觀自然是要受到批判的。在宗教神學中，人和神的關係是既對立而又調和的關係，人為宗教把人異化為神，又通過神來統治人，因此人為宗教中神和人的關係表現為壓迫和被壓迫、統治與被統治的關係。宗教把神和人人為地安排在對立的兩極，同時又竭力調和這對立的兩極關係，正如恩格斯所指出的，「神學的實質」、「就是調和和掩蓋絕對對立的兩極」[①]。

楚國宗教思想家觀射父認識到了人和神的對立關係是一切人為宗教存在的基礎，他站在人為宗教的角度否定了存在於原始宗教中的「民神同位」的人神關係，極力宣導建立與「民神同位」的人神關係相對立的「民神異業」的人神關係。所謂「民神異業」，是指在人們的宗教觀念中，將人與神看做是不同等級的、對立的關係。

「民神同位」的人神關係使人與神頻繁接觸，人們頻繁地敬事神靈，神的存在與威嚴就會受到人們懷疑。「民神異業」意味著人與神處於隔離的狀態，這種人為的隔離最根本的意義在於使神成為人所不能感知的神秘力量，從而使神在人的心中保持崇高而神聖的位置。正因為「民神異業」，使得「民神不雜」，百姓與神靈處於隔離的狀態，而二者要進行溝通，就需要有一個中介。這個介於「民」與「神」之間的中介就是「巫覡」。《國語 楚語下》記觀射父說：

　　古者，民神不雜，民之精爽不攜貳者，而又能齊肅衷正，其智能上下比義，其聖能光遠宣朗，其明能光照之，其聽能聽徹之，如是，則明神降之，在男曰覡，在女曰巫。

① 〔德〕恩格斯：〈普魯士國王弗里德里奇威廉四世〉，載《馬克思恩格斯全集》第1卷，人民出版社1956年版，第539頁。

在觀射父給「巫覡」所作的界說中，有如下幾個基本觀念：其一，巫覡是在人與神處於隔離狀態下（即觀射父所說的「民神不雜」、「民神異業」），作為人與神之間的中介和媒介出現的，「民」屬於現實世界，「神」屬於超現實世界，這兩個世界之間的溝通正是由巫覡來實現的。其二，巫覡源於「民」而高於「民」。觀射父認為巫覡首先是作為現實的「民」而存在的，但是巫覡又不是普通的人（「民」），他們的品格、天質、智慧高於普通的人（「民」），作為巫覡，至少要具備「精爽不貳」、「齊肅衷正」的品格和在「智」（智慧）、「聖」（德行）、「明」（眼明）、「聰」（耳聰）等方面的卓越天賦，觀射父雖然認為巫覡卓越不凡，但並沒有把巫覡神化的跡象。其三，正因巫覡具有上述超出常人的品格和智慧，所以巫覡成為了「神的恩寵」對象。馬克　韋伯說：「所謂『神的恩寵』，是指某人所具有的被看作非同尋常的資質……由於這種資質，人們認為他被賦予超自然的、超人的，至少是特異超常而他人無可具備的力量和品質，他於是或作為神的使者，或作為人的典範，並因此而成為領袖。」[1]觀射父所說的巫覡正是以「非同尋常的資質」而成為「神的使者」。「明神降之在男」、「在女」的「降」除了具有通常所說的「下降」、「降臨」外，還有「依附、附著」的意思，強調巫覡具有使神靈附著於自己身體的能力。觀射父是中國古代第一位明確指出巫覡具有「憑靈」特徵的宗教家。綜上所述，觀射父認為，巫覡是人神之間的仲介；巫覡是現實的人而非神；巫覡具有「憑靈」的特徵，是「神的恩寵」對象。觀射父對巫覡宗祝大加讚賞和美化，認為這些人對社會政治的穩定起著重要作用。他認為正因為有了巫覡宗祝這些專職的

---

① 〔日〕吉田貞吾著，王子今、周蘇平譯：《宗教人類學》，陝西人民教育出版社1991年版，第3頁。

神職人員「各司其序，不相亂也」，才使得「民是以能有忠信，神是以能有明德^①」，使得對立的人神關係達到調和的境界。

「民神異業」的神學思想確立了人和神的對立關係。確立人與神的對立關係，其主要的目的是為了使人保持對神靈的敬畏。為了維持人對神的敬畏，宗教神學還以「人神感應」論來強化人神關係。「人神感應」論認為，神和人雖然處在對立的兩極，卻又保持著神秘的聯繫，這種聯繫就是人和神的相互感應，即人對神的態度影響著神對人的行為。觀射父說：「民神異業，敬而不瀆，故神降之嘉生，民以物享，禍災不至，求用不匱。」^②觀射父極力主張建立起「神民異業」的人神關係，但他又認為「神」與「人」是互相感應的，人必須時刻對神保持虔誠與敬畏，只有這樣，神才會使萬物滋生，永無止境地供民享用，才會免除一切災禍。

在湖南長沙戰國楚墓中出土的《楚帛書》中，人神感應的思想得到更進一步強化。《楚帛書》云：「惟□□日月側贏絀不得其歲，春夏秋冬，□有□常，日月星辰亂逆其行，贏絀亂逆，卉木無常，是謂妖。」《楚帛書》將自然界的災異現象命之為「妖」。日月星辰運行失常，導致草木不生，這就是「妖」的表現。《楚帛書》認為，自然界出現的各種「妖」的現象正是上天對下民不敬行為的懲罰。《楚帛書》將上天對下民的賞與罰分別稱作「德」與「麿」。「德」、「麿」即《國語 吳語》中所說的「德」與「虐」：「德虐之行，因以為常」，韋昭注：「德，有所懷柔及爵賞也；虐，謂有所斬伐及黜奪也。」《楚帛書》認為，下民敬事天神，天則降德於民；下民對天神不敬，天則降災於民。正因為下民的行為與天神的報施是相互感應的，所以《楚帛書》強調下民對自己的行為要格外謹慎小心。《楚帛

① 《國語 楚語下》。
② 《國語 楚語下》。

書》頻頻告誡下民一定要敬奉天神,以至於讓至高無上的上帝直接開口來告誡下民:「敬之哉,毋弗或敬」、「下民之戒,敬之毋忒」。《楚帛書》對人神關係反復強調,叮嚀再三,在人本思想不斷高漲的戰國時代,這無疑是一種極不和諧的音調。不過,從《楚帛書》作者殷殷告誡的語氣中,我們似乎能感覺到一點什麼,這就是來自《楚帛書》作者內心深處的惶惑與不安,這種憂慮的情緒顯然是來自現實社會中人本思想對神權的衝擊而引發的,這向我們透露出這樣一個資訊,在南方楚國,儘管民本思想姍姍來遲,但終於還是來到了。

第三節　信天命、疑天命與反天命

周人好談天命,並形成了一套系統的天命觀,認為來自至上神「天」的命令是最高的不可抗拒的命令,這種觀念再向前發展一步就是先天命定論,把萬事萬物的發展看作是至上神「天」早已安排好的不可逆轉的既定事實。《尚書　周書》云:「天命不僭。」又云「天命不易」,強調天命的不可替代性和不可逆轉性,是周人天命思想的集中反映。將天命思想強化到一定的極限,勢必引起人們對天命思想的反叛。應該說,在天命論產生的同時,懷疑與否定天命的思想就已萌生了。楚人對天命思想有三種不同的態度,其一是信天命,其二是疑天命,其三是反天命。

楚人信天命,可從「天不可廢」和「天不可逃」等觀念中反映出來。春秋前期,晉楚城濮之戰即將爆發,楚成王因擔心楚國打不過晉國,主動撤離了圍困齊國谷地和宋國的兵力,並對令尹子玉等人說:「無從晉師,晉侯在外,十九年矣,而果得晉國。險阻艱難,備嘗之矣,民之情偽,盡知之矣。天假之年,而除其害。天之所置,其可廢乎?」這段話中,楚成王兩次提到的「天」,都是宗教神學之

「天」。他認為，是上天賜予了晉文公足夠的年壽，並幫助他除掉了在晉國與他為敵的人。既然上天如此安排，又怎麼可以通過人力去廢掉晉文公呢？楚成王以晉文公有天命保佑為由，反對楚國與晉國發生戰爭。春秋中期，楚國令尹子文之孫克黃也說：「君，天也，天可逃乎？」[①]「天可逃乎」意即人難逃天命的制約，也是天命不可違的意思。

對天命篤信不疑的還有春秋時期的楚共王。《左傳　成公十六年》載，楚晉鄢陵之戰中，楚共王被敵箭射中，而後又連連失利，楚共王準備發令再戰時，司馬子反又因醉酒不能聽令，楚共王說：「天敗楚也，夫余不可以待。」楚共王從戰事跡象判明楚軍此次戰役的失敗是先天而定，不可違抗，在此種情形下被迫撤兵。

春秋時期的楚靈王對待天命的態度，與楚成王、克黃、楚共王篤信天命有所不同，他對天命採取了一種近乎圓滑的態度，信天命但不唯天命，天命於己有利則信之，於己不利則棄之。楚靈王即位以前欲得王位，通過占卜以測天意，占卜的結果是「不吉」，靈王於是「投龜，訴天而呼曰：『是區區者而不余畀，余必自取之！』[②]」楚靈王通過占卜以測天意，這說明他對天命是相信的；但當占卜的結果是天命與自己的意願相違背時，他自信能棄天命而「自取之」，這說明楚靈王思想中又有反天命的一面。靈王這種矛盾的天命觀，實際上是把天和人的關係建立在互惠互利的原則基礎之上的，天意與人的利益相合則信之，天不遂人意，人也可背棄天命自行其是。楚靈王對待天命的這種世俗態度，應該說在天命思想占統治地位的時代，對彰顯人的主觀能動性是具有一定意義的。

對天命思想進行大膽的懷疑與反思，是楚國思想文化的一大亮

---

① 《左傳　宣公四年》。
② 《左傳　昭公十三年》。

點。在周人的天命思想中，人的生死壽命以及富貴都是由上天決定的，此謂之「生死有命，富貴在天[①]」。早在西周初期，就有人對這一思想提出不同的看法，認為聖明的君王也可以決定人的壽命和富貴。針對這一說法，在周成王和楚祖鬻熊之間曾有過一次討論。周成王問鬻熊：「寡人聞之：聖王在上位，使民富且壽云。若夫富，則可為也；若夫壽，則不在天乎？」[②]周成王相信聖君能使百姓富有，對聖君能使人長壽的說法卻持懷疑態度。應該說，這一問題在西周時期是一個非常尖銳的問題，對當時人們普遍認同的天命思想形成了一定的衝擊。鬻熊在回答周成王的提問時說：

唯。疑。請以上世之政詔於君王。政曰：聖王在上位，則天下不死軍兵之事。故諸侯不私相攻，而民不私相鬥鬩，不私相殺也，故聖王在上位，則民免於一死而得一生矣。聖王在上，則君積於道，而吏積於德，而民積於用力。故婦人為其所衣，丈夫為其所食，則民無凍餒矣。故聖王在上，則民免於二死而得二生矣。聖王在上，則君積於仁，而吏積於愛，而民積於順，則刑罰廢矣，而民無夭遏之誅。故聖王在上，則民免於三死而得三生矣。聖王在上，則使民有時，而用之有節，則民無厲疾。故聖王在上，則民免於四死而得四生矣。故聖王在上，則使盈境內興賢良，以禁邪惡。故賢人必用而不肖人不作，則已得其命矣。故夫富且壽者，聖王之功也。[③]

鬻熊指出，人的壽命雖不能確定是否是由上天決定的，但君王至少能從三個方面為百姓延年益壽：其一，君王不發生戰爭，能使百姓免除一死；其二，君王有善行，能使百姓衣食足用，免於凍餒，也會

---

① 《論語 顏淵》。
② 《新書 修政語下》。
③ 《新書 修政語下》。

使百姓免除一死；其三，君王有仁慈之心，使百姓免於刑罰，也會使百姓免除一死。通過鬻熊的分析，已經能夠得出結論，聖明的君王確實是能使百姓延長壽命的，從而也間接對「壽夭在天」這一傳統命題提出了質疑。

戰國時期楚國大詩人屈原的天命觀經歷了從相信天命到懷疑天命的轉化過程。在屈原的早期作品〈橘頌〉中，就有「受命不遷，生南國兮」的詩句，反映了屈原「受命於天」的天命觀。屈原的天命觀明顯受到周人「以德配天」、「敬天保民」思想的影響，這在他的詩作中也有體現。〈離騷〉云：「皇天無私阿兮，覽民德焉錯輔；夫維聖哲以茂行兮，苟得用此下土，瞻前而顧後兮，相觀民之計極。」前兩句「皇天無私阿兮，覽民德焉錯輔」，顯然是對《周書》中「皇天無親，唯德是輔」的繼承。屈原所說的「德」不是「皇天」所認同的「德」，也不是統治者們所認同的「德」，而是「民德」，是普通百姓的道德標準中所認同的「德」。同樣，「皇天」以「民德」為標準立君時，還要「瞻前而顧後兮，相觀民之計極」，這裡所說的是選賢的問題，「民之計極」即「民之所敬」，皇天選賢任人時要以「民之所敬」為標準，而不是「皇天」自己的標準，也不是統治者的標準。總之，屈原認為，皇天是公道而正直的形象，皇天在立君任賢時是以「民之所德者」和「民之所敬者」為標準的。事實上在屈原之前，北方的思想家們早已提出「天視自我民視，天聽自我民聽」、「民之所欲，天必從之」的思想[1]，屈原思想很好地吸收了這些來自北國的民本思想的精華。

楚國社會政治動盪的現實以及個人屢遭流放的不幸遭遇，使屈原晚年的天命思想發生了根本性的轉化，他的思想從相信天命轉向了懷疑天命。頃襄王時，屈原被再度放逐江南。在江南的楚先王廟，屈原

[1] 《尚書　泰誓》。

第七章　宗教思想與宗教文化

叩壁問天，寫下了千古奇文〈天問〉，「天問」即「問天」，蘊含有「質問蒼天」的意思，表現了屈原對「天」、「天命」進行大膽懷疑與批判的精神。

〈天問〉中，屈原主要通過推理和實證的方法來證實他對天命的懷疑。如他對「神創」說提出的質疑，使用的就是邏輯推理的方法。在神話傳說中，女媧是世界萬物的造物主。《說文》：「媧，古之神聖女，化萬物者也。」按照神話的解釋，女媧是世界的本原，天地、萬物、人類都由女媧所造就。在屈原的時代，這是一個流行的說法，是無須進行反思的。但屈原發現了神靈創世說在邏輯上存在的漏洞。漢王逸〈天問〉注云：「傳言女媧人頭蛇身，一日七十化。」按照這一說法，女媧是有形體的。屈原在〈天問〉中說：「女媧有體，孰匠制之？」他質問道：女媧自身具有形體，那麼女媧的身體又是誰創造的呢？這就是說，如果女媧的身體是被女媧之外的神創造出來的，那麼女媧就不是最早的創世者。事實上，不管這個女媧是誰創造的，通過屈原這一大膽的質問，女媧神話的內部矛盾就充分顯露出來了：女媧有形體本身就說明了女媧不是宇宙的「終極存在」，不是最早的創世者，這和宗教中所宣揚的女媧為「化萬物者」的神話是矛盾的，女媧創世的神話便不攻自破了。

屈原在〈天問〉中更多的是使用實證的方法來證實作者對上天的質疑。所謂「實證」的方法，在現代科學中是一種具有直接經驗特徵的研究方法，研究者通過收集資料，為理論假設的成立進行論證。在古代宗教中，實證的方法也會運用到祭祀與占卜活動中，為神靈信仰提供依據。如巫師在占卜後，要記錄占卜有關的事項，作為驗證占卜是否靈驗的依據。在〈天問〉中，屈原通過夏、商兩朝的滅亡以及「春秋五霸」之一的齊桓公受困身亡的事例，提出對「天命」的質問。夏、商兩朝統治者都宣揚「君權神授」的天命思想，為其統治提供終極依據。但現實是殘酷的，夏朝讓位於商，商朝讓位於周的歷史

事實，讓「君權神授」的天命思想受到了無情的挑戰。屈原在〈天問〉中質問夏朝的滅亡時說：「緣鵠飾玉，後帝是饗。何承謀夏桀，終以滅喪？」夏桀用上等的祭品祭祀上天，為何夏朝最終逃不出滅亡的命運呢？又質問商朝的滅亡：「授殷天下，其位安移？及成乃亡，其罪伊何？」意思是說，上天既已授命殷人統治天下，為何又改變主意，讓殷商王朝建成後卻又滅亡了呢？在屈原看來，歷史的事實證實，「君權神授」的天命思想是不可靠的。接下來，屈原直接針對「天命」進行了發難。〈天問〉說：「天命反側，何佑何罰？齊桓九會，卒然身殺。」齊桓公是春秋五霸之一，曾多次盟會諸侯，在諸侯爭霸中大顯才能，而最終卻受困身死。面對種種現實，屈原提出了「天命反側，何佑何罰」的質問，他說：天命是反復無常的，哪有什麼必然的懲罰和必然的庇護？〈天問〉對「皇天」提出更為激烈的質問：「皇天集命，惟何戒之？受禮天下，又使至代之？」上天在降賜天命的時候，對受命為君的人怎樣告誡？既然讓他受命代理天下，為什麼又派別人來取代他？在這些困惑不解的質問中，明顯地反映出屈原對天命的懷疑與不信任。

楚頃襄王二十一年（前278），秦將白起攻破楚國的首都郢（今湖北荊州），楚國被迫遷都壽春。看到戰亂中人民流離失所、家破人亡的景象，屈原痛心疾首地寫下〈哀郢〉，開篇就指責皇天的反復無常：「皇天之不純命兮，何百姓之震愆，民離散而相失兮，方仲春而東遷。」人民「離散而相失」的現實處境，使屈原心目中的皇天由「無私阿」變成了「不純命」，艱難的現實使屈原思想逐步從天命的束縛中走出來。他在絕命之作〈懷沙〉中說：「民生稟命，各有所錯兮，定心廣志，余何所畏懼兮！」天命安排了每個人的命運，但只要定下心來，放開胸襟，坦坦蕩蕩，又有什麼可怕的呢！這裡表現出了一種天命不可畏的態度。

戰國時期理性精神的覺醒，引發了士人們對「天命」思想的反

思。屈原的〈天問〉正是在這一大的時代背景下產生的。屈原從宇宙時空，到社會秩序，再到個體生命等各個方面對天命進行全面反思，對天命的態度由懷疑、否定發展到批判，表明屈原的思想已經遠遠超越了他所處時代的思想高度。

第四節　神仙思想與神仙文化

先秦時期，上層貴族階層由於生活富足安逸，貪圖享樂，在「靈魂不死」觀念的影響下，渴望長壽的思想慢慢滋生出肉身長生不死的觀念。正如《呂氏春秋　重己》所說：「世之人主貴人，無賢不肖，莫不欲長生久視。」《尚書　洪范》中提到「五福」，其中第一福為「壽」，即「長壽」；第五福為「老終命」，即「老而善終」。長壽觀念在當時還只是對延續生命的渴望，還沒有「長生不死」的思想。西周孝王時「舀壺」銘文云：「萬年眉壽，永命多福」，西周晚期的楚公逆鍾銘文云：「楚公逆其萬年壽，用保厥大邦。」其中「萬年眉壽」、「萬年壽」之語，明顯已有「長生不死」的觀念。由無限延續生命的渴望發展到長生不死夢想，標誌著神仙思想的產生。簡單地說，「老而不死曰仙[1]」，相信人可以通過某種方式達到長生不死的目的，這就是神仙思想。聞一多指出：「神仙思想之產生，本是人類幾種基本欲望之無限度的伸張。」[2]

《漢書　藝文志》說：「神仙者，所以保性命之真，而游求於其外者也，聊以蕩意平心，同死生之域，而無怵惕於胸中。」神仙思想的核心是「保性命之真」，即保持生命的本真，以求達到「同死生之域」的目的，也就是無生死之別的長生不死的境界。超脫生死是神仙

---

① 《釋名　釋長幼》。
② 聞一多：〈神仙考〉，載《聞一多全集》，生活　讀書　新知三聯書店1982年版，第162頁。

的核心，而要達到這一核心目的，就要通過「游求於其外」的方式，即向身體之外的大自然獲取生命的滋養，廣求養生之道。早期的神仙思想，包含「仙人」、「仙術」、「仙話」、「仙界」等基本內容，具體含義是指：其一，相信人的靈魂和肉體都是可以長生不死的；其二，相信人可以通過服食與修煉等方式達到長生不死的目的（服食與修煉的方式稱之為「仙術」）；其三，相信有遠古的神靈和現實中的凡人，經過努力已經成為長生不死的仙人；其四，圍繞仙人所發生的求仙、成仙的故事（也即「仙話」），是求仙者生動的樣本。仙人生活在與現實世界完全不同的「仙界」中，「仙界」是人類理想中的極樂世界。

先秦時期的神仙思想在燕齊和荊楚兩地同時發育和生長起來。信奉神仙思想的人在楚國的巫師階層、士人階層和上層統治者階層都大有人在。《戰國策 楚策》「有獻不死之藥於荊王者」章講述了一個與長生不死之藥有關的滑稽故事。有人給楚王獻來不死的藥，楚王的傳達官拿過不死藥送進宮去的時候，讓楚王的侍衛官拿去吃掉了。楚王大怒，派人要殺侍衛官，侍衛官辯解說：我是吃了大王的不死藥的人，倘若大王把我殺死了，這藥就成了死藥了，這也證明「不死之藥」是假的，大王是受人欺騙了。楚王或許是沒有勇氣殺死自己的侍衛官以證明「不死藥」的真假，更不願意讓世人知道自己受人欺騙的事實，於是免了侍衛官一死。這個故事表明，戰國時期的楚國已有方士靠「不死之藥」獲取錢財和功名，而楚國君臣也開始信奉長生不死的神仙思想。

神仙思想中某些觀念的產生與原始宗教中的神靈信仰有著密切的關係。我們今天所說的「神仙」一詞是一個偏正結構的合成詞，「神」是用來修辭「仙」字的，意即獲得了神的特性、具有神的本領的人，稱為「仙」。很顯然，「神仙」一詞已能說明，神仙思想的產生其實是受神靈信仰影響的。

《山海經》一書是由楚國巫師匯集以楚地為中心的各地巫術資料編纂而成的，該書的內容多與原始神靈信仰有關，其本質上是一部巫書。從《山海經》這部「巫書」的記載來看，神仙思想受神靈信仰影響主要表現在三個方面：1.神仙思想中的「長生不死」觀念，是受神靈信仰中「靈魂不死」觀念的啟發而來；2.神仙思想中「入山為仙」的觀念，是從原始宗教中神靈或巫師以山為天梯上下於天的影響而來；3.神仙思想中「仙界」的觀念，是受原始宗教中「神界」觀念的影響而來。《山海經》中對萬物「不死」的記載，對仙人的描述以及對仙界的描繪，都是楚人神仙思想的產物。

相信「萬物有靈」和「靈魂不死」是原始宗教存在的思想基礎。《山海經》作為一部巫書，自然會涉及到「不死」的觀念，像「不死山」、「不死樹」、「不死民」等與「不死」有關的文字，以一種不經意的方式存在著。如《海外南經》記：「不死民在其東，其為人黑色，壽，不死。」《大荒南經》記：「有不死之國，阿姓，甘木是食。」《海內經》記：「流沙之東，黑水之間，有山名不死之山。」《海內西經》記：「開明北有……不死樹。」《山海經》中這些與不死有關的文字，既包含有原始宗教中「靈魂不死」的觀念，也是神仙思想中肉身不死、生命無限觀念的源頭。

在楚國宗教與神話中，巫師起著上下於天，溝通神人的作用。巫師登天要以神山作為「天梯」。《山海經　大荒西經》云：「有靈山，巫咸、巫即、巫盼、巫彭、巫姑、巫真、巫禮、巫抵、巫謝、巫羅，十巫從此升降，百藥爰在。」袁珂說：「經言『十巫從此升降』即從此上下於天地，宣神旨、達民情之意。靈山蓋山中天梯也。」[①]據《山海經　海外西經》載，登葆山也是「群巫所從上下」的地方，即群巫上下於天地的「天梯」。巫師以山作為「天梯」的虛妄想像，

---

① 　袁珂：《山海經校注》，上海古籍出版社1980年版，第397頁。

對神仙思想產生了極為重要的啟迪作用。神仙思想中，對「仙」的最簡單的解釋就是「人在山上」。「仙」一作「僊」，《說文》釋「僊」：「人在山上貌，從人、山」。又據《釋名　釋長幼》：「僊，遷也，遷入山也」。由此可見，仙就是登上高山長生不死的人。《山海經　海內經》記：「華山青水之東，有山名曰肇山，有人名曰柏子高，柏高上下於此，至於天。」郭璞注云：「柏子高，仙者也。言翱翔雲天，往來此山也。」最早的「仙」，正是原始宗教與神話中能經由高山上下於天的人。

仙界是仙人居住的樂園。在燕齊之地，因地理位置沿海，人們所虛構出來的仙界自然與海有關。他們相信海上有「三神山」：蓬萊、方丈、瀛洲。「三神山」居於海水之下，「諸仙人及不死之藥皆在焉，其物禽獸皆白，而黃金銀為闕」[1]。在荊楚地區，由於受西方昆侖山神話的影響，所虛構出來的仙界多在山上，而非海中。在《山海經》中，昆侖山被描繪成是「百神之所在」的地方，物產豐富，萬物盡有；更重要的是，這裡有修煉仙術所需要的「不死之藥[2]」。漢代以後，昆侖仙界在方士們的不斷增飾之下，更為雄偉壯麗，上有增城九層，以及傾宮、旋室、懸圃、涼風、樊桐等宮殿，更有求仙者渴望得到的「不死樹」、「不死水」。

在神仙思想受神靈信仰的啟迪而開始發育的時候，南方的道家學者也在思考長生不死的問題。在《老子》中，多次提到「長生」、「不死」，如《老子》第五十九章云：「有國之母，可以長久，是謂深根固柢，長生久視之道。」第六章云：「穀神不死。」第三十三章云：「死而不亡者壽。」《莊子》更是把避害全生、追求長生作為人生的終極目標。《莊子　在宥》云：「必靜必清，無勞女形，無搖女

① 《史記　封禪書》。
② 《山海經　海內西經》。

第七章　宗教思想與宗教文化

精，乃可以長生。目無所見，耳無所聞，心無所知，女神將守形，形乃長生。」這裡所說的「形」，就是人的肉身，強調通過「守形」達到肉身長生的目的。這說明探索「長生」之道一直是道家學者的追求。道家強調「守形」，追求長生，與神仙家對長生不死的追求是吻合的，道家與神仙家有著共同的語言，所以二者必將越走越近。

到戰國時期，神仙思想在楚國大行其道，我們已難分清此時究竟是神仙思想影響了道家思想，還是道家思想影響了神仙思想。就我們現在所能看到的材料而言，此時的道家思想與神仙思想已是你中有我，我中有你，相互滲透，相互影響。從《莊子》一書多有關於仙人的描寫，以及成仙方術的記載，可見其一定程度上受到了神仙思想的影響。《莊子‧逍遙遊》記：

> 藐姑射之山，有神人居焉。肌膚若冰雪，淖約若處子，不食五穀，吸風飲露，乘雲氣，御飛龍，而游乎四海之外；其神凝，使物不疵癘而年穀熟。[1]

姑射山「神人」具備了後世仙女的一般特點，如美貌、超凡脫俗，以及非凡的本領，其實就是後世所說的「仙人」，而這個故事也正是早期的「仙話」。在這則「仙話」中，我們甚至不難看到神仙家的影子。如姑射山「神人」不食五穀雜糧，只是吸風飲露，其實就是神仙家所謂的「服氣」、「辟穀」；姑射山「神人」乘著雲氣，駕著飛龍，在四海之外遨遊飛翔，也就是神仙家所說的「乘龍升仙」。

《莊子》一書中所說的「至人」、「真人」都是「仙人」的代名詞。《莊子‧齊物論》稱「至人」：「死生無變於己」，《莊子‧大宗師》說「真人」：「不知悅生，不知惡死」，強調「至人」、「真

---

[1] 《莊子‧逍遙遊》。

人」是能超脫生死的。能超脫生死的「至人」、「真人」自然是「仙人」了。《莊子 天地篇》更是直言「去而上仙，乘彼白雲，至於帝鄉」，把成仙視為人生的極樂境界。此外，《莊子》書中還提到修煉長生不死的方術。《莊子 大宗師》云：「古之真人，其寢不夢，其覺無憂，其食不甘，其息深深。真人之息以踵，眾人之息以喉。」這裡提到的「踵息法」，是氣功中所用的一種呼吸法[①]，也應是神仙家修煉長生不死方術的一種。

戰國時期「仙」與「道」的滲透與融合，將神仙思想與道家學說結合在一起，為後來道教的出現提供了現成的理論基礎，在中國宗教史、文化史上具有重要的意義。

神仙思想催生了先秦時期楚國獨有的神仙文化，楚國文學、繪畫、雕塑等藝術表現中，都不可避免地烙上了神仙思想的影子。

神仙思想與楚國的浪漫主義文學傳統相遇後，在楚國產生了中國歷史上最早的「遊仙詩」。屈原、宋玉等楚國浪漫主義作家生活的時代，正是神仙思想形成與發展的關鍵時期。屈原對神仙思想所宣揚的長生不死並非沒有懷疑，他在〈天問〉中說：「延年不死，壽何所止？」對長生不死之說提出了自己的懷疑。但屈原並不能脫離他所處的時代，他的作品也深受神仙思想的影響。神仙思想所宣揚的自由飛升之說，是浪漫主義創作方法的理想素材；神仙思想所追求的自由快樂的人生目標，與屈原對個性與生命價值的追求也是不謀而合的，由此看來，屈原的作品中有神仙思想的影子也是情理之中的事了。《楚辭 遠遊》是中國文學史中專寫遊仙的開篇之作，對中國後世游仙文學產生了重要影響，其中有寫辟穀、服氣等神仙修煉方術的：「餐六氣而飲沆瀣兮，漱正陽而含朝霞。保神明之清澄兮，精氣入而麤穢除。」所謂「餐六氣」是指「春食朝霞（日始欲出赤黃氣）」、「秋

---

① 沈毅：《生命的動力意義：論死亡恐懼》，杭州出版社2001年版，第235頁。

第七章 宗教思想與宗教文化

食淪陰（日沒以後赤黃氣）」、「冬飲沆瀣（北方夜半氣）」、「夏食正陽（南方日中氣）」，這些都是神仙家吐納行氣的方術。有寫飛升成仙的：「載營魄而登霞兮，掩浮雲而上征。」登霞，是指上升雲表，猶言登仙遠去。此外，還有寫仙界之遊歷的，寫仙人共娛戲的等等，在此不一一列舉。

戰國時期，楚國的造型藝術受神仙思想的影響，出現了一批與乘龍升仙、羽化升仙有關的帛畫、漆畫等繪畫作品，以及木雕、玉雕等雕塑作品。表現乘龍升天主題的帛畫有著名的《人物龍鳳帛畫》、《人物御龍帛畫》。河南信陽長台觀一號楚墓出土的彩繪漆瑟《乘龍升天圖》，表現的是巫師乘龍升天情景，畫面中巫師身材高大，長衣博袖，雙手張開，在兩條蜿蜒升騰的巨龍的引導下向上飛升。畫面中還有女巫載歌載舞，渲染乘龍升天的神秘氛圍。在湖北荊州還發現過兩件表現乘龍升天主題的玉佩，一件出土於熊家塚墓地，一件出土於院牆灣楚墓。熊家塚墓地出土的「乘龍升天」玉佩用青灰色半透玉製作，主體形象為巨龍，龍體彎曲成S狀，龍爪捲曲如鳳首，表現向上升騰的態勢。在龍尾上站立一人，形象與巨龍相比顯得渺小，此人正是乘龍升天的仙人了。

神仙思想認為，人通過修煉後可以像飛鳥一樣長出翅膀和羽毛，成為「羽人」，飛天成仙，這就是所謂的「羽化升仙」。《楚辭　遠遊》云：「仍羽人於丹丘兮，留不死之舊鄉。」王逸注：「《山海經》言有羽人之國，不死之民。或曰，人得道，身生羽毛也。」洪興祖補注云：「羽人，飛仙也。」湖北荊州天星觀二號墓出土有一件木雕羽人，羽人立於一隻鳳鳥頭頂，長著人的身形，卻有著鳥的尾巴和爪子，腿上還依稀可以分辨出羽毛的麟狀。這件木雕就是楚人想像中的「羽人」、「飛仙」了。

第八章 史官文化與史學的發展

第一節 史官的職能及其思想

春秋時期，隨著周王室的衰微，史官的地位和職守發生了根本性的轉變。周王室出現了「史不記時^①」狀況。「天子失官，學在四夷^②」，周王室史官制度受到破壞後，學術下移，周朝的史官制度和史學傳統在各諸侯國中延續下來。見於文獻記載的楚國史官系統尚不全面，只提到「史」與「左史」等職。但從現存文獻中，仍能窺見楚國史官在官僚體制中的職能與作用大致與周朝史官是一致的。

倚相是春秋時期楚國的「左史」官，也是後世廣受讚譽的著名史學家。倚相的事蹟在《左傳》、《國語》中均有記載。《左傳 昭公十二年》記載楚靈王稱讚左史倚相說：

> 是良史也，子善視之！是能讀《三墳》、《五典》、《八索》、《九丘》。

又《國語 楚語下》記載：

---

① 《史記 曆書》。
② 《左傳 昭公十七年》。

281

楚之所寶者⋯⋯又有左史倚相，能道《訓典》，以敘百物，以朝夕獻善敗於寡君，使寡君無忘先王之業；又能上下說於鬼神，順道其欲惡，使神無有怨痛於楚國。

以上兩則關於左史倚相的材料，反映出春秋時期楚國史官的基本職能，主要有四個方面。

其一，記載歷史。客觀真實地記載歷史是史官的基本職責。只有客觀真實地記載歷史的史官才可以稱之為「良史」。所謂「良史」，是指能秉筆直書、記言記事信而有徵的優秀史官。《左傳　宣公二年》：「孔子曰：『董狐，古之良史也，書法不隱。』」董狐是春秋時期晉國的太史。因其能恪守史官記言記事的法度，對史事不加隱諱，如實著錄，因而被孔子譽之為「良史」。楚國的左史倚相被楚王稱之為「良史」，說明倚相是盡到了史官職責，做到了文直事核，書法不隱。

其二，司掌典籍。倚相所能熟讀的「《三墳》、《五典》、《八索》、《九丘》」是「上世帝王遺書」[1]。《尚書序》說：「伏犧（羲）、神農、黃帝之書，謂之《三墳》，言大道也。少昊、顓頊、高辛（嚳）、唐（堯）、虞（舜）之書，謂之《五典》，言常道也。至於夏、商、周之書，雖設教不倫，雅誥奧義，其歸一揆，是故歷代寶之，以為大訓。八卦之說，謂之《八索》，求其義也。九州之志，謂之《九丘》；丘，聚也，言九州所有，土地所生，風氣所宜，皆聚此書也。」墳、典、索、丘是中國上古時代的重要典籍，保存、研究和宣講這些典籍是楚國史官的重要職能之一。

其三，進諫君王。作為楚國的史官，倚相除了要履行記載歷史、司掌典籍的職能外，還有一項重要的職責就是為楚王進諫，

① 〔漢〕孔安國：《尚書序》。

「朝夕獻善敗於寡君，使寡君無忘先王之業[①]」。倚相重視言諫在治理國家中的重要作用，他認為無能君臣都要「箴儆於國」，只有不斷地接受警戒，君臣才會成為「睿聖」之人，國家才會長治久安。楚國大夫申公子亹拒見倚相，倚相列舉衛武公九十五歲時「猶箴儆於國[②]」，又引《周書》記文王勤於政事，惠及小民為例規勸申公子亹，並直接指出申公子亹不聽勸誡的危害：「今子老楚國而欲自安也，以御數者，王將何為？若常如此，楚其難哉！」最終使子亹承認了自己的過錯。司馬子期想立妾為正妻，就此徵求倚相的意見，倚相以楚國歷史上正反兩方面的事例說明「唯道是從」的道理，最終讓司馬子期放棄了自己的想法。

其四，溝通人神。先秦典籍中往往「史巫」並舉或「巫史」連稱。如《國語　楚語下》云：「夫（人）人作享，家為巫史。」「巫史」的傳統使得古代史官有著事人和事神的雙重職責。一方面他們要起草文書，宣達王命，記錄時事，掌管圖籍；另一方面他們要扮演「巫」角色，成為人與神的溝通者，參與宗教祭祀、卜筮活動。左史倚相「又能上下說於鬼神，順道其欲惡，使神無有怨痛於楚國[③]」，正說明楚國史官兼任巫職，具有溝通人神的職能。

為楚國史學發展作出貢獻的，除了史官群體以外，還有一個職官群體——師、傅、保群體，他們在研究歷史、宣講歷史、傳承歷史等方面也作出了重要貢獻。先秦時期，師、傅、保是周王室和各諸侯國普遍設立的官職，其主要職能是負責太子及貴族子弟的教育。《大戴禮記　保傅》載：「昔者，周成王幼，在繈抱之中，召公為太保，周公為太傅，太公為太師。保，保其身體；傅，傅其惪義；師，導之教順。此三公之職也。」楚國沿襲周制，也設有師、傅、保「三公」之

---

① 《國語　楚語下》。
② 《國語　楚語上》。
③ 《國語　楚語下》。

職，負責太子及貴族子弟的教育，見於史籍的有「師」、「少師」、「傅」、「太傅」、「保」等官職，有時「師保」連稱，有時「師傅」並舉。在太子及貴族弟子的教育中，歷史教育是重要內容。楚莊王時，士亹任太子箴之傅。士亹向申叔時請教太子教育的有關問題時，申叔時說：

> 教之《春秋》，而為之聳善而抑惡焉，以戒勸其心；教之《世》，而為之昭明德而廢幽昏焉，以休懼其動；教之《詩》，而為之導廣顯德，以耀明其志；教之禮，使知上下之則；教之樂，以疏其會合而鎮其浮；教之《令》，使訪物官；教之《語》，使明其德，而知先王之務用明德於民也；教之《故志》，使知廢興者而戒懼焉；教之《訓典》，使知族類，行比義焉。

申叔時列舉《春秋》、《世》、《詩》、《禮》、《樂》、《令》、《語》、《故志》、《訓典》9門課程，並提出相應的教學要求及教學目的。其中有多種科目如《春秋》、《故志》、《世》、《語》屬於歷史教育科目。申叔時認為，歷史教育是能使受教育者知曉前世興廢、明德於民、聳善抑惡的重要科目，在太子教育中發揮著重要的功用。

師、傅、保「三公」不僅在歷史教育中發揮著不可替代的作用，而且也擔負著歷史文獻傳承人的職責。戰國時，鐸椒為楚威王傅，職掌教育太子，輔佐國君。鐸椒是《左傳》的重要傳人，編選過多個《左傳》選本。孔穎達《春秋左氏經傳集解序疏》引劉向《別錄》云：

> 左丘明授曾申，申授吳起，起授其子期，期授楚人鐸椒，鐸椒作《抄撮八卷》。

據劉向《別錄》記載，左丘明授《左氏傳》於曾申，曾申授吳起，吳起授子期，吳子期授鐸椒。在這一師承關係中，鐸椒作為《左傳》的第四代傳人，是《左傳》傳承中的重要一環。

先秦時期，各諸侯國都撰有史書，由於史書數量眾多，國君很難遍覽各國史書。為使楚王知古鑒今，鐸椒從各國史籍中摘取成敗得失的事例，「採取成敗，卒四十章，為《鐸氏微》[①]」。另據上引劉向《別錄》說，鐸椒傳《左傳》時作《抄撮》八卷。從書名來看，《抄撮》和《鐸氏微》一樣，屬於從史籍中摘抄的重要史料。鐸椒對於史籍用「採取」、「抄撮」的方法進行歸類整理，「其用意與後世的類書略同[②]」，可以說，《抄撮》和《鐸氏微》是我國古代類書的濫觴。從史學史的角度來看，像《抄撮》和《鐸氏微》「這種改編後的史體，就是後世獨立於紀傳、編年二體之外的紀事本末體[③]」。可見，鐸椒是以歷史事件為綱的中國史書體裁——紀事本末體的開創者。

中國古代史學家認為，歷史的意義並不在歷史本身，而是在於從政治得失、治亂興衰的歷史事實中，找到治理國家的現實借鑒，也就是說史官的職責「非但記事而已，蓋所以為監戒也[④]」，這就是中國古代史學傳統中的歷史鑒戒思想。歷史鑒戒思想在中國形成甚早，在《尚書》中就有「我不可不監於有夏，亦不可不監於有殷」的記載，這說明西周時期就有了明確的歷史鑒戒思想。

春秋時期，楚國君臣已具備了明確的歷史鑒戒思想。楚國君臣在討論問題時，都會列舉歷史上成功的經驗與失敗的教訓進行充分的說理。楚莊王自戰勝庸國以後，為了提高軍民的鬥志，不斷地

① 《史記‧十二諸侯年表》。
② 周生傑：《太平御覽研究》，巴蜀書社2008年版，第8頁。
③ 黃鎮偉編著：《中國編輯出版史》，蘇州大學出版社2003年版，第72頁。
④ 《周書》卷三八〈柳虬傳〉。

以「勝之不可保，紂之百克而卒無後」訓誡國民 ①，以商紂王曾經百戰百勝最後卻免不了亡國命運的歷史教訓，向百姓說明勝利不可永保不敗的道理，以此激勵人民不斷進取；同時楚莊王還以楚先君「若敖、蚡冒篳路藍褸，以啟山林」的歷史故事來說明「民生在勤，勤則不匱」的道理 ②。

《國語　楚語下》記載楚國葉公子高的一段話，更是明確提出了「多聞善敗以鑒戒」的思想：

> 昔齊騶馬繻以胡公入於具水，邴歜、閻職戕懿公於囿竹，晉長魚矯殺三郤於榭，魯圉人犖殺子般於次，夫是誰之故也，非唯舊怨乎？是皆子之所聞也。人求多聞善敗以鑒戒也。

西元前497年，楚令尹子西想召流亡國外的王孫勝回國，葉公子高勸誡子西不要召回王孫勝，理由是王孫勝心胸狹隘，會牢記其父太子建被冤殺之仇而尋求復仇，從而埋下楚國禍亂的種子。葉公子高列舉了歷史上齊、晉、魯三國均曾發生因不提防舊怨而遭殺身之禍的事例進行勸說，希望子西「多聞善敗以鑒戒」，意即通過總結歷史興衰成敗的經驗教訓來作為借鑒，並用以警戒自己。

要使歷史具有真正意義上的鑒戒作用，首先是歷史的記錄者要具有實錄精神，保證歷史記載的客觀真實性。所謂「實錄精神」，也稱為「直筆精神」，是我國古代史學的優良傳統。兩漢大儒都推崇《史記》的實錄精神。班固在《漢書　司馬遷傳》中引劉向、揚雄之言，讚揚《史記》「其文直，其事核，不虛美，不隱惡，故謂之實錄」。「文直」、「事核」、「不虛美」、「不隱惡」就是實

---

① 《左傳　宣公十二年》。
② 《左傳　宣公十二年》。

錄精神的核心內容。楚國史學家在記錄歷史時也具有實錄精神。《韓詩外傳　卷二》載，楚莊王妃樊姬舉薦孫叔敖為令尹，「叔敖治楚三年而楚國霸。楚史援筆而書之於策，曰：『楚之霸，樊姬之力也。』」楚莊王任用孫叔敖為令尹，有知賢善任之功，孫叔敖治楚而國強，有治國之功，都是應該載入史冊的。對於莊王妃樊姬的舉薦之功，史官不因樊姬為女流之輩、後宮之人隱而不錄，而是據實記載，這從一個側面反映了楚國史官「書法不隱」的實錄精神。

第二節　《檮杌》與《桃左春秋》辨

楚國史書《檮杌》，最早見於《孟子　離婁》，其文云：

王者之跡熄而詩亡，詩亡然後《春秋》作。晉之《乘》、楚之《檮杌》、魯之《春秋》，一也。其事則齊桓、晉文，其文則史。

孟子以「楚之《檮杌》」與「晉之《乘》」、「魯之《春秋》」相提並論。「其文則史」，指出三書是同屬史書性質的文獻。關於楚史《檮杌》的性質，唐孔穎達在《春秋正義序》中提出「別號」說，認為《春秋》是各國史書的通稱，而楚史稱《檮杌》，是「春秋」的別名：

申叔時、司馬侯乃是晉、楚之人，其言皆云「春秋」，不言「乘」與「檮杌」。然則「春秋」是其大名，晉、楚私立別號，魯無別號，故守其本名。

這段文字中，孔穎達提出了兩個基本觀點。其一，「春秋」是

「大名」，即是各國史書的通名；其二，「檮杌」是「別號」，即楚史在「春秋」的「大名」之外的別名。關於「春秋」是先秦各國史書通名的問題，從文獻記載來看，是沒有多大爭議的。唐劉知己在《史通・六家》引《墨子》曰：「吾見百國春秋」，《隋書・李德林傳》也記載：「墨子又云：『吾見百國春秋』。」今本《墨子》雖無「吾見百國春秋」之語，但從《史通》與《隋書》的引語來看，「吾見百國春秋」一語在唐之前的《墨子》版本中是存在的。所謂「百國春秋」之「百國」是一個概數，是指諸多國家。「百國春秋」正說明先秦各國都有名為「春秋」的史書。從《墨子・明鬼》中「周之《春秋》」，「燕之《春秋》」，「宋之《春秋》」，「齊之《春秋》」的記載來看，先秦時期確有「百國春秋」存在。《墨子・明鬼》中雖沒有「楚之《春秋》」和「晉之《春秋》」的記載，但其他文獻中的記載可證實「楚之《春秋》」和「晉之《春秋》」是存在的。據《國語・楚語》記，楚大夫申叔時談及對太子的教育時，曾有「教之《春秋》」之語。申叔時所說的《春秋》應該就是楚之《春秋》了。因為楚國對太子的教育，不可能以魯國或其他各國的史書作為教材。另外，《國語・晉語七》記晉大夫司馬侯向悼公薦叔向時，提及「羊舌肸習於《春秋》」，晉國大夫羊舌肸所習讀的自然也應該是「晉之《春秋》」。

孔穎達所說的另一個觀點，即「檮杌」是「春秋」的「別號」一說，其立論的依據，正是上引《國語》中《楚語》、《晉語》的兩則材料。楚、晉兩國大夫提及的史書都有《春秋》之名，而不提及孟子所說的「楚之《檮杌》」和「晉之《乘》」。孔穎達認為，楚、晉大夫所言《春秋》是以史書的通名而言之，而孟子所說的《檮杌》與《乘》，則是「楚之春秋」和「晉之春秋」的別名。孔穎達的「大名」與「別名」之說，在唐代學者劉知己的《史通》中也有提及。《史通》引《墨子》「吾見百國春秋」之語，列舉三代各國史書皆有

《春秋》之名之後說：「《乘》與《紀年》、《檮杌》，其皆春秋之別名乎？」

至於「檮杌」是不是「春秋」的「別名」，首要的問題是弄清楚人的史書何以要以「檮杌」來命名。對於這一問題，歷來學者眾說紛紜，各種異說達十數種之多，歸納起來有影響的有如下幾家之說：

1. **惡獸說**。此說見於漢代趙岐《孟子章句　離婁下》：「檮杌者，嚚凶之類，興於記惡之誡，因以為名。」趙岐認為「檮杌」是「嚚凶之類」的惡獸，以比惡人。楚國史書以「檮杌」為書名，意在記載惡人惡行，以警戒後人。宋代朱熹《四書集注》承繼此說：「檮杌，惡獸名。古者，因以為凶人之號，取記惡垂戒之義也。」趙岐以「檮杌」為「嚚凶之類」，朱熹以「檮杌」為「惡獸」，皆源於《左傳　文公十八年》所載：「顓頊有不才子，不可教訓，不知話言，告之則頑，舍之則嚚，傲很明德，以亂天常，天下之民謂之檮杌。」《左傳》將檮杌與渾沌、窮奇、饕餮並列為「四凶」。

2. **靈獸說**。宋人羅願《爾雅翼》卷二一《釋獸四　檮杌》說：「史者所以數知往來者也。檮杌之為物，能逆知來事，故以此目之。」明、清兩朝多有學者從之。如明代董說《七國考》引《湘東紀聞》記載：「檮杌之獸，能逆知未來，故人有掩捕，輒逃匿，史以示往知來，故名《檮杌》。」此說認為，檮杌是能預知將來之事的靈獸，而歷史的作用和意義是鑒往知來，所以楚人將史書命名為《檮杌》。《左傳》中既以檮杌為「惡獸」，也以檮杌為「神獸」，認為檮杌可以驅鬼逐邪，如《左傳　昭公九年》記：「先王居檮杌於四裔，以禦螭魅。」

3. **惡木說**。南唐《說文解字》小徐本徐鍇注：「檮，惡木也，主於記惡以為戒。」清代學者王筠《說文解字句讀》亦承此說。此說與「惡獸」說各有異同。相同的是，都以《檮杌》為記惡人惡行之書，

以達到懲惡揚善的目的；不同的是，此說是以「檮杌」為植物中的「惡木」，而「惡獸」說以「檮杌」為神物中的「惡獸」。

4.「斷木」說。此說源於許慎《說文解字》釋「檮」為「斷木也」。各家以許氏的解釋為依據，又衍生出不同的說法。

其一是「楓頭」說。段玉裁《說文解字注》釋「檮」云：「謂斷木之榦，楓頭可憎者。」何謂「楓頭」，《說文　頁部》：「頑，楓頭也」，段玉裁注說：「凡物之頭渾全者皆曰楓頭。」可見，混沌、頑冥不化之物均可稱為「楓頭」。至於檮杌是「斷木」，與「楓頭」有何關係，段玉裁並沒有說清楚，倒是焦循作了一番發揮為段玉裁所說的「楓頭」進行了解釋：「惟檮杌皆從木，則為斷木之定名。」「縱破為楷，橫破為檮杌，斷而未析其頭則名頑，是檮杌即頑之名。因其頑，假斷木之名以名之為檮杌，亦戒惡之意也。」[1]這種解釋與「惡木」說一樣，以為《檮杌》作書名，其意在「戒惡」。

其二是「簡策」說。清人吳承志《橫陽劄記》卷十認為，「檮杌」本當作「檮柮」。「檮柮本義為斷木，施於『春秋』當是木牘代竹簡，因之立名。」丁山也認為「檮杌」、「取義於斷木為簡牘」，並說，「楚之《檮杌》，猶魏之《竹書紀年》……蓋本荊楚方言，斷木為版，以記國家大事之謂。[2]」

古人關於「檮杌」的研究中，還有一種說法值得重視，這就是清代學者俞樾和吳承志的「訛誤」說。俞樾和吳承志不固執於「檮杌」二字為說，而是懷疑楚國史書原本書名並非「檮杌」二字，而是由其他書名發生訛誤而寫成了「檮杌」，這為我們解釋楚國史書為何以「檮杌」為名，提供了一種新的思路。這種新思路的出現，是由另一部書名為《桃左春秋》的史書引起的。

---

① 〔清〕焦循：《孟子正義》。
② 丁山：《中國古代宗教與神話考》，龍門聯合書局1961年版，第274頁。

《韓非子　備內》引《桃左春秋》：「人主之疾死者不能處半。」《桃左春秋》是哪一國的史書呢？古代文獻中，《桃左春秋》只在《韓非子》一書中出現一例，別無旁證。後世研究者多以為，歷史上本無《桃左春秋》一書，「桃左春秋」是因文字訛誤而導致的一個錯誤書名。如章炳麟《春秋左傳讀敘錄》稱，「桃」乃「趙」的借用字，《桃左春秋》即《趙左春秋》，是趙人所傳的《左氏春秋》，此說信從者不多。清代學者俞樾和吳承志則以為，文字訛誤不出現在「桃」字，而出現在「左」字。清俞樾《諸子平議》中疑「左」字是「兀」字之誤。桃左即桃兀，是「檮兀」的異文。「左疑兀之誤，桃兀蓋即檮兀之異文，楚之檮兀亦有春秋之名，楚語申叔時所謂『教之《春秋》』是也，故謂之《檮兀春秋》矣。[①]」

　　俞樾將《孟子》所說的楚之史書《檮杌》與《韓非子》所引之史書《桃左春秋》，以及《國語　楚語》記楚大夫申叔時所說的「教之《春秋》」三者聯繫起來考慮，提出楚國史書的本名為《檮兀春秋》，分而言之，就有了《檮兀（杌）》或《春秋》之名，這一看法是極有建設性的。遺憾的是，俞樾仍然沒有解決楚國史書何以以《檮杌》為書名的問題。

　　無獨有偶，另一名清代學者吳承志也將《孟子》所說的「檮杌」與《韓非子》所引的《桃左春秋》聯繫在一起。和俞樾意見不同的是，吳承志認為「檮杌」本當作「檮杴春秋」，《韓非子》所引書名中的「桃左」二字，是由「檮杴」訛誤而來。「『桃左』即『檮杴』。『桃』、『檮』字通，『杴』借作『屈』，草書為『屈』，因誤為『左』。《檮杴春秋》本四字為名，《孟子》避與下《春秋》之文復，省二字。[②]」吳承志之說可取之處在於，他認為《檮杌》與《桃

① 〔清〕俞樾：《諸子平議》卷二一。
② 吳承志：《橫陽劄記》卷一〇。

第八章　史官文化與史學的發展

左春秋》同為一書，這一點與俞樾是英雄所見略同。所不同的是，吳承志將《檮杌》釋為「檮柮」，又將「檮柮」釋為「斷木」，引申為「木牘」，進而將《檮柮春秋》書名理解為書寫在木牘上的史書之意。這一解釋與考古發現的實際情況是不相符的。我們今天所見戰國時期出土的文獻甚多，但都是書寫在竹簡上的，而極少的情況是書寫在木牘上的。這就是說，整個春秋戰國時期，楚人書寫的載體主要是竹簡而非木牘。在這種歷史背景下，楚人不會想出一個以「木牘」為載體的書名來。

我們認為，問題可能還是出在文字上。依俞樾之見，「檮杌」之「杌」本字作「兀」。「兀」、「左」、「氏」三字形極近，很容易寫錯。「桃左」之「左」，「檮兀」之「兀」都可能是因與「氏」字形相近而產生誤訛，也就是說，「桃左」本當作「桃氏」，而「檮兀」亦本當作「檮氏」。「檮」與「桃」音近可通，「檮氏」實際上也是「桃氏」。果真如此的話，所謂《檮杌》與《桃左春秋》所帶來的困惑便可迎刃而解了。

韓非子所引的《桃左春秋》是《桃氏春秋》的訛誤。《桃氏春秋》一如《左氏春秋》、《呂氏春秋》，是用「作者姓氏＋史書通名」來作為史書的書名，《桃氏春秋》顯然就是姓桃的人作的史書。先秦時期有桃姓，於史可證。《周禮　考工記》：「桃氏為劍」。桃姓起源於以技藝職業或官名為氏，早在西周時期就有專門作刀劍的工匠被稱為「攻金之工」，而管理攻金之工的官員名桃氏，其後以「桃」為氏。如春秋時，周襄王有大夫名桃子，曾奉襄王之命出師伐狄。再如戰國時孟子有弟子名桃應，《孟子　盡心上》記有孟子與桃應的對答。

孟子所說的《檮杌》，本當作《檮氏》，也就是《韓非子》所引的《桃氏春秋》。因《孟子》在提及楚國史書《桃氏春秋》後，下文又有「魯之《春秋》」，為了避免前後重復，所以對楚國史書取前

二字「桃氏」作書名。又因「桃」、「檮」音同字通，《桃氏》寫作了《檮氏》，再因「氏」與「兀」形近而訛，《檮氏》又錯為了《檮兀》，再其後，就有漢儒以《左傳》所謂「四凶」之一的「檮杌」來解釋「檮兀」，《檮杌》便作為楚國史書名定型下來。

第三節　楚國的「志」體史書

先秦時期，以記事為主的史書稱之為「志」。鄭樵《通志總序》云：「古者記事之史謂之志」。周朝設有專門職掌「志」體史書的職官，如小史一職，主要職守就是「掌邦國之《志》」；又有外史一職，主要職守是「掌四方之《志》[①]」。所謂「邦國之《志》」應該是指周王室的記事類史書，而「四方之《志》」則是諸侯國的記事類史書。以記事為主的志體史書在先秦時期占有十分重要的地位，往往與紀年體史書相提並論。如《莊子　齊物論》說：「《春秋》，《經世》，先王之《志》，聖人議而不辯。」聖人對於先王之《志》與對待《春秋》一類的史書的態度是一樣的，保持「議而不辯」的遵從態度。在貴族子弟的教育中，《志》書也被列入教學的重要科目。《禮記　學記》云：貴族子弟入學後須首先學習《經》、《志》，並有明確的要求，要達到「一年視離《經》辨《志》」的水準，即在入學一年內要學會點斷經書，分辨志書。

從《左傳》、《國語》、《周禮》等書的徵引情況來看，根據所記事類的不同，志體史書有不同的書名。與禮制和軍事有關的，專稱為《禮志》和《軍志》，如《國語　晉語》有「《禮志》有之曰：『將有請於人，必先有人焉』」。記軍事之事的又如《左傳　僖公

---

① 《周禮　春官　外史》。

二十八年》引《軍志》，有「允當則歸」、「知難而退」、「有德不可敵」等語。記其他之事的則可通稱《故志》。

楚國「志」書，文獻有明確記載。春秋時，楚大夫申叔時談論教育太子時論及《故志》一書：「教之《故志》，使知廢興而戒懼焉。」申時叔說，對太子進行教育，要使用《故志》作教材，使太子知曉前世「廢興」，從而產生「戒懼」之心，後世學者一般據此認為，《故志》是記載古代帝王興廢更替事蹟的文獻，如《國語　楚語上》韋昭注：「《故志》，謂所記前世成敗之書。」楚國《故志》的內容，雖然不是完全與政治得失，治國興亡之事有關，但多少與楚國君臣之事相關。《呂氏春秋　仲冬記　至忠》記，楚莊王在雲夢游獵時，曾射死一隻名為「隨兕」的「惡獸」。隨行的申公子培上前搶奪了射死的「隨兕」，後染疾而死。申公子培的弟弟向楚莊王申述子培為何對君王「暴而不敬」時說：「臣之兄嘗讀《故記》曰：『殺隨兕者，不出三月。』是以臣之兄驚懼而爭之，故伏其罪而死。」這裡所說的《故記》就是《故志》。楚莊王派人查檢《故記》，其中果然有殺隨兕者會暴死的記載。

楚國《故志》今已不存，有學者試圖從文獻徵引中找到一些楚國《故志》的蹤影。其中《國語　楚語上》的一條記載，被學者們認為是古代保留下來的楚國《故志》的內容。《國語　楚語上》記楚大夫范無宇說：

其在《志》也，國為大城，未有利者。昔鄭有京、櫟，衛有蒲、戚，宋有蕭、蒙，魯有弁、費，齊有渠丘，晉有曲沃，秦有徵、衙。叔段以京患莊公，鄭幾不克；櫟人實使鄭子不得其位。衛蒲、戚實出獻公，宋蕭、蒙實弒昭公；魯弁、費實弱襄公，齊渠丘實殺無知，晉曲沃實納齊師，秦徵、衙實難桓、景。皆志於諸侯，此其不利者也。

由於這條文獻記載出自《國語　楚語》，且有「其在《志》也」一語，意即《故志》有所記載，所以「其在《志》也」以下文字被視為是楚國《故志》的佚文。但從文字內容來看，這段文字並非楚國《故志》的原文，而是范無宇歸納各諸侯國的《故志》記載，找到的一些可以說明「國為大城，未有利者」的證據。這段文字的最後一句話「皆志於諸侯」，已經明確說明，文字中所列舉的事例來自各個諸侯國的《志》書，而非楚國《故志》書中的內容。真正可能是楚國《故志》佚文的是《國語　吳語》所記的一段文字。據《國語　吳語》記載，申胥勸諫吳王夫差以楚靈王為前車之鑒，勿要伐齊時說：

　　王其盍亦鑒於人，無鑒於水。昔楚靈王不君，其臣箴諫以不入。乃築臺於章華之上，闕為石郭，陂漢，以象帝舜。罷弊楚國，以閒陳、蔡。不修方城之內，踰諸夏而圖東國，三歲於沮、汾以服吳、越。其民不忍饑勞之殃，三軍叛王於乾谿。王親獨行，屏營仿偟於山林之中，三日乃見其涓人疇。王呼之曰：「余不食三日矣。」疇趨而進，王枕其股以寢於地。王寐，疇枕王以樸而去之。王覺而無見也，乃匍匐將入於棘闈，棘闈不納，乃入芋尹申亥氏焉。王縊，申亥負王以歸，而土埋之其室。此志也，豈遽忘於諸侯之耳乎？

　　這段話中，從「昔楚靈王不君」到「而土埋之其室」記述了楚靈王圖復霸業不成而導致失敗的一段歷史：楚靈王因築章華臺而「罷弊楚國」，引發民怨，而導致「乾谿之難」，最後死無葬身之地，被埋屍於大臣申亥之室。這段文字記載了楚靈王治國失敗的經過，是一段完整的歷史記載。而「此《志》也」一語表明，這段文字出自於一部《志》書。從文字內容看，應該就是楚國《故志》中的內容。

　　伍子胥青少年時代在楚國度過，「少好於文，長習於武」，對楚國《故志》的內容應該十分熟悉。伍子胥生在楚國靈、平二王的統治

第八章　史官文化與史學的發展

時期，對於楚靈王失敗的歷史十分瞭解，楚靈王的故事對伍子胥來說是刻骨銘心的。因此他在勸諫吳王時，能完整引用楚國《故志》中的內容。

第四節　楚國的「語」體史書

先秦文獻中，以記載對話與論辯為主要內容的文體稱為「語」。語體文獻大致可以分為「語錄」體和「事語」體兩類。「語錄」體文獻只是單純記載名言警語、格言諺語以及君臣之間和師徒之間的簡單對話。語錄體文獻一般語句簡略，篇幅簡短。與「語錄」體不同，「事語」是一種以記言為主，記事為輔，以言帶事，事語結合的文體。劉向《戰國策書錄》稱其整理《戰國策》的六種底本中，有名為《事語》的，而在《管子　輕重》篇中也有一段題名《事語》的文字，記載的是齊桓公與管仲的對話。這都說明，「事語」在先秦文獻中，是一種被廣泛使用的文體。

楚國歷史文獻中，語體類文獻大量存在。《國語　楚語上》記，在申叔時為楚莊王太子列出的諸種教材中就有「語」體史書。申叔時說，「教之《語》，使明其德，而知先王之務用明德於民也。」韋昭注謂「語」為「治國之善語」。申叔時列為太子教育教材的《語》，應該既包含有「語錄」體的文獻，也包含有「事語」體的文獻。在郭店楚簡中，出土有一類「語錄叢鈔」性質的竹簡文字，整理者將其命名為《語叢》。《語叢》用語簡短，行文精練，是一些精緻思想的記錄，它可能是老師講授的提綱，也可能是學生聽課的筆記。《語叢》應歸入語錄體的文獻。

楚國的事語體文獻，見於傳世文獻記載的有《國語　楚語》、《戰國策　楚策》，在漢代的《新序》、《說苑》中也保留著部分楚

國事語體史料。見於出土文獻的則有「上博楚簡」中一批與楚史有關的文獻。

傳世的《國語》是周、魯、齊、晉、鄭、楚、吳、越八國記「邦國成敗，嘉言善語」的「事語」體史書的彙編。《國語》是「當時流傳的各國的『語』集合起來，編成一書，便為《國語》，即列國之語的意思①」。依此而論，《楚語》原本出自楚國史學家之手，後經人彙編列入《國語》一書。《國語　楚語》是研究楚國事語體史書的重要原始資料。

顧頡剛先生將《國語》「八語」分為兩類，一類為「正體」，主要內容為「雜記一國先後事」，含《周語》、《魯語》、《晉語》、《楚語》；另一類為「變體」，主要內容為「專記一國中之一件事」，含《齊語》、《鄭語》、《吳語》、《越語》②。所謂的「正體」，實際是指按年代排序、各自獨立的「語」組合在一起，而各「語」之間沒有相關和聯繫；而「變體」則不一樣，各自獨立的各「語」相互聯繫，組成上下連貫的整體。

顧頡剛先生將《楚語》與《周語》、《魯語》、《晉語》同視為《國語》之正體，主要立足點是此「四語」有共同的特點，即「雜記一國先後事」。《楚語》的體例正是按照年代順序的。《楚語》分上、下兩編，按君王的年代先後順序，收錄了春秋中期楚莊王到戰國前期楚惠王的18則史料，具備了「紀年」的歷史意識。《楚語》採取的以記言為主、記事為輔的事語體文體，重在記錄楚國君臣的言論。在記言的過程中，以言帶事，記述了莊王、共王、靈王、昭王、惠王五位君王不同歷史時期的重要歷史事件，再現了這段歷史時期楚國由盛轉衰、由弱復強的全過程。

①　徐元誥撰；王樹民，沈長雲點校：《國語集解》，中華書局2002年版，第602頁。
②　顧頡剛講授，劉起釪筆記：《春秋三傳及國語之綜合研究》，巴蜀書社1988年版，第94頁。

第八章　史官文化與史學的發展

《楚語》與《周語》、《魯語》不僅在文體上保持一致，在思想傾向上也有著密切的聯繫。和《周語》、《魯語》一樣，《楚語》中有著強烈的「重民」、「尚禮」和「崇德」的思想，而與《吳語》、《越語》表現出來的「重天命」、「重智謀」的思想傾向有著明顯的不同。

除《國語》中保留下來的《楚語》外，傳世文獻中楚人的事語體史料還有一部分保留在《戰國策》中。

在「上博楚簡」中，有部分文獻屬於「語」體史書範疇。李零先生在《簡帛古書與學術源流》一書中，把「上博楚簡」中一部分春秋中晚期和戰國早期的文獻歸於「事語類」史書，所涉及的國別有楚、晉、齊、吳諸國。李零先生列入楚國的有13篇，列入晉國的1篇，列入齊國的2篇，列入吳國的1篇，還有其他殘簡3篇[①]。今據《上海博物館藏戰國楚竹書》，將屬於楚國的事語類文獻列舉如下：

1.《莊王既成》：寫楚莊王在雩婁築城之後，就楚國能否保持霸主地位問題與沈尹子莖的對話。

2.《鄭子家喪》：記述鄭子家死後，楚莊王以其曾弒君為由伐鄭，不使其以卿禮而葬。楚王達到目的之後，晉國發兵救鄭，與楚戰於兩棠，晉軍大敗。

3.《申公臣靈王》：寫申公子壽與王子圍因選馬而結下怨恨，在公子圍成為君王後君臣和解之事。

4.《平王問鄭壽》：寫楚國國家災禍連連，楚平王與大臣鄭壽在如何使楚國走上正軌這一問題上政見不合，最後導致君臣貌合神離。

5.《平王與王子木》：記成公與王子木的對話，成公以楚莊王事教訓王子木。

6.《昭王毀室》：楚昭王新宮建成後與大夫飲酒，有身穿喪服的君

---

① 李零：《簡帛古書與學術源流》，三聯書店2008年四版，第273頁。

子求見昭王，訴說自己父母的墳墓就在昭王新宮的階前，由於新宮的建成，使得他不能祭祀父母，昭王即令拆毀新宮。

7.《昭王與龔之䏆》：記錄昭王對在吳師入郢之役中暴骨的楚邦良臣的體恤之情。

8.《君人者何必安哉》：記楚昭王與范乘的對話。范乘以白玉為喻，勸諫楚昭王營造一個好的環境，讓人民安居樂業。

9.《柬大王泊旱》：記錄了楚簡王在楚國遭受大旱之災的情況下，以身體暴曬的巫術祭天祈雨的故事。

以上9則事語體史料上，記楚莊王2則，靈王1則，平王2則，昭王3則，簡王1則，大致的時間段在春秋中晚期和戰國前期，文字具有以記言為主，以言帶事的「事語」體風格。從思想內容上看，這些史料保持著《國語　楚語》「重民」、「尚禮」和「崇德」的思想傾向。如《昭王毀室》、《昭王與龔之䏆》兩章，表現昭王體恤民情，以民為本的思想，《柬大王泊旱》則通過楚簡王對祭祀態度的轉變強調遵守禮制規範的重要性，《君人者何必安哉》則強調君王要以德為重，為民造福。

參 考 文 獻

1. 白奚：《稷下學研究》，生活　讀書　新知三聯書店1998年版。

2. 陳鼓應：《黃帝四經今注今譯》，商務印書館1995年版。

3. 陳鼓應：《老莊新論》，商務印書館2008年版。

4. 陳偉等著：《楚地出土戰國簡冊十四種》，經濟科學出版社2009年版。

5. 陳柱：《老子集訓》，上海書店1989年影印版。

6. 丁山：《中國古代宗教與神話考》，龍門聯合書局1961年版。

7. 丁四新：《郭店楚墓竹簡思想研究》，東方出版社2000年版。

8. 范文瀾：《中國通史》，人民出版社1978年版。

9. 高亨：《老子正詁》，中華書局1988年版。

10. 顧頡剛、羅根澤編：《古史辨》，上海古籍出版社1982年版。

11. 顧頡剛講授，劉起釪筆記：《春秋三傳及國語之綜合研究》，巴蜀書社版1988年版。

12. 郭沫若：《郭沫若全集　歷史編》，人民出版社1982年版。

13. 何新：《論語新解》，時事出版社2007年版。

14. 洪治綱主編：《王國維經典文存》，上海大學出版社2003年版。

15. 侯外盧主編：《中國哲學簡史》，中國青年出版社1963年版。

16. 胡家聰：《稷下爭鳴與黃老新學》，中國社會科學出版社1998年版。

17. 胡適：《先秦名學史》，學林出版社1983年版。

18. 胡珠生編：《宋恕集》，中華書局1993年版。

19. 姜亮夫：《楚辭學論文集》，上海古籍出版社1984年版。

20. 姜亮夫：《姜亮夫全集》，雲南人民出版社2002年版。

21. 荊門博物館：《郭店楚墓竹簡》，文物出版社1998年版。

22. 李達：《法理學大綱》，法律出版社1983年版。

23. 李均明、何雙全編：〈秦漢魏晉出土文獻散見簡牘合輯〉，文物出版社1990年版。

24. 李連生：《老子辨析》，學林出版社1999年版。

25. 李學勤：《簡帛佚籍與學術史》，江西教育出版社2001年版。

26. 李學勤：《周易經傳溯源》，長春出版社1992年版。

27. 李學勤主編：《清華大學藏戰國竹簡（壹）》，中西書局2010年版。

28. 梁啟超：《梁啟超全集》，北京出版社1999年版。

29. 羅運環：《楚國八百年》，武漢大學出版社1992年版。

30. 馬承源主編：《上海博物館藏戰國楚竹書》（1—8冊），文物出版社2001年—2009年版。

31. 馬士遠：《周秦〈尚書〉學研究》，中華書局2008年版。

32. 聶石樵：《屈原論稿》，人民文學出版社1992年版。

33. 錢穆：《先秦諸子係年考辨》，上海書局1992年版。

34. 錢志熙：《唐前生命觀和文學生命主題》，東方出版社1980年版。

35. 邵炳軍，梅軍：《〈左氏春秋〉文係年注析》，廣西師範大學出版社2008年版。

36. 沈毅：《生命的動力意義：論死亡恐懼》，杭州出版社2001

參考文獻

年版。

37. 石泉主編：《楚國歷史文化辭典》，武漢大學出版社1996年版。

38. 孫中原：《墨學通論》，遼寧教育出版社1993年版。

39. 滕壬生：《楚係簡帛文字編》，湖北教育出版社1995年版。

40. 童書業：《春秋左傳研究》，上海人民出版社1980年版。

41. 童書業：《先秦七子‧思想研究》，齊魯書社1982年版。

42. 王光鎬：《楚文化源流新證》，武漢大學出版社1988年版。

43. 魏昌：《楚國史》，湖北教育出版社2002年版。

44. 聞一多：《聞一多全集》，生活 讀書 新知三聯書店1982年版。

45. 徐文武：《楚國思想史》，湖北人民出版社2003年版。

46. 徐文武：《楚國宗教概論》，武漢出版社2001年版。

47. 楊伯峻：《春秋左傳注》，中華書局1981年版。

48. 袁珂：《山海經校注》，上海古籍出版社1980年版。

49. 張舜徽：《漢書藝文志通釋》，湖北教育出版社1990年版。

50. 張正明：《楚文化史》，上海人民出版社1987年版。

51. 趙逵夫：《屈原與他的時代》，人民文學出版社2002年版。

52. 鄭良樹：《諸子著作年代考》，北京圖書館出版社2001年版。

53. 周生傑：《太平御覽研究》，巴蜀書社2008年版。

54. （日）吉田貞吾著，王子今、周蘇平譯：《宗教人類學》，陝西人民教育出版社1991年版。

55. （日）井上聰：《先秦陰陽五行》，湖北教育出版社1987年版。

56. （英）李約瑟著，陳立夫等譯：《中國古代科學思想史》，江西人民出版社1999年版。